U0088038

# 海德格
# 與
## Heidegger & Husserl
# 胡塞爾現象學

張燦輝——著

東大圖書公司

# 勞　序

　　凡是一個規模較大的理論系統，內部自有一定程度的融貫性；因此，闡述一家之言的時候，若只是先接受這個學說中某些基本斷定，再向下推繹或擴張，則很容易滔滔不絕地說下去，似乎通暢自得。然而，這種順講的方式，每每有一個極嚴重的後果，即是：使論者不自覺地陷入一封閉語言中，只能作系統內的講論，而與超系統的原始問題隔離。這樣，通曉一種學說並未真正使智慧豐富，自我境界躍升，反而對自我境界與智慧設了一重限制。

　　我在中年以後，便深切體會到這個問題，因此，我探研某一家學說的基本方法，是嚴格追問這個理論如何開始。一個理論開始時，由於系統尚未建立，所以必涉及某一意義的超系統的，開放的理論問題。從這個層面著眼，則學者方可攝取前人思想成果，而不致自限於一個封閉的思路中。對於一個尋求創新的理論系統之研究，這一方法或態度尤為重要。

　　從胡塞爾到海德格的現象學理論，正是一個企求創新而又易於陷入封閉的大系統。分別地講，則海德格的「存有現象學」有意與歐洲古代與近代兩大哲學傳統割離，更有自成天地的意味。而正因如此，前面我所說的系統理論的始點問題，便也更關重要。

　　我從前讀海德格著作，最初覺得極難掌握其特殊語言用法；後來則覺得海德格哲學中本呈現一種特殊思路，研究者若先接受原始存有及其相關觀念，再接受其基本論斷，則步步進入這

個思路亦不是太難。到了自己已確定進入這條思路時，系統內的融貫性即又似乎能消去許多原有的疑難，於是由這個理論系統顯現的意義世界似乎亦可為心靈提供安頓。但是，我若在熟悉這條理路之後，再作高層次的反省，則從許多不同角度著眼，又有種種不易解的理論困難。即如，我們很容易覺察到，當我們進入海德格的思路時，我們若提出任何系統內的問題，則似乎皆有解答之道，但若止步回顧而問：我們究竟有何種超系統的理據，來使我們接受這種思路？則即是作始點的反省。而海德格自己對這種問題並無直接解答，講論海德格的名著中是否有人曾作解答，我也從未有所聞。甚至，所謂「基本存有論」究竟是一種強迫性的知識，抑或是一種建議式的心靈取向，海德格亦未明說。這與胡塞爾立說情況不同。胡塞爾便曾明說他的「超驗還原」是一個建議。於是，「海德格之謎」至今存在。此中難解之疑極多，我上面的簡例只是一端而已。

我以上所說並非是要對海德格哲學有所評斷，而只是想表明：「海德格之謎」未解，因此，對海德格思想之闡釋仍待學人努力。而在我看來，這種努力的要點之一，是要嚴格探究海德格思想的形成過程；具體地說，即是要把握住早期海德格思想的進展歷程，而不是發揮其後期理論。

張君燦輝，近以《海德格與胡塞爾現象學》一書問世。燦輝自攻讀哲學本科課程時，即對現象學旨趣最感契合。其後，我指導他寫碩士論文，其研究範圍亦在此。及至他赴德深造，便集中心力從事海德格早期思想之研究。本書是擴充改寫其博

士學位論文而成。書中詳論海德格思想與胡塞爾現象學之同異；
時時由個別關鍵性概念之澄清而透顯海德格某些理論形成之背
景。就具體立論之方式與內容說，燦輝自有其用心所在，並非
受我的影響，但他之重視海德格早期思想，意圖由此清理環繞
海德格哲學之始點的種種疑團，則正與我想法相符。

　　在中文著作中，講論海德格哲學的堅實之作不多，能夠表
達明暢的更少。燦輝此書取材甚富，析論甚詳，在堅實一面已
無問題。唯以處處力求符合德文原意，故在語法方面仍不免艱
澀。但燦輝之工作並非就此而止，我預期他下一部專著將是不
僅堅實，而且能有明暢的表達。以燦輝才力之高，用功之勤，
我也深信他不會使我失望。


　　　　　　　　　　　　　　　　　　　　　　　思光
　　　　　　　　　　　　　　　　1995 年秋於香港客寓

# 再版序

　　我這本二十多年前出版有關海德格與胡塞爾現象學的書再版，覺得有點意外。此書出版於 1996 年，當時漢語學術界對海德格和胡塞爾的現象學研究剛開始，到了今天，無論在兩岸三地，對海德格，胡塞爾和現象學的研究成果豐碩。在這二十多年中，德國和法國最重要現象學家的原典翻譯、研究專著、論文集和學術期刊等的出版；以及眾多國際或中港臺現象學專題研討會的舉辦，現象學已經成為當代漢語哲學界的其中一個顯學。

　　現象學運動從二十世紀初胡塞爾的邏輯研究開始，至今已經超過一百年，現象學和分析哲學仍然是當今最重要的哲學流派。現象學本源自德國，但其影響已經遠離歐洲，在澳洲、北美洲和南美洲研究現象學的學者專家甚多。至於亞洲，日本和韓國學者早在上世紀二、三十年代，已經對胡塞爾和海德格現象學有深入研究和理解。相比之下，漢語哲學界研究現象學是較遲起步，儘管中國大陸和臺灣在二次世界大戰前後，都有少數學者研讀現象學，但真正對現象學嚴格的學術研究是開始於上世紀八十年後。不少兩岸三地年輕學者從德國和法國研讀現象學取得博士學位回來，在各重點大學任教和指導學生，同時在九十年代中期共同開啟漢語哲學界的現象學運動，至今仍然繼續發展，成績有目共睹。

　　我這本書是在漢語現象學運動開始時出版。這哲學運動的奠基者為胡塞爾和海德格，任何現象學的研究也必須從胡塞爾

和海德格的現象學開始。二者的哲學比較和關係的研究正是本書的主題，故此書應該提供研究現象學運動的一條重要線索。

　　本書是二十多年前的舊作，以現在研究胡塞爾和海德格哲學的水平來看，可以修改和補充的地方很多，但作為一本漢語現象學運動早期的著作，保留原有的文本似乎更有意義。最後感謝三民書局重印。

　　是為序。

張燦輝

香港　沙田　翠柏閣

2019 年 1 月 21 日

# 自 序

　　本書是根據筆者 1982 年在德國弗萊堡大學的博士論文：
*Der Anfängliche Boden der Phänomenologie: Heideggers
Auseinandersetzung mit der Phänomenologie Husserls in seiner
Marburger Vorlesungen*❶，翻譯與改寫而成。

　　儘管海德格已經被公認為本世紀最重要的哲學家，在西方
已有無數關於他的哲學及其影響的論文與著作，他的大部分著
作亦已翻譯為多種語言，然而，在漢語界海德格的翻譯與研究
只是剛剛開始。到現在為止海德格的中文譯本只有數種，研究
論文也不多❷。1987 年出版的 *Sein und Zeit* 中文譯本《存在與
時間》可算是為漢語界研究海德格思想開出了第一步。但是這
並沒有立即帶來海德格研究的潮流。相信這是與海德格之艱澀
的思想和他近乎不可能翻譯之著作有關。同時，真正理解海德
格的必須條件是要能夠直接把握原文，如果只是根據譯本或二
手資料，則有流於比附穿鑿之危險。

　　但是，如果我們需要消化和吸收海德格的哲學思想，則這
思想必須融入漢語的世界中，儘管在翻譯與表達上有很大的困
難。因此，筆者相信以中文翻譯與改寫這篇論文，對在漢語界
開始起步的海德格研究，應有一定的參考價值。

　　筆者在這翻譯與改寫過程中，得到不少師友的幫忙、支持

---

❶ Chan-Fai Cheung, *Der Anfängliche Boden der Phänomenologie*,
　Frankfurt: Peter Lang, 1983.

❷ 參看本書之參考文獻。

海德格與胡塞爾現象學

和鼓勵，尤其是要感謝吾師勞思光教授多年來的教誨及在百忙中為此書寫序。何秀煌老師的鼓勵和督促，以及內子嘉華的支持和忍耐，在此表示由衷的感激。

張燦輝

香港中文大學哲學系

1995 年 7 月 20 日

# 海德格與胡塞爾現象學
## ═══ 目次 ═══

# 第 1 章

# 導論：海德格與胡塞爾

但是，
這並非是一種作為批評的批判，
而是作為對實事和理解之揭示的批判。
幾乎無須再承認，在胡塞爾面前，
我至今仍然是一個學習者。
海德格 (GA20, 167 f.)❶

# 1.1　海德格與胡塞爾的關係

在《存在與時間》(*Sein und Zeit*) 的第 7 節，即在現象學概念方法一節中，海德格向胡塞爾表示感謝說：「下列的研究只是在胡塞爾所奠下的基礎上才成為可能，正是他的《邏輯研究》(*Logische Untersuchungen*) 才使現象學得以突破……如果下列的研究在對『實事本身』(die Sache selbst) 的發展方面，向前邁進了幾步，那麼作者首先要衷心的感謝胡塞爾。因為作者在弗萊堡教學期間，曾獲胡塞爾親自深入的指導，並且獲允許自由地閱讀他尚未發表的手稿，從而使作者熟悉現象學研究中各個最具差異性的領域。」(SZ, 38)

---

❶ GA20, 167 f. = *Heideggers Gesamtausgabe* Bd. 20, S. 167 f. 海德格與胡塞爾著作書目縮寫，請參看本書參考文獻，原典部分。

＊ 本書中所有海德格及胡塞爾著作之翻譯皆由筆者負責。翻譯過程中參考陳嘉映，王慶節與關子尹先生之海德格譯本，以及李幼蒸與倪梁康先生之胡塞爾中譯，得益不少，謹此致謝。

　　海德格大概在 1923 年左右開始撰寫《存在與時間》。胡塞爾在 1916 年從哥廷根到了弗萊堡大學出任講座教授。在此之前，海德格在弗萊堡研讀哲學時，已經對胡塞爾和現象學有深刻的認識，尤其是從 1909 年開始，他連續數年研讀《邏輯研究》，對胡塞爾的《哲學作為嚴格的科學》(*Philosophie als strenge Wissenschaft*, 1910/11) 和《觀念 I》(*Ideen I*, 1913) 亦甚有心得。他對胡塞爾在《觀念 I》的超驗轉向並不感到很大的鼓舞，覺得胡塞爾現象學最重要的貢獻，仍然是在《邏輯研究》中的第五和第六研究❷。1916 年的海德格，已經是拿了大學教授資格的初出道哲學教師❸。當然，海德格對胡塞爾仍然尊敬有加。1919 年從第一次大戰回來後，海德格便成為胡塞爾的研究助理，一方面開始授課，另一方面協助胡塞爾研究，學習「現象學觀看」(Phänomenologische Sehen)，並自稱為「教與學習者」。(SD, 86) 胡塞爾顯然對這位年輕教授刮目相看，認為他將

---

❷ 參看 M. Heidegger, "Mein Weg in die Phänomenologie," (SD, 82–85)；關於海德格早期和胡塞爾的關係可參看 Thomas Sheehan, "Heidegger's Early Years: Fragments for a Philosophical Biography," in Thomas Sheehan (ed.), *Heidegger: The Man and the Thinker*, Chicago: Precedent Publishing, 1981, pp. 4–7.

❸ 海德格在 1913 年通過博士考試，1915 年得大學教授資格 (Habilitation)。他的第一次大學演講是在 1915 年 7 月 27 日，題目是：「歷史科學中的時間概念」(Der Zeitbegriff in der Geschichtswissenschaft)，參看 (GA1)。

會是現象學的繼承者。二十年代初期，胡塞爾常對海德格說：
「你和我就是現象學❹。」

　　海德格最重要的著作《存在與時間》刊於 1927 年胡塞爾所
創辦的《哲學與現象學研究年鑒》(*Jahrbuch für Philosophie und
phänomenologische Forschung*) 第八期，並以此書獻給胡塞爾，
表示對他的尊敬。然而，《哲學與現象學研究年鑒》的讀者很快
便發覺到，《存在與時間》與其他在《哲學與現象學研究年鑒》
發表的現象學著作，尤其是與胡塞爾的論著，有很大的分別。
在此書中，差不多完全沒有胡塞爾超驗現象學的術語，沒有提
到和闡述胡塞爾的基本問題，如現象學的懸擱、還原或超驗主
體性。事實上在《存在與時間》中甚至沒有「意識」這個詞語。
海德格在此書第 7 節討論現象學的方法中，完全不遵循胡塞爾
現象學的進路。故此引出一個在現象學運動史中很重要的問題：
海德格與胡塞爾的現象學之關係是怎樣的?《存在與時間》中提
出的基本存在論與超驗現象學的區別何在？海德格的現象學是
否意味著對胡塞爾現象學的一種發展？或是改造?如果是發展，
為什麼海德格放棄胡塞爾現象學的詞彙？如果是改造，則海德
格的現象學如何規定自己？他的現象學方法的特徵何在？

---

❹ Dorion Cairns, *Conversations with Husserl and Fink*, The Hague:
Martinus Nijhoff, 1976, p. 9. 加達瑪亦多次提到胡塞爾這樣的說
法："Phenomenology, that is me and Heidegger." 參看 Hans-Georg
Gadamer, *Heidegger's Way*, trans. John Stanley, Albany: State
University of New York Press, 1994, p. 18.

　　《存在與時間》發表之後，以上提到的問題便是研究現象
學運動的學者最關心的。二十年代末已經有學者嘗試指出，海
德格的現象學與胡塞爾的思想有根本的分別，例如貝克
(Maximilian Beck) 和米施 (Georg Misch) 的理論，儘管他們有不
同的出發點，但他們都認為，海德格的根本動機在於將現象學
徹底化，而這個動機是來自狄爾泰 (Wilhelm Dilthey) 的生命哲
學❺。與此相反，另一位詮釋者相信，海德格的哲學可以被看
作是除了胡塞爾和舍勒 (Max Scheler) 之外的第三種現象學方
向❻。由於海德格是從人類生命存在來考察「此在」(Dasein)，
並且他的「人類學」觀點是受齊克果 (Søren Kierkegaard) 的存
在概念影響，因此他的哲學被理解為存在現象學
(Phänomenologie der Existenz)❼。從這種觀點來看，海德格的
哲學經常與雅斯培的存在哲學 (Karl Jaspers:
Existenzphilosophie) 放在一起，並且在四十年代以後被認為是
和沙特 (J.-P. Sartre) 的哲學一樣，是一種存在主義
(Existentialismus)。

---

❺ 參看 Maximilian Beck, "Referat und Kritik von Martin Heidegger:
*Sein und Zeit*," *Philosophische Hefte* 1 (1928), S. 10 ff.; Georg
Misch, *Lebensphilosophie und Phänomenologie*, Bonn, 1930.

❻ 參看 E. Przywara, "Drei Richtungen in der Phänomenologie,"
*Stimme der Zeit* 115 (1928), S. 252–264.

❼ 參看 F. Heinemann, *Neue Wege der Philosophie, Geist-Leben-
Existenz*, Leipzig, 1929，尤其是 S. 273 ff.

胡塞爾似乎也是順從這種角度來理解海德格的《存在與時間》。自從 1927 年胡塞爾和海德格合作起草 《不列顛百科全書》的〈現象學〉條目失敗之後，胡塞爾便對海德格完全失望，因為海德格的思想，無論在方法上還是在實事上，都根本偏離了他的現象學研究❽。胡塞爾給茵加爾登 (R. Ingarden) 的信中談到《存在與時間》：「你問我，深入的海德格研究結果如何？我已經得出結論：我無法將這部著作納入我的現象學的範圍中來，而且很遺憾，我不僅在方法上完全拒絕這部著作，甚至在本質上以及在實事上也必須拒絕它❾。」在 1930 年《純粹現象學與現象哲學的觀念》 (*Ideen zu einer reinen Phänomenologie und phänomenologische Philosophie*) 的〈後記〉中，以及 1931 年在柏林講座 〈現象學與人類學〉 (Phänomenologie und

---

❽ 關於胡塞爾與海德格在《不列顛百科全書》起草工作的問題，參看 H. Spiegelberg, *The Phenomenological Movement*, 3rd Edition, The Hague: Martinus Nijhoff, 1982, pp. 342–345; W. Biemel, "Husserls Enzyclopaedia-Britannica-Artikel und Heideggers Anmerkungen dazu," *Tijdschrift voor Filosophie* 12 (1950), S. 246–280. 此外，參看胡塞爾寫給茵加爾登的信，尤其是 1927 年 11 月 19 日和 12 月 26 日兩封信 ，E. Husserl, *Briefe an Ingarden*, den Haag: Martinus Nijhoff, 1968. 漢語界中對此問題最詳盡的討論是靳希平之〈胡塞爾和海德格爾現象學差異簡析〉,《德國哲學》, 第三輯 (1987)，頁 115–126。

❾ E. Husserl, *Briefe an Ingarden*，1929 年 12 月 2 日，同❽，頁 36。

Anthropologie) 中，胡塞爾對生命哲學和存在哲學進行激烈的批評，他雖然不指名道姓，但已經明確地將海德格納入到那些與現象學對立的派別之中去❿。在胡塞爾的哲學立場看來，海德格已經離開了現象學的本質思維空間。

與此相反，海德格相信，在《存在與時間》中展開的存在問題以及此在分析 (Daseinanalyse)，不僅沒有告別現象學，而是恰恰將現象學設立在一個「更合乎實事地堅守現象學原則的基礎上⓫。」在他為胡塞爾七十歲誕辰所撰寫的論文〈論根據的本質〉(Vom Wesen des Grundes) 中，他明確地表達了他的思想與胡塞爾現象學的根本區別：「如果人們將所有存在者的行為都標誌為意向性 (Intentionalität) 的，那麼意向性只有在超越性 (Transzendenz) 的基礎上才是可能的，但是意向性並不等同於超越性，也不反過來使超越性成為可能⓬。」很明顯的，對海德格而言，作為胡塞爾現象學的本質現象之意向性並不是最本源

---

❿ 參看 "Nachwort," in Husserl, *Ideen III, Husserliana* V, den Haag: Martinus Nijhoff, 1971, S. 138 ff. 和 "Phänomenologie und Anthropologie," *Philosophy and Phenomenological Research* 1 (1941), S. 1 ff.

⓫ M. Heidegger, "Briefe an Richardson," in W. J. Richardson, *Heidegger: Through Phenomenology to Thought*, The Hague: Martinus Nijhoff, 1963, p. xv.

⓬ M. Heidegger, "Vom Wesen des Grundes," in *Wegmarken*, Frankfurt: Klostermann, 1978, S. 133.

的，而是一個在此在 (Dasein) 中被奠基的現象 ❸。在這裡，海德格的目的並非在於改造意向性的概念，或將它徹底化。而是此在的存在論分析比超驗現象學的意向性分析更為基本。

但是，撇開這個本質差別不論，無可置疑的事實是：海德格的思想在早期受到胡塞爾啟發，尤其是受《邏輯研究》中的現象學方法所影響而得到了突破。海德格後來在〈我的現象學之路〉(Mein Weg in die Phänomenologie) 一文中，追述了他進入現象學的途徑，宣稱這是他努力鑽研《邏輯研究》的結果 ❹。與此同時，海德格的思想又受到布倫塔諾 (Franz Brentano) 的博士論文所提出的關於存在之本體問題影響。對胡塞爾而言，布倫塔諾也是同樣重要；胡塞爾是受布倫塔諾的心理學影響。然而，布倫塔諾對這兩位哲學家的思想之推動力是很不同的。胡塞爾接受了布倫塔諾的意向性概念，並且將它徹底化而成為意識意向性的純粹現象，但海德格的旨趣則不在布倫塔諾的心理學，而在於他的博士論文中所提出的存在者的多樣性之本體論問題。海德格對存在的洞見是他與胡塞爾現象學的根本差別所在。

## 1.2　本文的旨趣與局限

筆者希望在這篇論文中，嘗試對海德格與胡塞爾的關係作

---

❸ 參看《存在與時間》(SZ, 363) 注。

❹ 參看 M. Heidegger, "Mein Weg in die Phänomenologie,". (SD, 86)

進一步的理解。我們以海德格的一段說明作為出發點，這就是他在《存在與時間》中所提出的，亦是我們在上一節已經引用過的那句話：胡塞爾的現象學，以其在《邏輯研究》中所顯示出的現象學思維原則，提供了基本存在論的研究基礎。本文的目的，便是揭示這個基礎的意義。

這裡所說及的基礎，可以從不同的角度去考察。例如，卡普托 (J. D. Caputo) 曾經試圖將此在概念回溯到超驗現象學去：此在是從超驗主體衍變出來的，並且以此解釋這個基礎的意義❺。根據卡普托和其他人的觀點，如圖伊尼森 (Michael Theunissen) 的理論❻：如果此在是從超驗主體性來理解，或存在論差異 (ontologische Differenz) 是以意向性的超驗相關性 (transzendentale Korrelation der Intentionalität) 作為解釋根據，那麼，海德格的現象學便是奠基於胡塞爾所確立的超驗現象學的概念與課題上。超驗現象學是此在現象學的基礎。

然而，這一類的解釋從開始便誤解了海德格的根本問題。與胡塞爾不同，海德格的根源問題並不是知識論問題，而是存在問題。此在分析與意向性分析有著本質性的差異。如果要正

---

❺ 參看 John D. Caputo, "The Question of Being and Transcendental Phenomenology: Reflection on Heidegger's Relation to Husserl," in John Sallis (ed.), *Radical Phenomenology*, New Jersey: Humanities Press, 1978, p. 98.

❻ 參看 Michael Theunissen, "Intentionaler Gegenstand und ontologische Differenz," *Philosophisches Jahrbuch* 70 (1962–63).

確了解海德格如何受胡塞爾的《邏輯研究》的影響而開展出此在現象學，則我們必須回到《邏輯研究》去，必須了解海德格如何解釋和批判這本作為此在現象學基礎的書。

海德格遺稿「馬堡大學講座」(Marburger Vorlesungen) 的發表，為我們理解海德格與胡塞爾的關係提供了重要的資料。這些講座（1923-1928 年）具有極重要的意義，因為它們與《存在與時間》的撰寫是同時進行的。在這些講座中，尤其是在 1925 年夏季學期的講座：〈時間概念之歷史導引〉(Prolegomena zur Geschichte des Zeitbegriffs = GA20) 以及在 1925 年冬季學期的講座：〈邏輯學：真理問題〉(Logik: Die Frage nach der Wahrheit = GA21)，海德格對胡塞爾現象學作了詳盡的闡述和批判，清楚的表明他如何積極地從胡塞爾所確立的現象學基礎上，運用現象學觀看去分析實事，指出胡塞爾的超驗現象學如何局限於傳統中，而不能真正實現現象學的要求：回到實事本身 (Zu den Sachen selbst)。本論文的任務是主要依據馬堡大學講座來闡述海德格與胡塞爾的關係。

當然，海德格現象學的意義並不局限於以上提到的馬堡大學講座，現象學在《存在與時間》中，是與基本存在論 (Fundamentalontologie) 和詮釋學 (Hermeneutik) 緊扣在一起；然而這已經是離開了胡塞爾的意識現象學之後的發展。因為篇幅問題，這篇論文並不能處理海德格現象學的全面意義，關於海德格現象學在早期「弗萊堡大學講座」（1919-1923 年）和在《存在與時間》之後（1927 年）的評述，是筆者下一部有關海

德格著作的主要課題❶。

　　筆者相信，要理解海德格哲學需要從其最基本開始。《存在與時間》是海德格最重要和最根本的著作，是理解他的思想的樞紐點。誠然，《存在與時間》是極其博大艱深，但是此書是理解海德格思想必經之路。故此，了解海德格與胡塞爾現象學的關係是嘗試進入《存在與時間》和海德格思想的第一步。這本書的意義只限於此。

---

❶ 海德格早期弗萊堡大學講座差不多在過去幾年已經全部出版，內容與現象學有密切關係，但是很明顯，海德格的現象學進路在這時候已經與胡塞爾有基本的分歧。參看《海德格全集》56/57: *Zur Bestimmung der Philosophie* (Sommersemester, 1919), 1987. 58: *Grundprobleme der Phänomenologie* (Wintersemester, 1919/20), 1992. 59: *Phänomenologie der Anschauung und des Ausdrucks. Theorie der philosophischen Begriffsbildung* (Sommersemester, 1920), 1993. 61: *Phänomenologische Interpretationen zu Aristoteles. Einführung in die Phänomenologische Forschung* (Wintersemester, 1921/22), 1985. 63: *Ontologie. Hermeneutik der Faktizität* (Sommersemester, 1923), 1988. 馬堡大學的第一次講座亦已出版。17: *Einführung in die Phänomenologiesche Forschung* (Wintersemester, 1923/24), 1994.

## 第 2 章

# 海德格對胡塞爾
# 現象學的批判

## 2.1 海德格對胡塞爾心理主義批判的現象學闡釋

胡塞爾在《邏輯研究》(*Logische Untersuchungen*, 1900) 第一卷的前言中，明確地寫出他這本書的目的：反駁以心理主義為奠基的邏輯學，同時為純粹邏輯學和認識論建立一個新的基礎。(LU/I, vi–viii) 胡塞爾現象學是以批判心理主義為其開端的❶。

心理主義問題也是海德格思想其中一個重要的開端課題。在海德格最早期的二篇著作中：《邏輯學新研究》(*Neuere Forschungen über Logik*, 1912) 和他的博士論文：《心理主義中的判斷學說》(*Die Lehre vom Urteil im Psychologismus: Ein kritisch-positiver Beitrag zur Logik*, 1913) 可以看到心理主義和邏輯學的問題是他所關心的。海德格在他這兩篇著作中，顯然對胡塞爾的心理主義批判理論評價甚高。他說：「如果弗雷格 (Frege) 在原則上克服了心理主義，那麼胡塞爾則在其《純粹邏輯學導引》(*Prolegomena zur reinen Logik*, 1900) 中系統而全面地揭示了心理主義的本質，同時指出其相對主義的結論和理論的無價值。」(GA1, 64)

胡塞爾在《純粹邏輯學導引》中邁出反對心理主義關鍵的

---

❶ 參看 Herbert Spiegelberg, *The Phenomenological Movement*, 3rd Edition, The Hague: Martinus Nijhoff, 1982, p. 86 ff.

一步，並由此而使現象學得以突破，這肯定是胡塞爾的一大功績。儘管海德格對心理主義的批判是積極地與胡塞爾的論點聯結著，但是這並不意味著海德格簡單的接受了胡塞爾的批判範圍與結論。所以海德格在其 1912 年出版的《邏輯學新研究》中指出：「雖然胡塞爾為純粹邏輯學作了現象學的奠基工作，但是邏輯學問題仍然未有完全的解決。這個問題是：什麼是邏輯？在這裡我們面對一個要留待將來才可以解答的問題。」（GA1, 18）當海德格以後在馬堡大學講座（1925/26 冬季學期）中就真理問題來探討邏輯學時，這個問題才得到全面的開展和討論。

## 2.1.1 心理主義和心理學問題

心理主義是什麼意思？海德格在其博士論文的末章中，寫出了心理主義在判斷問題上的三個主要特徵：

1. 「從純攝性 (apperzeptiv) 的精神活動中引導出判斷，這就是心理主義」；

2. 「企圖在判斷能力的建構性的活動中，找到判斷的本質，這種活動就是心理主義」；

3. 「將判斷活動描述為心理現象的基本種屬，這就是明顯的心理主義。」（GA1, 162 f.)

依此，心理主義的基本命題就是：邏輯定理是心理活動的規律。判斷作為「邏輯學的原要素」(GA1, 64) 已預設了這個規

律，因此，作為判斷行為是構成心理現實的思維過程。「邏輯學的基本任務在於建立思維規律和描述作為心理過程的思維本身，這本屬於心理學的領域，是故：心理學是邏輯學的基本學科。」(GA21, 38) 據此，在心理主義中，心理學超越邏輯學。如果思維的規律性以及它在邏輯學中的有效性，的確可以等同於從事實的思維活動和過程中演繹出心理經驗的規律性，那麼，心理學相對於邏輯學的優越性便可以得到證實。但是，這裡需要一個前提：邏輯的規律性無非是心理活動。正是在這個前提上，胡塞爾和海德格提出了批判。由於洞察了心理之物 (das Psychische) 和邏輯之物 (das Logische) 的本質區別，海德格在他的博士論文中對心理主義提出了嚴厲的批判：「心理主義的錯誤，不僅是建基於在邏輯學對象方面的錯誤，它根本沒有認識邏輯『現實』本身 (das logische Wirklichkeit überhaupt)……心理主義不僅誤認了邏輯對象，因為它只是根據一個片面的、一個次要的特徵來考察邏輯對象，它的誤認不是單純的錯誤，而是一種本真的不識 (ein eigentliches Nicht-kennen)。」(GA1, 161) 心理主義的基本錯誤因而在於：「完全不認識邏輯之物相對於心理之物的特殊性，邏輯對象相對於心理實在的特殊性。」(GA1, 122)

現在問題是：邏輯之物的特殊性和特殊現實是什麼意義？胡塞爾在其心理主義批判中，已經強調了邏輯之物相對於心理之物的特殊性在於：邏輯規律。例如，判斷的規律，根本不是實在的心理事件，而是一種觀念的東西 (etwas Ideales)。即是

說：邏輯規律並不如心理之物一般，是一種時間性的活動。邏輯規律在本質上是超越時間的，非物質的，同時是觀念性的。只要邏輯之物相對於心理之物的劃界是建立在觀念存在 (ideales Sein) 與實在存在 (reales Sein) 的區別上，那麼海德格在早期著作中及胡塞爾在反對心理主義的批判上，立場是一致的。海德格在這些著作中所提出的論據，幾乎是與胡塞爾同步進行的。儘管如此，他的博士論文不只是重複胡塞爾在《導引》中的批判。在博士論文結論中，他和胡塞爾保持一致：「對邏輯學來說，真正和唯一有效的預備工作不是由心理學關於表象的形成和組合的研究所提供的，而是通過對語詞的規定和澄清。」(GA1, 186) 這是與胡塞爾在《邏輯研究》第二卷引論中作為現象學任務所提出的那個要求相符合，即在規律表達中對語詞含義作出與實事相關的澄清（參看 LUII/1, 6）。但是：海德格接著說的話則表明，他還有與胡塞爾不同的看法：「同時，只有當邏輯學在這樣一種基礎上被構建起來時，人們才能有更大的把握來解決認識論的問題，並且將整個『存在』區域劃分為各種現實方式，進而能夠明確地突出其特殊性和確切地規定它的認識方式和認識範圍。」(GA1, 186)

　　這裡須注意，海德格至此為止（1913 年）尚未能夠完全了解及澄清存在問題 (die Seinsfrage) 的位置。在《早期著作》(Frühe Schriften) 第一版前言中（1972 年）海德格做了說明，他說：「在撰寫這些早期文章時，我是感到無助的，因為我對日後緊壓著我思想的那些東西，尚一無所知……它們彷彿給我指出

了一個當時對我來說仍然是隱閉的路口：在範疇問題形態上的存在問題，在含義學說 (Bedeutungslehre) 上的語言問題。這兩個問題的相關性是模糊不清的。」(GA1, 55)

儘管這路口是隱閉的，海德格在其博士論文中已經暗示了存在問題的開端，即對「由各種現實方式構成的整個存在領域」(GA1, 186) 的探問。在博士論文中所提出的意義和邏輯判斷問題，以及它們的現實形式問題應當被理解為一個更普遍問題的一部分❷。撇開對它的粗糙和不成熟的表達不論，海德格的這個提問在本質上有別於胡塞爾。這是指：海德格在心理主義批判中的出發點已經受到存在問題的引導。對他來說，對邏輯學問題的解決不在於對純粹邏輯學做出新的論證，而在於澄清邏輯之物的存在問題和真理存在問題。

現在我們轉到海德格在 1925/26 年冬季學期講座中對胡塞爾心理主義批判所做的一個現象學闡釋上去，在這裡的導論篇中，海德格首先解釋「心理學」這名詞的意義。這個說明不應被忽視，因為海德格在此已經暗示了胡塞爾心理主義批判中的一個關鍵問題。胡塞爾的批判是以傳統的心理學的意義為其基礎。即是說：對心理主義的克服並不意味著它同時對心理學的克服❸。

---

❷ 參看 E. Morscher, "Von der Frage Nach dem Sein von Sinn zur Frage nach dem Sinn von Sein—der Denkweg des frühen Heidegger," *Philosophisches Jahrbuch* 80 (1973), S. 382.

❸ 與此同時 (1925/26) 胡塞爾在弗萊堡大學的講座就以心理學為主

心理學的問題何在？海德格認為「心理學」的概念有兩重含義，這兩種含義可以回溯到古代的心理學上，而在現代哲學中卻被忽視了（參看 GA21, 35）。二十世紀初解釋與理解心理學 (erklärende und verstehende Psychologie) 之爭論其實可以回歸到兩個希臘概念上：ζωή 和 βios。在亞里士多德的哲學背景裡，ζωή 意味著生物存在；「植物的和動物的存在：在今天的生物意義上的存在」(GA21, 34)，在這個意義下，心理學是一門生命科學。另一方面，βios 在古典希臘哲學裡是有著人類存在和人格存在的意義。「βios 在希臘哲學思想裡，例如在亞里士多德倫理學中，解釋為一種生存之可能性；βios θεωρητικός：具有認識能力的人之生存」(GA21, 34 f.)，心理學是關於 βios 的科學，因此屬於倫理學。從 ζωή 和 βios 這兩個含義出發，現代心理學的兩個方向得到發展。如果問題涉及到對心理之物而作出因果關係方面的解釋，那麼人們便會論到「解釋心理學」，因為心理之物作為一種生物存在模態呈現，它便受自然科學的規律所決定。但是，如果心理學的課題在於心靈生活的體驗，人們便將它稱之為「理解心理學」。作為這種科學，它不屬於自然科學，而屬於精神科學 (Geisteswissenschaft)。

因此，人們是從這兩個方面：自然科學和精神科學方向來了解心理學。在心理主義二元論的這種自明性中存在著一個關鍵性的問題：「如果人們提問，這門心理學的總體是什麼？是什

題。參看 Husserl, *Phänomenologische Psychologie* (1925), *Husserliana* IX, den Haag: Martinus Nijhoff, 1962.

麼將這二者聚合在一起？這不是相加的意思，而是在總體意義
的聚合，這是基礎性的聚合，那麼我們得不到答案，甚至這樣
的問題還沒有被提出過。但是在近代哲學發展的過程中，對心
理之物的研究基本上強調研究有意識的心理過程，即是：意識
本身；狹義上即是體驗 (Erlebnis)。結果是從笛卡爾以來，心理
學本質上是意識科學，就此而言，心理學的問題顯得複雜多
了。」(GA21, 35 f.)

對海德格來說，邏輯學的問題，不在於它的心理學化，因
為心理主義的問題已經透過胡塞爾的《邏輯研究》之批判而解
決了。但是在胡塞爾心理主義批判中，隱含了作為意識問題的
心理學問題，如果胡塞爾意識現象學的課題對象是意識，那麼
這門現象學就在廣義上仍然屬於意識科學，只要心理學所研究
的對象是意識活動本身❹，現象學仍然是一門心理學。在這個
意義上，對心理主義的批判並不包容對心理學的批判。

海德格在這裡顯露出他對胡塞爾批判的一個主導方向：就
是要對心理學進行批判。更確切地說，就是對自笛卡爾以來在
傳統哲學中佔主導地位的意識哲學的批判；胡塞爾的現象學明
顯地是屬於這個意識哲學傳統。這批判是揭示現象學本源意義
的重要步驟。

## 2.1.2　實在存在與觀念存在的差異問題

海德格在他對胡塞爾心理主義批判的批判闡述的結論處寫

---

❹ 參看 M. Heidegger, "Mein Weg in die Phänomenologie,". (SD, 83)

道:「心理主義的基本錯誤在於誤認了存在者的存在中一個基本的差異。」(GA21, 50) 這個差異是指實在之物 (das Reales) 和觀念之物 (das Ideales) 之差異區分 。實在之物是在時間中呈現的具體事物；而觀念之物則是超時間的存在者。心理之物作為時間中呈現的心理經驗是實在之物，但是在判斷活動中所涉及之定理是觀念之物，這二者有一本質性之區別，而對心理主義的批判正建基在此區別上。在這點上，海德格和胡塞爾是一致的。但也正是在這點上，海德格引出對胡塞爾的批判。

對胡塞爾來說，駁斥心理主義只是《純粹邏輯導引》的一個消極任務。胡氏對心理主義的錯誤的批評是眾所周知的，在這裡我們只須略作回顧。胡塞爾在兩個方面展開批評： 1.揭示心理主義是懷疑論的相對主義，以此說明它所包含的謬誤性； 2.由此，根據其理論矛盾的觀點，心理主義是不可能建立其嚴格的理論基礎（參看 GA21, 43 f.）❺。胡塞爾了解到邏輯學不可能奠基於心理學上，他確定了邏輯的本質的概念：經驗心理活動的雜多性不可能是邏輯的本質，邏輯定理的觀念性才是其本質。經驗實在之物與觀念之物的劃分並非新論。傳統的觀念論和實在論之爭已經說明，這個區別長期以來規定了西方哲學中有關心與物、超驗與經驗之爭論。如何理解在兩個不同的存

---

❺ 參看 P. Natorp, "Zur Frage der Logischen Methode," *Kantstudien* 6 (1910); O. Becker, "Die Philosophie Edmund Husserls," *Kantstudien* 35 (1930), S1. 35 ff.; 以及 Rudolf Bernet, Iso Kern und Edward Marbach, *Edmund Husserl*, Hamburg: Felix Meiner, 1989, S. 29 ff.

在領域之間，在作為感性存在的 *αἰσθητόν* 和作為觀念存在的 *εἶδος* 之間的相關性。這個問題在柏拉圖哲學中已經被提出，由此而形成兩個傳統的思維方向。一個方向強調感性存在在經驗認識方面的真實性：所有認識都是直接從感性經驗被給予中引導出來的。未被經驗到的東西因而被堅持為是不真實的，或至少被認為是不可感知的。由於邏輯的觀念存在不是從經驗中直接被給予的，所以它被看作是從對經驗被給予之物的一般化或抽象中產生出來的東西。與此相反，另一個方向則認為只有在純粹思維中的認識才是確定真實的，相對於變動雜多的經驗實在事物的領域而言，純粹思維中的觀念本質結構是具有優越性的。

從以上的簡單考察中，我們可以得到一個結論：胡塞爾的心理主義批判同時包含著對經驗主義的基礎的否定，因為他的反心理主義立場是從理性主義的基礎出發而得到論證。因此胡塞爾的反心理主義也常被他人稱為「柏拉圖主義」，因為他們在胡塞爾的邏輯的觀念本質中可以發現一種「柏拉圖的假設」（參看 Ent, 118）。但是，胡塞爾在《觀念 I》（參看 IdI，第 2 節）和他的 1913 年《邏輯研究之前言草稿》中，明確地反駁了這一指責。他說：「我的所謂柏拉圖主義並不在於某種形而上學的或認識論的建構、假設或理論；而在於簡單地指出一種本原的，但常遭誤解的被給予性 (Gegebenheit)。」(Ent, 118) 胡塞爾據此而將他自己的理論與以上的兩種觀點區別出來；既區別於心理主義的觀點，也區別於當時由理性主義所代表的新柏拉圖主義

觀點。胡塞爾認為這兩種觀點根本不了解觀念對象 (ideale Gegenstände) 的意義。他說:「心理主義者將這些研究用來為心理學辯護,但卻是為一種被經院哲學歪曲了的心理學辯護;因為正是在這些研究中,處處都遇到觀念之物和先驗之物。另一方面觀念主義從對上而下的超驗建構之期望卻變得落空,因為在理論建構程序中,處處碰到體驗、行為、意向、充實 (Erfüllung) 等等;這一切都同樣涉及心理主義。」(Ent, 115)

胡塞爾在其心理主義批判中,並不是為了邏輯之物的超驗存在而否定了經驗實在的心理活動。對他來說,更重要的是闡明兩個存在領域之間的相關性。因此,他在否定了心理主義之後,將《邏輯導引》的積極任務描述為「回復到在邏輯意識中,在邏輯思維的體驗聯繫中運作的意義給予功能或認識功能上去;在這種回溯反思中,澄清純粹的邏輯觀念。」(PP, 20) 這就是說,胡塞爾要將在純粹邏輯領域的觀念對象與主觀心理體驗之間的特殊關係,作為他自己研究的課題。

胡塞爾的心理主義批判,和他的純粹邏輯學觀念都建基於實在存在和觀念存在的區別上。海德格現在指出:這個劃分,從一開始就涉及到在思維中存在的兩個模態:即作為思想活動的思維和作為所思者的思維。真理問題作為邏輯學的真正課題,當然與心理過程和思想活動無關,而僅僅與思維的規律性有關,即在思維過程中在所思者呈現的規律性。$2 \times 2 = 4$ 這個定理,一方面含有在思維中進行的思想活動的心理行為,它的確是作為心理過程而出現的;另一方面,這定理本身為真,它的真理

特徵並不來源於心理行為，相反，定理的真理是在所思者之中的定理本身展示出來。這個命題的真理特徵區別於所有心理的思維過程。胡塞爾說：「真的東西是絕對的，是『自在』的真；真理是同一的一，真理無論是被人或非人，被天使還是上帝，一樣被判斷為真理。」(LU/I, 117)

胡塞爾認為真理的本質即在於此：真理表明為觀念存在的特徵，它呈現在所思者中，並因此而與思維區別出來。如果真理如此緊密地關係到觀念存在，那麼有一個問題便需要提出：觀念存在從何呈現並規定自己為真理？

首先，要考察所思者定理的內涵的特性。使定理內涵突出於雜多的思維活動的東西，是它的同一的、自身的和非時間的存在 (identisches, selbiges und unzeitliches Sein)。與此相反，心理之物的實在過程是一個相對的、時間性的過程。而定理內涵，無論它是否被判斷地把握到，都始終是同一的、自身的和非時間的。在這個意義上，定理內涵的觀念存在回溯到柏拉圖觀念的原初意義上。「觀念」，希臘文 ἰδέα 最初所標認的是被觀看到的東西。根據這意義，「觀念」是「那個在一個實事 (Sache) 成為它之所是的東西。」(GA21, 56) 海德格在這裡繼續說：「如果這個使一個實事成為它之所是的東西就是它的本質，即被希臘人描述為觀念的東西，那麼，它就從把握方式 (Erfassungsart) 出發而得到了理解。使事物成為它所是的東西就是恆久不變之物，就是在每一個個別化中某種程度上被看出來的東西。這是在一個完全廣義上的觀看 (Sehen)：即『把握某物於它自身』(etwas an ihm selbst erfassen），這對希臘人來說，是對一般存在者的最高把握方式。」（同上）

觀念的原初意義並不蘊含形上學的假設。觀念是「從對被意指之物的把握方式出發所做的規定。」（同上）它在作為被意指之物的實事之被給予性上直接地被看到並且被把握到。我們將會了解，這種對觀念的直接觀看到便是現象學觀看（phänomenologisches Sehen）的基礎。

這種被希臘人稱之為「對存在者最高的把握方式」的觀看也就是通向那種作為恆久之物意義上的觀念的方式，它與思維活動中雜多的心理過程是完全不同的。由此可以得到觀看和直覺的重要意義：它們兩者在傳統中，都具有把握存在的優先性。在這裡，觀念存在被理解為通過直觀而被直接把握到的存在。海德格對「觀看」和觀念的希臘含義之回溯表明，在胡塞爾心理主義批判中所做的對實在存在和觀念存在的劃分，是奠基於希臘哲學的存在論之基本劃分上的（參看 GA21, 57）。在此，兩個帶有相對立特徵的存在區域得以區別出來。觀念存在呈現為同一的、恆久的和一般的；而實在存在則是變化的、易逝的和個別的。對這兩個存在區域有不同的把握方式：「感性對象上的恆久之物是那種可以通過理性，通過 voũs 來把握的東西，觀念或觀念之物就是 νοητόν。與此相對，實在之物可以在感性中，在 αἰσθησις 中獲得，因此，實在之物就稱為 αἰσθητόν。」（同上）感性和理性這兩種人類能力，被理解為通向實在之物和觀念之物的存在區域的通道方式。它們在傳統中，規定了差

不多所有認識論的問題。

但是，在這兩種能力之間有一條不可逾越的鴻溝。只有通過胡塞爾對感性直觀與範疇直觀 (sinnliche und kategoriale Anschauung) 做了現象學澄清之後，感性和理性的相對立之關係，才可以徹底的方式得到了闡明。我們將會在下一章詳細討論這個問題。

海德格強調這一區別的目的可以從下面這句話看到：「作為三重意義：同一性、恆久性和一般性的觀念之物的概念，是胡塞爾心理主義批判的主線，同時，這個概念也是將真理存在規定為觀念存在的主線。」(GA21, 58) 海德格對胡塞爾的批判便從這個真理概念出發。

## 2.1.3 真理問題作為心理主義批判的結果

胡塞爾在《邏輯研究》中除了反駁心理主義之外，還有一個積極的任務，即論證一門純粹的邏輯科學。海德格指出，這個論證是以一個特定的真理概念為主線的：真理被理解為觀念存在。海德格還指出，胡塞爾在這個概念上，儘管以現象學方法革新了這個課題，但是仍然忽略了真理本質的真正問題，因為他仍然滯留在傳統的真理概念上，即真理就是一致性。為了更進一步說明這一點，我們先轉向胡塞爾的真理概念。

### 2.1.3.1 胡塞爾的真理概念

胡塞爾除了在《邏輯研究》第五、第六研究中對真理問題

的詳細闡述以外，他在《導引》結尾一章的第一稿中，就已經指出了這個問題。主導的問題在於探究科學一般的可能條件(LU/I, 236)，它同時也探問真理的可能性條件。(LU/I, 237) 胡塞爾對科學的理解是：「使科學成為科學的東西，決不會是那種可以納入到思維行為之中的心理學和實在的聯繫，而是一個確定的客觀或觀念的聯繫，它為思維提供了統一的對象聯繫，並在這種統一性中，創造出觀念有效性 (ideale Geltung)。」(LU/I, 228) 在這裡，構造出科學統一性的這個觀念聯繫是雙重的：「實事的聯繫，與此意向相關的是思維體驗（現實的或可能的思維體驗），另一方面是真理的聯繫，在這種聯繫中，實事的統一作為它所以成為客觀的有效性。」（同上）這兩個聯繫不可分割，但並不同一，對它們之間的關係，胡塞爾解釋說：「在有關真理或真理聯繫中體現出實事和實事聯繫的現實存在。」（同上）這裡很明顯，真理聯繫和實事聯繫的相關性，使觀念存在和實在存在的關係問題得以顯露出來。如果實事是在真理中顯示自身，那麼這種顯示無非就是明證性現象 (Evidenz)，胡塞爾將它稱之為真理體驗。在判斷中，定理必須符合受判斷的實事，以便定理可以與實事一致，即成為真。如果定理與實事相一致，那麼定理便為真。因為在此一致性中，實事，即被意指的對本身成為具體的被給予性 (Leibhaftige Gegebenheit)：「如果我們的判斷具有明證性，那麼對象之物便是原本被給予 (originär gegeben)的。」(LU/I, 229)

在明證的判斷中，實事內容並不僅僅是被意指，而且是現

實被給予的。由此而引出胡塞爾的真理基本命題:「它(實事內容)本身不只是一般地被意指(被判斷),而且是被認識;或者:它是一個具體把握到的真理,一個在明證判斷的體驗中個別化了的真理。」(同上)這裡正是胡塞爾從觀念存在方面對真理所做的解釋。他繼續寫道:「如果我們反思這個個別化,並且進行觀念化的抽象,那麼成為被把握的對象,便不再是那個對象之物,而是真理本身。我們在這裡將真理作為相對於流逝的主觀認識行為之觀念相關物 (ideale Korrelat);相對於可能的認識行為和認識個體的無限雜多而言的一。」(LU/I, 229 f.)

## 2.1.3.2 真理、觀念存在和有效性

我們至此對胡塞爾真理概念的考察,始終是有局限的,因為我們還沒有從意向性方面來談明證性和真理問題;這屬於後面的任務 (參看後面第 2.2.2 節)。首先,我們需要把握這一點:胡塞爾的真理概念是與觀念存在,與明證判斷中顯現出來的觀念有重要的關係❻。

海德格對胡塞爾的批評與這一主張有關,他認為:胡塞爾從根本上誤認觀念存在概念的多義性。因為胡塞爾認為,作為在種屬本質意義上的一般之物的觀念存在與作為真實判斷內涵的觀念存在相等同。這種隱含的對觀念存在兩種規定的等同,

❻ 參看 K. H. Voldmaun-Schluk, "Husserls Lehre von der Idealität der Bedeutung als metaphysisches Problem," in *Husserl und das Denken der Neuzeit*, den Haag: Martinus Nijhoff, 1959.

是以他的真理概念為基礎的。在海德格看來，這種等同是不可以接受的，因為忽略了這兩種規定之間的本質區別：「判斷內涵儘管不是實在之物，而是觀念的，但它不是觀念意義上的理念，那樣一來，判斷內涵就成了一般之物，成了 γévos，成了判斷行為的種類。」(GA25, 61) 真理不是在一般之物意義上的理念。「『一般之物』作為判斷內涵——意義——只是特殊地化為這個或那個意義，但永遠不會特殊化為行為。一般之物——行為實在的觀念至多是行為一般的一般本質，但永遠不會是行為內涵。」（同上）

　　胡塞爾對作為觀念的真理，和作為類的普遍本質區別的誤識，有其特有的前提。一方面在觀念存在意義上的真理概念，從一開始就受到心理主義批判之理論進路，強調相對於實在之物而言的觀念之物。另一方面，對這個真理概念的理解受洛采 (Lotze)❼有效性邏輯學 (Geltungslogik) 的影響：一個命題的真理就是在這個命題中有效的東西。海德格當然沒有將胡塞爾的現象學解釋，作為洛采有效性邏輯學之理論銜接。毋寧說，他的目的在於說明，真理概念的隱含前提在於有效性的概念之中，由此而產生出他在對心理主義批判方面的主導問題。在這個講座（1925/26 冬季學期）中，海德格的目的在於，不止闡述胡塞爾的心理主義批判，而且還揭示在其中隱含的真理本質問題。

❼ 胡塞爾公開承認及感謝洛采對他的影響。參看 Entwurf, S. 128，洛采，Rudolf Hermann Lotze (1817–1881)，德國觀念邏輯家及形上學家，重要著作有 Logik (1874)。

由於真理在胡塞爾那裡被理解為以有效性概念為基礎觀念存在，因而要對真理做出現象學的澄清，就必須進一步描述真理、觀念存在、有效性之間的特殊關係。對實在存在和觀念存在的劃分，同時也是對兩個不同存在區域的存在論劃分。「實在存在」被理解為感性存在，它在現實中以雜多的形態表現為這樣或那樣的狀態。如果「實在存在」就意味著事物的現實，那麼應有這樣一個問題需要回答：觀念存在具有什麼樣的現實？觀念存在必然會以某種現實形式出現。因此，有效性邏輯學對此問題的回答是：「觀念的現實形式是有其有效性。觀念之物是有效的，實在之物是存在的。」(GA21, 64)

有效性概念的形成實際上要回溯到洛采主導問題上去：「認識的一般真理何在；更確切地說：如何確定真理和真存在 (Wahrsein)。」(同上) 從柏拉圖的理念論出發，洛采確信，真理之物就是在表象的變化中的永恆之物。這就是說，真理就是那個貫穿在表象的繁雜之中的恆久之物。這裡也包含著關於作為恆久之物的真實之物，與各種處在變化之中的個別化的關係問題。具體的問題就是：如何將恆久的真實之物與個別之物區分開來，例如有顏色的存在物，在洛采看來是某種現實之物，而顏色本身不是實在的，但它並不是無。我們可以區分一個在對象上被給予我們的顏色，例如，它是顏色而不是聲音。洛采由此而得出肯定性的概念。承認這個某物不是無，也不是實在存在物，這就是肯定那個已經在某種意義之中的東西具有現實性（參看 GA21, 69）。這樣，現實性便通過肯定性的概念而得到了描述。

　　洛采劃分出現實的四種基本形式——它們既不能相互回溯，也不能相互演繹，即：事物的存在、事件的發生、關係的組成和命題的有效性（參看同上）。根據這種分類，一個命題的真實存在屬於有效性。因為真實命題具有有效性的現實形式。這樣，真理、觀念和有效性便聚合為一❽。

　　但在這種聚合中含有一個誤解。洛采聯繫柏拉圖的觀念論而主張有效性，就是那個被柏拉圖標誌為觀念存在的現實形式。現在海德格指出洛采的這一觀點，是僅僅以一種有限的方式關係到作為 *oύσια* 觀念，即以現在者 (das Anwesende) 意義下之現成在手物 (das Vorhanden) 呈現（參看同上）。但在被標誌為定理的現實形式的有效與柏拉圖觀念有一根本差別：它們不是定理，而至多只是概念的有效性之間有一本質差異。是否可將有效的概念轉用於觀念的概念，這個問題就是可疑的。儘管如此，洛采仍然訴諸於柏拉圖的觀念論，他對柏拉圖進行過度的解釋，主張觀念就是有效的「概念」，因為在柏拉圖那裡缺少對判斷和概念的區分（參看 GA21, 71）。洛采的這一成見受到海德格的批判：「在注意到缺乏這種區分時，洛采可以找到他的解釋的支點——只是一個虛假的支點，因為他忽略了 *λόγos* 的本質，忽略了 *δηλοῦν* 無論判斷還是概念，他都用 *δηλοῦν*。對柏拉圖來說，本質性的東西並不在於這個區分，而在於 *λόγos*，只要它昭示某物（*λόγos* 作為 *δηλοῦν*），即，讓看見某物，而在 *λόγos*

---

❽ 參看 P. Linke, "Die Existentialtheorie der Wahrheit und die Psychologismus der Geltungslogik," *Kantstudien 29* (1924).

中被看見的東西就是觀念。」(GA21, 72)

　　在這裡，我們不能繼續展開海德格對洛采的詳細批判❾。對於我們的思路來說，只須確定這一點就夠了：將作為有效性的真理等同於觀念，這種做法出自於洛采的一個成見。現在我們可以較為容易地理解，海德格對胡塞爾疏忽的澄清。這個疏忽在於：他的觀念存在的解釋，始終處在上面所述的那個雙重意義中。我們揭示了胡塞爾的偏向於洛采，將真理概念視作有效性，這一做法是有其歷史根源的，這樣，我們就可以更清楚地看到，對於海德格來說，胡塞爾錯誤的原因何在：「可以用一個推論來表示：胡塞爾的錯誤就在於，他是這樣來進行操作：觀念等於普遍等於形態等於類。結論：定理等於普遍，等同觀念，由此得出：定理等於設定的類。」(GA21, 73)

　　胡塞爾對有效性邏輯學的轉釋是否澄清了真理現象？作為有效性的真實之物概念是否與真理的本質有關?回答是否定的。在有效性的概念中隱含著如此之多的含混性和多義性，以致於海德格甚至將「有效性」一詞稱之為「由混亂、無助和教條組成的一團亂麻。」(GA21, 79) 有效性邏輯學對真理本身沒有提出任何東西。誠然，它論述了真理之物的現實性可能形式，這就是說，有效性只意味著對真理定理的現實存在的承認。但是，真理究竟是什麼；是什麼使真理之物成為真實，這些問題始終是含糊不明的。

---

❾ 海德格的博士論文中對心理主義的批判，顯然受洛采的有效性邏輯學影響，參看博士論文，尤其是第五章第二節。(GA1, 165 ff.)

真理、觀念存在和有效性的虛假互屬性是貫穿在胡塞爾心理主義批判中一個隱含前提，對這個前提的現象學澄清可以被看作是海德格 「對心理主義批判之批判」 (GA21, 86) 的一個準備。

### 2.1.3.3　對心理主義批判的批判與對真理問題的批判

海德格邏輯學講座的目的，在於從現象學上澄清真理現象。在講座中對胡塞爾心理主義批判的批判分析，是對真理本質問題重新檢討的一個「準備」。(GA21, 25) 只要真理在胡塞爾現象學中基本上被理解為定理真理和有效性，真理問題始終是被遮蔽的。要開啟這種遮蔽狀態，就需要對由胡塞爾的《邏輯研究》及其現象學所引入現代邏輯學的真理提問進行現象學的解構。

在這個意義上 ， 講座的第 10 節 「反批判問題」 (Anti-kritische Fragen) 具有其重要性。海德格在這裡指出，真理問題在胡塞爾那裡之所以被遮蔽，是因為胡塞爾將真理理解為定理真理，更確切地說理解為直觀真理，海德格一開始就提出三個重要問題：

1.什麼是心理主義批判的核心？心理主義批判為什麼必須是心理學批判？

2.在對真理現象的理解和解釋方面，這種心理主義的批判有何積極意義？

3.這種對真理的解釋，即將真理解釋為最初被描述的定理

真理（有效性），處在何種關係之中？這兩種理解是否滿足了對這個現象的徹底揭示和解釋的要求？(GA21, 89)

這些問題並非因為它們針對胡塞爾心理主義批判而發便是反批判的，就好像它們是與胡塞爾相對立的立場一樣。毋寧說海德格在這裡要表明，胡塞爾對心理主義的批判沒有完全考慮徹底。發現意向性的是心理之物的本質特徵，這是心理主義批判的結果，同時它也是對觀念存在與實在存在關係問題的回答。撇開意向性的現象學概念與心理之物的經驗理論之間的根本差異不論，意向性仍然是意識理論或心理學的基本命題。因為，胡塞爾最終仍然沒有能夠成功地克服心理學或傳統的意識哲學❿。對此的解釋是：無論是心理主義還是胡塞爾的非心理主義，都建立在從存在論上被歪曲的真理概念上，即真理是定理真理或直觀真理，它們同樣也建立在對觀念存在與實在存在的劃分上。因此很明顯，反批判問題的目的不僅在於對心理主義批判的批判，而且也在於回問隱藏在心理主義批判後面的關係問題，即在批判的積極意義與真理問題之間的關係問題。

將觀念存在與實在存在互相對置的做法作為前設，貫穿在心理主義批判的始終，由此而必然地產生出一個問題：如何理解觀念存在與實在存在的關係。海德格認為所有那些在觀念存

---

❿ 參看 W. Biemel, "Heideggers Stellung zur Phänomenologie in der Marburger Zeit," *Phänomenologische Forschungen* 6/7 (1976), S. 195.

在與實在存在的鴻溝上架築橋樑的企圖，最後都是徒勞的。因為「這種劃分不僅最終無助於問題的解決，而且恰恰就是對問題最錯誤的表述，它使整個討論註定成為無望的。」（GA21, 91）觀念存在的存在和實在存在的存在是作為未經反省的論點上成立的，二者的存在從來沒有構成任何問題。這個論點沒有看到，觀念存在和實在存在根本不是存在論之基本現象。實際上它們不是「存在的現象」，而僅僅是「存在者現象」。這個「鴻溝」因而只是一個形而上學地被虛構出來的發現（參看後面第2.2.1.2 節）。

從那個鴻溝出發，海德格提出對這兩個存在者領域之間關係的問題解答的正確進路。這是「對存在者之提問，並非需要為此二個不同領域建一橋樑，而是要對這二者之存在模態 (Seinsweise) 之本源統一如何可能之存在者發問。」(GA21, 93)

胡塞爾是如何解決這一問題的呢？胡塞爾當然沒有提出上面的問題。相反，他提問：「是什麼使心理之物成為這樣一種東西，從它出發，可以說明例如實在之物與觀念之物的關係，這種說明是根據心理之物的基本結構，即根據我們稱之為表象、判斷、承認、表態、設定、明察、思維的東西的基本結構。」（同上）胡塞爾的目的在於：把握出心理之物的本質結構。這個本質結構現在被標認為意識的意向性，但胡塞爾沒有提出觀念存在與實在存在之劃分的可疑性問題。意向性的本質暫且可以說是一種向某物的朝向 (Sichrichten-auf-etwas)。這就是說，每一個心理行為的規定性都在於：它合乎意識地指向某物。心

理之物按其本質，並不是自身封閉的區域，需要一座「橋樑」才能超出自身來達到外在的對象。這個區域本身是意向的，即，它從本質上朝向某物。這個在心理之物與它指向的內容之間的「聯繫」在存在論上要早於它們之間的劃分。由布倫塔諾發現的意向性概念在胡塞爾現象學中被徹底化了，它成為現象學的核心概念。我們在後面一節中，將會詳細地討論這個概念的現象學意義。

強調意向性是心理之物的本質結構，這一做法引出了對第一個批判問題的回答：為什麼心理主義的批判必須是心理學批判？心理主義將觀念存在歸屬於心理之物的實在存在。因而心理主義誤認了觀念存在與實在之間的本質區別。但這種誤認的原因不能被歸結為：這門學說無法看清它自己的對象。人們將它的任務理解為：把握心理活動的雜多性，但人們沒有注意到，它是建立心理學概念的模糊前設之上（參看前面第 2.1.1 節）。很明顯，對心理主義的反駁同時也提出心理學的基本問題。而此問題的回答首先在於具體地研究意向性本身的結構，心理學只是通過意向性的發現才揭示出自己的本質。

這裡還必須解釋，意向性的發現與真理問題的關係何在。真理問題在胡塞爾思想中自然屬於傳統的真理概念：adaequatio。但胡塞爾的真理概念與傳統的定理真理概念的區別在於，胡塞爾的概念並不是從定理和其意義出發，它的目的不如說是在於對被思維之物的思維，對被認識之物的認識。這樣傳統的真理的場所便從定理移位到行為上，更確切地說，移位

到直觀上。定理真理變成了直觀真理。這個現象必須得到進一步的描述。

認識從本質上是意向性的，這就是說，在現象學上，認識、認識行為直接地指向被認識之物，指向被認識的對象。必須強調這種直接性，因為對意向性的確定，就是反駁了反映論。這種反映論認為，認識行為不是直接地，而是間接地通過想像圖象與對象發生聯繫（參看後面第 2.2.1.2 節）。從現象學上看，認識與認識對象的關係是在意識流中的意向統一。作為意識行為的認識是那種被胡塞爾稱之為意識實項內在 (reelle Immanenz) 的東西一部分。行為作為在意識中實項內在的因素從本質上區別於在行為中被意識到的意向對象。儘管如此，它們構成一個在意識中自身共屬的統一。

認識論中關於表象圖象的學說提出這樣的主張：一個表象圖象是作為行為與表象之間的中介而起作用的，這種學說最終是一種令人迷惑的臆造，它在現象學上是盲目的，看不到實事本身。這一點可以通過下面的例子得到說明：如果我看見我面前有一堵牆，那麼我看到的是這堵牆，而不是這堵牆在意識中的想像圖象。這牆作為在看的行為中被意向意指的對象，對於我來說，它是具體的被給予。我們還可以考察另一個情況。如果我說我背後的一面黑板，那麼我背後的這塊黑板肯定不會像我面前的牆一樣具體的被給予。但如果認為，黑板是因此而成為「非現在」，而只是在意識中作為想像圖象而被想像，那麼這在現象學上是錯誤的。存在者，這黑板本身，就是我用表述所

指的東西。在被感知的牆和被意指的黑板之間的區別僅只在於具體性 (Leibhaftigkeit)。作為感知呈現的牆對我來說是在當下具體當下化的被給予 (Leibhaftig gegenwart vergegenwärtigt)。而我身後的黑板，即作為想像中的黑板，則不是在其具體性中，而是在一種被胡塞爾稱為當下當下化的樣式 (gegenwart-vergegenwärtigt) 中被給予的。在這兩種樣式之間的區別「不是本質區別，想像與感知在現象學上的區別，僅在於它們的意向性。」(GA25, 102) 必須堅持這一點：存在者本身在上述兩種情況中——被感知的牆和被想像的（被當下當下化的）黑板——直接被意指。

這樣，認識現象在現象學上便獲得了一個更深刻的意義。海德格闡述道：「據此，認識是對存在者在其具體性之把握的有，這一種具體性之把握的有，在現象學理論中，被稱為直觀 (Anschauung)。」認識就是直觀，只要存在者本身在其具體性中被給予。

我們已經提到，胡塞爾的真理概念與明證性概念緊密相聯。明證性即是真理的體驗。這就是說，在明證性的體驗中，被意指之物與被給予的對象達到完全的一致。換句話說：被意指之物作為虛空之想像，與在直觀中給予之物，以其在具體之當下化的樣式，等同了。此虛空之想像因而得到充實。故此，直觀作為等同或統一的活動，在真理的體驗中，至為重要，因為它使作為被意指之物的虛空想像得以充實。「adaequatio 便得以實現，只要被意指的對象在嚴格意義上的直觀中被給予，並且恰

恰是作為它被思考和被指稱的那樣被給予。」 (LUII/2, 118) 在
胡塞爾看來，adaequatio 無非就意味著真理。因此，海德格對
胡塞爾的真理概念理解如下：「真理就是被意指之物和被直觀之
物的等同性。」(GA21, 109)

所以，明證性與真理的關係就在於意向地進行直觀、等同
和充實。只有在直觀中實事本身才被給予，並且只有當實事本
身直觀具體地被給予，在被意指之物和實事本身的等同中，充
實才會呈現。由此可見，明證性無非就是在意向進行中產生的
等同本身。「明證性就是自身理解自身的等同性行為；自身理解
是隨行為本身一起被給予的，因為行為的意向意義所意指的，
就是作為同一物的同一物，並因此而隨其意指而明確地展示自
身。」(GA21, 108)

明證性作為對真理的體驗，不像感知或回憶那樣是意識行
為。它不是在等同的進行中提供證明的後補行為；相反，它在
等同的意向進行中不經反思便可見。明證性確切地說就是「這
個在等同本身的意向進行中的一個非反思性的自身理解自身的
模態。」(GA21, 107 f.) 在被意指之物和被給予之物本身的一致
中得到證明的真理，是「在明證性中被體驗到，只要明證性就
是現時進行的等同行為❶。」(LUII/2, 122)

由此，胡塞爾的真理概念就更明確了：「真理作為一個等同
行為的相關物是一個實事狀態，並且作為一個相合性等同的相

---

❶ 參看 E. Ströker, "Husserls Evidenzprinzip," *Zeitschrift für*
*philosophische Forschung* 32 (1978), S. 9.

關物是一個等同性：在被意指之物與被給予之物本身之間的一致性。」（同上）

我們曾提問，意向性的發現與真理問題有何關係。需要提醒的是，意向性是產生於心理主義批判的積極成果。在直觀中實事本身的自身被給予性，是以一種特殊的方式決定著明證性和真理。因此，正如海德格所確定的那樣，胡塞爾與明證性有關的真理概念無非是指直觀真理：「但在這裡，真理被解釋為同一性，即被意指之物和被直觀之物的同一性……這就是對我們所尋找的真理的規定，也就是胡塞爾在對認識的研究中所得出的闡釋，認識在這裡是指意向行為，更確切地說，是直觀。」(GA21, 109)

第三個反批判問題在海德格那裡是指對「定理真理和直觀真理之間的關係」以及對「向亞里士多德之回溯的必然性」的探問。(GA21, 109) 在這裡我們接觸到海德格對胡塞爾在真理問題上所做之批判的關鍵之處。胡塞爾將真理定義為直觀真理，這種定義是對傳統真理概念極為深刻的徹底化。胡塞爾通過對直觀的意向意義的闡述而將 adaequatio，將一致性擴展到它最外在的含義上。「借助於這種對直觀概念獨一無二的徹底理解，胡塞爾將西方哲學的偉大傳統思考到了終極之點。」 (GA21, 114) 但這並不意味著，胡塞爾借助於他對傳統真理概念的徹底性的思考，同時也進入到海德格所說的本真的真理問題之中。胡塞爾的直觀概念儘管帶有現象學的規定性，即仍然依附於傳統。因為直觀真理已經在先設定了作為一致性的真理概念的模

糊自明性。這種一致性究竟是如何可能的?或者,更確切地問:究竟應當如何來理解一致性的真實存在?這個問題沒有被胡塞爾提出,對他來說這是不成為問題的。

現在需要對海德格的這一思想做進一步的闡釋。問題首先在於定理真理與直觀真理之間的關係。應當指明,定理真理如何奠基於直觀真理之中。

對真理的兩種理解:定理真理和直觀真理都趨向於傳統的 adaequatio 一致性概念。它們的區別僅僅在於,一個真實定理的現實形式,即有效性,是在定理真理中被表述的,而在直觀真理中所關係到的,是作為同一性的真理本身的結構。海德格在這裡將定理真理標誌為 $\lambda\acute{o}\gamma os$ 真理 ,而將直觀真理標誌為 $vo\tilde{u}s$ 真理。因此,定理真理是 $\lambda\acute{o}\gamma os$ 真理,因為它與通常被理解為對 $\lambda\acute{o}\gamma os$ 之闡釋的話語陳述有關,與此相反,在直觀真理的情況中,將真理定義為同一性的做法,則趨向於將直觀和認識相組合 ,在這裡,認識作為廣義上的直觀被理解為 $vo\varepsilon\tilde{\iota}v$ 或 $a\acute{\iota}\sigma\theta\eta\sigma\iota s$(參看 GA25, 110)。

現在海德格提問:「前者與後者關係如何?借助於對認識的意向結構,以及由此而產生的對真理作為同一性的規定的現象研究 ,我們應當如何來理解前面所討論的真理特徵 (定理真理)?」(同上)換言之,通過對意向性的發現,而把握出的對真理作為被意指之物和被直觀之物同一性的規定,與在陳述中被規定的作為有效性的真理概念,處在何種關係之中?

但有效性和同一性是對真理概念的兩個本質規定,它們之

間並非毫無聯繫。它們是處於一種相互奠基的關係中。如果定理有效，那麼它便為真，但只有當定理的虛空被意指之物的樣式中被陳述時，與被給予的實事相一致，定理才有效。有效性的意義已經在先設定了對一致性的理解。而一致性本身產生於被意指之物與被直觀之物的同一性中。這就是說：由於同一性的根本意義在一致性中，所以，如果有同一性，那麼有效定理的現實形式，即一個在一致性得以真實化的定理，就有可能得到表述。

「定理……給予直觀以表述。」（同上）就是說，在定理中，實事內涵作為虛空被意指的定理架構被陳說出來，這種架構「根據其內涵而關係到同一個存在者，但在對此內涵的陳述中尚未具體地被給予。」(GA21, 111) 如果真理被定義為被意指之物和被直觀之物之間的一致，那麼這種一致無非就是這兩個成員之間的關係。如果定理作為虛空被意指之物是此關係中的一個成員，而被直觀的實事是另一個成員，那麼同一性就是一致性的關係點。因此，海德格以這樣一種方式來看待同一性和有效性的關係：有效性的概念作為定理的真實存在，不能在定理本身中，而只能在作為一致性關係之模態的同一性概念中找到其真理。海德格得出結論：「有效性意義上的定理真理是一個被演繹出來的現象，它奠基在直觀真理之中。由於存在著同一性意義上的真理，所以定理才有效。」(GA21, 111 f.)

我們再進一步考察真理這個現象。作為被意指之物與被直觀之物等同關係之同一性，被海德格標誌為真理情況

(Wahrverhalt)。此外還有另一種狀態，實事情況 (Sachverhalt)，它一方面在定理中作為虛空被意指之物而被意指，另一方面又作為實事情況本身而在直觀之物中被證明。胡塞爾沒有做出對真理情況和實事情況的劃分。在胡塞爾的思想中，被意指之物和被直觀之物的關係是一個實事情況：「真理作為等同活動之相關概念，是一種實事情況。」(LUII/2, 122) 由此而可以得出：如果同一性意義上的真理情況被理解為實事情況，那麼在真理情況的存在方式之間就不存在區別。與此相應，實事情況作為在實事性意義上的實在存在，是在定理中被表述的，而在作為觀念存在的同一性方面，真理情況是被領悟的。實在存在和觀念存在的「存在」，在這裡肯定不意味著海德格的在存在論上有別於存在者的存在，相反，它關係到現成在手存在 (Vorhandensein) 的兩種存在方式。對此，海德格說：「定理作為關係成員奠基於同一性的直觀真理中，另一方面，作為實事情況的同一性本身具有一個定理的存在方式或一個定理情況的存在方式：觀念存在。在這裡的考察依然停留在現象學的範圍之內。」(GA21, 113)

　　在對胡塞爾現象學中的真理問題的澄清中有兩點必須堅持：定理真理奠基於直觀真理之中，而實事情況意義上的真理情況被理解為一個觀念存在。海德格認為，直觀真理的起點在胡塞爾那裡就是對傳統真理概念的徹底化理解，同時胡塞爾「將西方哲學的偉大傳統思考到了終極之點。」(GA21, 114) 因為，被理解為「對存在者在其具體性中的給予和擁有」的直觀，首

先提供了從意向性上，理解在一致性意義上的真理結構的可能性。只有在直觀的意向結構中才能看到同一性，看到真實定理的真理情況。

傳統所了解的只是自古代以來對真理作為一致性的本質定義，儘管這種解釋在其歷史上有過繁多的變化。海德格指出在胡塞爾對直觀真理的闡述中有過去的傳統，因而他顯然在暗示，無論是在真理概念中前設的對真理之解釋，即將真理解釋為一致性，還是在現象學對真理問題的處理中對真理的強調，它們都回溯到這個傳統上。一致性作為表象和實事的相合的本質規定，有無疑的自明性。然而，這個本質規定是從亞里士多德的設定中推導出來的。它又規定了中世紀對真理本質的表述，即真理的本質是「知性與事物的一致性」（參看 GA21, 128; SZ, 214）。同樣，在胡塞爾的直觀概念背後也有一個傳統，在這個傳統中，直觀的作用從希臘人開始，直至康德與黑格爾都成為問題。對直觀問題的討論首先與康德的提問有關，他探問人類認識的合法源泉。感性直觀有別於上帝的知性直觀，它在康德的思想裡是人類理性的固有能力、事物給予我們。直觀標識出事物以何種方式顯現給我們，但它不給予物自體。胡塞爾的直觀，即在其具體性中對存在者的把握，是與康德學說相聯結的，即與存在者在感性直觀中的直接被給予學說相聯結，與這種感性直觀相符的是人類理性相對於上帝的無限性而言的有限性。然而，這個差異對胡塞爾來說是無足輕重的，因為他否定物自體的概念（參看後面第 2.2.2 節）❷。

此外，胡塞爾的直觀概念還更深地植根於傳統之中。海德格指出，除了康德之外，萊布尼茨對胡塞爾也有決定性的影響（參看 GA21, 118 ff.）❸。胡塞爾的明證性概念直接與萊布尼茨對認識的四個規定相銜接。這四個規定：清晰，明確，充分，與直觀 (clara, distincta, adaequata, intuitiva)，是笛卡爾對所有認識之標準的徹底化的理解，即「清晰與明確的感知」原則 (clara et distincta perceptio)。對笛卡爾來說，清晰與明確是絕對知識的嚴格標準。在《原理》(*Prinzipien*) 中，笛卡爾定義這兩個概念：「我將那些對關注著精神而言當下和鮮明的認識稱為清晰的……但我將那些在設定了清晰標準層次的情況下其他認識相分離和區別，以至於它僅僅只含有清晰特徵的認識稱為明確的」❹。為了達到絕對的認識，必須使實事本身達到清晰與明確。實事本身一方面必須是當下和鮮明的，另一方面必須與人的精神相分離和相區別。根據這個意義，笛卡爾的這個原理如果轉譯成胡塞爾的理解就是明證性原理：使實事本身達到具體的被給予性，達到自身被給予性，並且敞開和無蔽地描述實事本身（參看後面第 3.1.1.2 節）。但明證性是在直觀中被證明的。這與笛卡爾的清晰與明確的感知直接相連。笛卡爾所理解的 perceptio 就是廣義上的感知和狹義上的直觀。Intuitus，即直

---

❸ 參看 I. Kern, *Husserl und Kant*, den Haag: Martinus Nijhoff, 1964, S. 120 ff.

❸ 同時參看 Entwurf, S. 128.

❹ Descartes, *Prinzipien*, Hamburg: Felix Meiner, 1959, S. 15.

觀，就是對實事本身的直接把握。這樣，胡塞爾的直觀與笛卡爾感知的意義聯繫便很清楚了。海德格對此做如下說明：「直觀的特徵就是當下的明證。在直觀中，實事本身被看到，同時對實事本身的看見，也一同被看到和被意識到：這是直觀所具有的特有自身確定性，這也是胡塞爾在其一切原則之原則中，所闡述的那個自身確定性。」(GA25, 121)

這種與康德、萊布尼茨和笛卡爾的聯繫表明，胡塞爾的直觀概念，與對作為一致性的真理的本質規定一樣，決不是產生於他自身的，而是植根於傳統中的概念。儘管胡塞爾的真理概念，通過現象學的意向性發現而獲得更大的規定性和明晰性，這種將真理理解為直觀真理的真理概念，仍然是一個對傳統沒有徹底反思的概念。

海德格指出直觀在傳統中和胡塞爾那裡的作用，其目的並不僅僅在於進行歷史的闡述。他的意圖在於，在傳統觀點進行現象學的解構過程中，重新提出真理問題。海德格將胡塞爾對真理的現象學理解分析為這個傳統的「終結」，這種分析的作用在於為提出真正的真理問題，開啟一個必要的視域，這個問題由於傳統的自明性和成見始終是封閉的。傳統的真理問題連同繁雜的觀點，事實上只是一種成見。「它不應被看作是基礎，而應被看作是在此基礎之上的一個提問的出口。」(GA21, 124)

對傳統所提出的真理本質規定——它將真理常常理解為一致性，自身性、有效性等等——應當從根本上發問：「為什麼真理是自身性 (Selbigkeit)——為什麼真實之物的存在有效性是非

時間性的。」（同上）

　　海德格解釋說：「我們並非隨意地針對以往哲學的真理問題探討來提出這個問題，而是在向歷史起源的回溯中，探問這種對真理及其現實性的解釋的實事根源，也就是說，我們進行對歷史考究，不是出於某種對古董的興趣，不是為了知道亞里士多德說了什麼，他對真理的看法如何，而是，歷史上提出的問題應當迫使我們進入我們的歷史之中。」（同上）

　　因此，海德格對胡塞爾心理主義批判之分析的作用，在於對向真理問題的歷史起源之回溯進行預先的考察。由胡塞爾完成的現象學對心理主義的批判開啟了一條探問真理本質問題的關鍵道路。通過對直觀的意向揭示，同一性、自身性意義上的一致性概念，獲得了對傳統真理問題而言的更深層次意義。但胡塞爾沒有能夠——正因為他信念依附於傳統——不帶成見地從存在問題方面提出真理問題。

　　但海德格如何能夠斷言，胡塞爾沒有從根本處提出現象學的存在問題呢？在反駁了心理主義之後發展的現象學是如何對待存在問題的呢？要回答這些問題，我們必須回到海德格 1925 年夏季學期的講座。在這裡可以找到海德格對胡塞爾學說的詳細分析。

## 2.2　現象學的三個發現

　　海德格的 1925 年夏季學期講座　〈時間概念之歷史導引〉

(Prolegomena zur Geschichte des Zeitbegriffs) 以一個「準備性部分」為開始。在這個部分中，現象學的研究意義和任務得到規定。同時這是海德格對胡塞爾現象學所做的最詳細分析。但海德格在這個講座中不僅想提供對胡塞爾現象學的解釋，而且還要說明現象學本身最特有的可能性。

「我們描述這些發現，並且用現象學研究原則來補充這一描述。在這個基礎上，我們試圖對這種研究的自身標誌進行解釋，即是對現象學的名稱進行規定。」(GA20, 34)

現象學的三個發現是：意向性 (die Intentionalität)、範疇直觀 (die kategoriale Anchauung) 和先驗的本源意義 (der ursprüngliche Sinn des Apriori)。在這一節中，我們試圖說明海德格的這三個發現的批判性闡釋。

## 2.2.1　意向性的現象學闡釋

海德格將意向性理解為胡塞爾現象學的第一發現來研究，因為它不僅像胡塞爾所說的那樣涉及到「現象學的主要問題」(LU/I, xv)，並且規定了現象學研究的博大領域，而且也因為在意向性中隱含著能夠劃分海德格現象學和胡塞爾現象學的關鍵問題。

海德格在講座中解釋說：「我們之所以要首先探討意向性，是因為哲學在當時以及在現在，仍然從這個現象得到真正的推動，但是，也因為恰恰是意向性阻礙了現象學可以直接的、無成見的發展。」(GA20, 34) 很清楚，這裡所說的「現象學」肯

定不是指胡塞爾的現象學，而是就存在問題而言所提出的現象學。下面對意向性所做的現象學闡釋所具有的任務就在於揭示出意向性在這方面的隱含意義。

## 2.2.1.1　布倫塔諾和胡塞爾的意向性

為了理解海德格對意向性之揭示的視域，我們首先要回顧意向性的概念，回顧布倫塔諾和胡塞爾的觀點。這裡所涉及的是對意向性的第一解釋。胡塞爾意向性的超驗現象學含義將在後面探討（參看後面第 3.1.2 節）。

如所周知，意向性的現代含義是由胡塞爾的老師布倫塔諾 (Franz Brentano) 所提出的。布倫塔諾的問題首先在於對心理現象和物理現象的分類，它們一同「構成我們的現象世界的總體❺。」心理現象的本質特徵表現在心理行為與其對象的特殊聯繫中。布倫塔諾在其《經驗立場上的心理學》(*Psychologie vom empirischen Standpunkt*) 中，解釋說：「每一個心理現象，都是通過被經院哲學家稱之為一個對象的意向性的（也可說是心靈的）不存在的東西而得到描述，通過我們稱之為一個內容的關係，對一個客體（它不應被理解為實在）的朝向或內在對象性的東西而得到描述。每個心理現象自身都含有某物作為客體，儘管以各自不同的方式呈現❻。」

---

❺ F. Brentano, *Psychologie vom empirischen Standpunkt*, I Band, Leipzig, 1924, S. 88.

❻ 同❺。

在布倫塔諾的這一觀點中，顯示出心理現象的兩個重要因素。第一：作為行為的心理現象是與某物有意向關係或是意向地朝向某物；第二：作為對象、內容或客體的某物是內在意向地包含在每一個心理現象之中，無論它是一個觀念之物，還是一個實在之物。這樣，布倫塔諾的意向性有著兩層互相關聯的意義：心理現象的意向關係和對象的意向性非存在 (die intentionale Inexistenz des Gegenstandes)。

應當如何理解布倫塔諾的「意向的」(intentional) 這個概念？布倫塔諾從未如胡塞爾那樣談論及「意識的意向性」(Intentionalität des Bewußtsein)。從他的著作來看，布倫塔諾缺乏「意向性」這個名詞。他常常將「意向的」這個術語用作形容詞，或「意向關係」、「意向非存在」等等❶。意向性不是布倫塔諾的哲學課題。施皮格伯格對「意向的」這個術語有過以下的看法：「『意向的』這個術語在布倫塔諾的思想裡，是與體驗結構的觀點有密切的聯繫。根據這種觀點，一個體驗所聯繫的所有對象同時也包含在這個體驗之中，存在於這個體驗之內❶。」因此，「意向的」所標誌的是對於所有心理行為來說特

---

❶ 參看 Ludwig Landgrebe, "Husserls Phänomenologie und die Motive zu ihrer Umbildung," (1930), in L. Landgrebe, *Der Weg der Phänomenologie*, Gütersloher, 1963. 及 H. Spiegelberg, *The Phenomenological Movement*, 3rd Edition, The Hague: Martinus Nijhoff, 1982, pp. 36–37.

❶ H. Spiegelberg, "'Intention' und 'Intentionalität' in der Scholastik,

殊的「朝向」特徵。布倫塔諾認為所有心理行為可以分成三種基本類型：表象，判斷和愛恨❿。根據意向的本質，在表象中有某物被表象，在判斷中有某物被判斷，在愛中有某物被愛。這僅僅意味著，在作為表象行為的表象，和作為包含在意識中的被表象之物之間有一種意向關係。布倫塔諾對意向的理論僅僅在於指出，被表象之物的存在不依賴於實在，它作為一個行為的對象是內在於意識之中。意向對象決不依賴於某個現實之物。被表象的「飛馬」不具有現實的相關物。儘管如此，它作為一個表象行為的內在被表象之物，存在於意識之中。當然，這並不排除這樣一種可能，即：被表象之物在現實中具有一個相關物。布倫塔諾在這裡只是強調，意向對象存在的不重要性是符合意向的本質。

因此，這種「內在於」意識無非就是「內在性」(Immanenz)。這樣便可以看到，「意向的」一詞在布倫塔諾那裡的意義與「內在的」相近。實際上布倫塔諾在後期著作中放棄了「意向的」這個術語，他只說心理現象的心靈內在性(mentale Immanenz)❷。但較早些時也談到一個對象的「意向的非存在以及心靈的非存在」。從意向的、心靈的和內在的這些術語的等值性可以理解，布倫塔諾對「意向性」的解釋是根據內在性的存在論而建立的，根據這論點，對象不在意識之外，而

bei Brentano und Husserl," *Studia Philosophia* 29 (1969), S. 206.

❿ 參看 Brentano，同❺，S. 124.

❷ 參看 Spiegelberg，同❽，S. 206 f.

在意識之中。我們還將看到，恰恰是意向對象的這種內在性是一個問題。布倫塔諾意向概念的這種含糊性阻礙了他提出並發展真正的現象學問題。

胡塞爾從他老師布倫塔諾那裡接受了意向性概念，這是無可置疑的。胡塞爾多次指出，布倫塔諾及其意向學說的重大影響❷。儘管如此，現象學的意向性概念仍然是建立在另一個基礎上。胡塞爾對布倫塔諾的批判在於：「布倫塔諾沒有能夠走出對意向體驗，或者換言之，對意識種類的外在分類描述。他從未看到並從事過這樣一個偉大的任務，即：從作為可能的意識，尤其是認識意識之對象的基本範疇出發，反省可能意識方式的整個雜多性，通過這些意識方式，對象性才被我們意識到，並且原則上能夠被我們意識到，然後從這裡出發進一步研究，澄清這些意識方式對於理性的綜合真理能力所具有的目的論作用。」(PP, 36)

在這段引文中，胡塞爾強調了兩個因素：第一是他與布倫塔諾的劃界；第二是現象學對布倫塔諾所創造的意向性概念所要展開的研究方向和問題領域。讓我們現在來對這兩個因素做進一步的闡釋。

胡塞爾對布倫塔諾意向性觀點的批評是針對這兩個基本命題而發：心理行為的意向關係和對象的意向非存在❷。當胡塞

---

❷ 參看 E. Husserl, "Nachwort," in *Ideen III*, *Husserliana* V, den Haag: Martinus Nijhoff, 1971, S. 155.

❷ 參看 Husserl, Beilage zu den *Logischen Untersuchungen*: "Äußere und innere Wahrnehmung: Physische und psychische Phänomen,"

爾將布倫塔諾稱為現象學研究的「開拓者」(PP, 31) 時，他指
的是，布倫塔諾的描述心理學使所有心理生活的基本性質得以
展現，這一基本性質規定了意識是對某物的「意識到」。布倫塔
諾的偉大功績在於證明了心理現象所具有的這種對象關係就是
意向性。誠然，對心理現象的這一描述的目的，僅僅在於其劃
界分類的作用，使心理現象區別於物理現象。布倫塔諾沒有超
越出這個範圍。他沒有從具體統一的意識流連同其所屬的思想
與及其所思的對象，以及意向活動與意向對象的意向關係方面
去考察意向或意向性的本質。由於布倫塔諾從未克服自然主義
的成見（參看 Ent, 339），因此，意向對象，即內在對象的對象
性也就相應地從未得到過澄清。

　　困難在於：如果布倫塔諾將意向對象看作是內在於意識之
中的，那麼，它便與它所屬的心理行為沒有區別。這樣，行為
與行為內容同樣是內在的，也就是說，同樣是心靈內在的。胡
塞爾將這個誤解歸諸為：「問題是在兩個以同樣方式實項地
(reell) 處在意識之中的實事之間的關係：行為和意向客體，問
題是在於某種類似於一個心理內容與另一個心理內容的相互內
含的東西。」(LUII/1, 371) 撇開在現實存在和非現實存在意義
上的行為和行為內容之間的存在論差異不論，意向對象的心靈
內在性仍然會受到探問：意向對象與現實存在的客體，或「外
在世界」處於什麼關係之中❷。這樣一種對意向對象的理解並

LUII/2, S. 222 ff.

❷　參看 V. Farias, *Sein und Gegenstand*, Freiburger Dissertation, 1968,
S. 3 ff.

不是暗示著反映論，但施皮格伯格還是有這樣的說明：「它〔意向對象〕仍然與它〔反映論〕相近，因為它同樣導致在實在客體的現象相關形態上的外在對象在意識中的雙重化㉔。」

與此相反，意向對象對胡塞爾來說，從未是內在的，而是在一種尚待澄清意義上的「超越」(transzendent)。每個意識行為都朝向一個對象，在這點上胡塞爾與布倫塔諾是一致的。胡塞爾對這句話的解釋如下：「如果這個體驗是如此呈現的，那麼，我強調，根據它的本質，與一個對象的意向『相關性』便在明確地進行，一個對象便明確地『意向當下呈現』(intentional gegenwärtig)；因為這兩者是同一回事。」(LUII/1, 372) 這裡的關鍵在於，對象在這裡並非像布倫塔諾那裡一樣，是內在存在的，而只是意向當下呈現的。胡塞爾贊成布倫塔諾的觀點：對象並不必然是實在的客體。胡塞爾只是強調：「對象被意指，即：對它的意指就是體驗；但它只是被意指而事實上是無。」(LUII/1, 373) 對象在表象中被意指，這是說，它在表象體驗中作為單純被表象之物意向地當下呈現。由此得出：「『內在的』、『心靈的』對象因而不屬於體驗的描述性（實項 reell）組成，它因而事實上根本不是內在的或心靈的。它當然也不是一種特殊心靈，它根本就是無。」（同上）意向對象具有一種與實項意識行為或實在客體根本不同的存在類型。它被理解為單純被意指之物，意向行為的單純被意指之物，在這個

---

㉔ Speigelberg，同❶，p. 206.

意義上，它是「實項超越」(reell transzendent)。「實項超越」這個術語以奇特的方式與「意向內在」(intentional immanent) 的術語同義。

這個複雜狀況可以通過澄清「內在性」(Immanenz) 概念而消解❷。胡塞爾在狹義上將「內在」作為「實項內在」(reelle Immanenz) 來使用，它包括所有意識行為和感覺材料，它們構成意識體驗的實項成分。相反，意向對象作為意向內在不屬於實項成分，它是實項超越的 (reell transzendent)，但也不處在意識流的彼岸，因而也決不是實在超越的 (real transzendent)。在現象學上，實項內在和意向是互屬的；這就是說，它們共同構成統一的體驗流。在胡塞爾以後的術語中，這兩個成分被看作是意向活動和意向對象的超驗相關性 (transzendentale Korrelation)。實項內在與意向活動因素相符，意向內在與意向對象因素相符（參看 IdI，第 88 節）。

這樣，胡塞爾與布倫塔諾的意向性概念之本質區別便得以突出。在我們過渡到海德格對意向性的批判闡釋之前，我們再次確定胡塞爾的「意向的」這個概念。它是指：「『意向的』這個詞語所指稱的是體驗種類的共同本質特徵；意向的特徵是以表象的方式或以類似的方式關涉到一個對象之物。」(LUII/ 1, 378)

---

❷ 參看 R. Boehm, "Immanenz und Transzendenz," in *Vom Gesichtspunkt der Phänomenologie*, den Haag: Martinus Nijhoff, 1968.

## 2.2.1.2　意向性的第一證明

　　布倫塔諾和胡塞爾對意向性概念的闡釋，為我們提供了關於意向性的初步認識：每個意識行為都按其本質結構而朝向一個對象。這同時也是一出發點，意向性學說由此而在各個方向上進行展開。對布倫塔諾來說，意向性從來就不是他的描述心理學的核心概念，因為他僅僅將它用作是相對於物理現象而言的心理現象之分類特徵。對於胡塞爾來說，意向性是現象學的最重要概念，它規定了整個現象學研究領域。在《觀念I》中胡塞爾解釋說：「意向性是包容整個現象學的問題名稱。它恰恰表達了意識的基本特性，一切現象學問題，甚至質素 (Hyle) 問題都可以納入其中。因此，現象學以意向性問題為始。」(IdI, 303)

　　但最後引用的那句胡塞爾的話，可以根據海德格的批判而改寫為：因此，現象學的問題以意向性為始！意向性概念的意義表面上似乎已經確定了。根據布倫塔諾，它是心理現象的特徵，根據胡塞爾，它是意識一般的本質。然而，海德格認為此二者皆忽略意向性的基礎問題，這個基礎在意向性學說中從未得到過明確的提問。這就是「對作為意識，作為心理現象被構造的存在者」的問題。(GA26, 167) 布倫塔諾和胡塞爾對意向性的洞察當然是很重要，但這種洞察「沒有走得那麼遠，以致人們可以同時看到，對這個作為此在本質結構之把握必定對人的整個概念帶來變革。」（同上）

　　為了理解海德格的這一看法，我們必須有步驟地進行對意向性的現象學闡釋。

　　海德格從一開始就不談心理學或意識的意向性。意向性被暫時標誌為「體驗本身的一個結構。」(GA20, 36) 體驗是意向的，它們作為日常生活中的意向行為而發生。「意向」(intentio)，即「自身朝向」(sich-richten-auf) 的詞義一開始顯得不言自明。人們通常會解釋說，表象是關於某物的表象，或判斷是關於某物的判斷，但人們卻不知道，正是在這種無害和自明之中隱藏著對意向性的誤解，並且意向性的真正意義被遮蔽起來。

　　對意向性的誤解是雙重的：意向性的錯誤是在於將其主觀化及其客觀化❷⑥。意向性的客觀化是指這樣一種錯誤的學說：它把意向性看作是經驗現實客體之間的一種經驗現實關係；一個主觀心理的行為朝向一個經驗現實地被給予的客體。這就是說，具體實在的客體是心理行為構造與客體之「意向」關係的可能性條件。因此，主體本身不是意向的，因為意向性是借助於客體的被給予性而補加給主體的，在這個意義上，意向性被客觀化了。

　　與此相反，意向性的錯誤主觀化的意思是，主體雖然是意向的，但這只是因為意向性內在於意識之中，即包含在主體之內。主體與客體之間不存在直接的關係。主體毋寧說是通過一個圖像的中介而朝向客體，這個圖像在意識中內在地反映出現

❷⑥ 參看 GA24 第 9 節 b 和 GA26 第 9 節。

存於主體之外的客體（即所謂原圖像）。因此很明顯，主體只是與作為意識中的被反映物的客體發生意向關係。意向性在這裡因而是被主觀化了的意向性。

在對意向性的這些解釋中，意向性從一開始就沒有被看作是現象學的考察結果，相反，它僅僅在認識論的提問上，例如在實在論或觀念論的提問受到考察。關於主、客體關係的傳統問題是：如何解釋一個自身是內在封閉領域的主體之中，與一個在此封閉性之外的客體發生關係？那些解釋沒有現象學地考察這種主、客體關係，而只是在「意向性」的意義中將這種關係理解為偶然的或內在的主客體關係。此外，對意向性的誤解還在於形而上學的成見。這種成見相信，主體和客體「在存在論上要先於」意向性。

在前面幾節中我們已經看到，胡塞爾將意向性把握為意識一般的本質結構。由此而獲得了一個現象學的基地，從這個基地出發可以反駁所有對意向性的誤解。對實項內在和意向內在的現象學劃分，可以拒斥那些意向性主觀化或客體化的做法❷。

必須指出，對於意向性來說，一個具體實在的客體的設定是錯誤的，因為自身朝向一個對象的意識行為就其意向本質而言，是不需要這個對象的現實性，一旦指出這一點，意向性的客觀化的實在論錯誤便得以克服。意向性之客體化的謬誤在於，它根本沒有注意到意向對象和現實對象之間的現象學區分。由於將意向對象錯誤地等同於現實對象，這種客觀化的錯誤才發

❷ 參看《邏輯研究》第五研究，第 11 節。

生。胡塞爾在 1901 年寫給馬爾梯 (Marty) 的一封信中已經明確地解決了這個問題：「在意向對象和現實對象，或者說非現實對象之間並不存在差異，我們經常談論到單純意向對象，或單純意向存在並不意味著作為在某種真正意義上內在對象之存在，而僅僅是指有關表象的存在和它們的對象的非存在。表象不僅具有一個意向的客體，而且還有一個現實的客體，這就是說，它不僅只表象一個客體，而且這客體也存在著❷。」

　　首先必須確定：如果胡塞爾說：在意向對象和現實對象之間不存在區別，那麼他肯定不是指在它們之間存在著同一性。這些不同模態對象之間的區別僅僅在於它們與意向性的關係。就是說，對象是在何種意向被給予方式中被給予的：是在具體的當下呈現的模態 (Leibhaftige Gegenwärtigungsmodi) 中，還是在不同的當下化模態 (Vergegenwärtigungsmodi)。在這裡最重要的是，客體，更確切地說，實事本身始終是直接作為被意指之物，在意識中意向地被意指。這個被意指的對象是否與現實客體相一致，這個問題不是意向性的問題，而是充實 (Erfüllung) 或證實的問題。

　　對意向性的主體化也以相同的方式受到反駁，它是一種在意識對「世界雙重化的謬誤」（參看 LU/I, 421）。行為直接與實事本身有關。被意指的對象不是實項的內在，而僅僅是意向的內在。

---

❷ Husserl, *Aufsätze und Rezensionen* (1890–1910), *Husserliana* XXII, den Haag: Martinus Nijhoff, 1979, S. 421.

通過對這兩者的反駁，胡塞爾的意向性概念得到了初步澄清：意向性構成意識一般的本質結構，它決不是一種偶然的特性。所有與對象的意識關係，例如感知、回憶、表象等等只能依據意向性才成為可能，而非反之。

海德格在接受對意向性的第一個規定時，似乎是和胡塞爾一致的。他概括地說：「並非首先有一非意向性的心理過程（感覺集合、記憶關係、表象圖像和思維過程，通過它們而產生一個圖像，然後探問這個圖像是否與某物相符合），然後在一定情況上後補為意向的，而是行為的存在本身就是一種自身朝向。意向性不是一個體驗所承載的，有時在它之中出現，而與非體驗之物的關係，而是體驗本身就是意向的。」(GA20, 40) 海德格與胡塞爾在這點上是一致的，即：對意向性的理解必須擺脫那些認識論的成見，或者說，擺脫對意向性的主觀化和客觀化。據此，意向性的顯著本質，即體驗本身是意向的，首先被這兩位哲學家所接受。但這裡可以注意到，海德格對此第一規定的直接闡釋有意不從意識方面，而是從行為的存在方面來理解。在這裡，海德格表明，整個意向性問題將會離開意識的基礎。我們將會看到，意向性在存在問題上不再被解釋為意識聯繫，而是此在的行為。

## 2.2.1.3　意向性的基本模態

海德格澄清了意向性之形上學誤解後，繼續指出意向性的本質之形式規定：意向性是作為活動存在之一種「自身朝向」

(ein Sich-richten-auf)。然而,「自身朝向」只具形式意義,現在需要的是,要從現象學之方法,揭示「自身朝向」的實在意義,以此顯露意向性的基本模態。

海德格指出,意向性的現象學理解應該擺脫「構造」和「超越性的理論」。我們應當在具體的意向行為中探討意向性。這種行為應該是一個顯著的樣式,它相對於所有其他行為方式而言,是原初性的,因此,它不應該是一種事例而已。感知(Wahrnehmung) 就是這樣一種樣式。我們將會看到,為什麼感知在現象學上是所有行為方式的「原樣式」(Urmodus)。首先,感知或事物感知活動顯然是在我們自然的與前哲學的生活中的最自然不過的活動。

感知的意向結構有兩個因素:作為行為的感知 (das Wahrnehmen),即朝向;作為對象的被感知之物 (das Wahrgenommene),即被朝向者。但在我們的自然感知活動中,我們起先看不到感知的行為,而只能看到被感知的事物。我們感知某物,如這張椅子。這張椅子自身被給予我們——而不是這個椅子的表象被給予——在我們的感知中,這椅子作為被朝向物,即在感知行為中的被感知之物。

為了澄清這個被朝向,這個意向所指之物,我們需要進行兩個階段的方法考察,自然的和前現象學的以及現象學的考察。

在自然和前現象學的分析中,被感知的椅子對我們來說,顯然是在我們周圍世界其中的一個事物 (Umweltding),因為我們在日常生活中,將椅子首先看作是一個使用事物。我們當然

也可以從另一方面考察它，例如將它看作自然事物，看作如此高，如此重等等。除此之外，我們還可以純理論地看待它。我們談論物質性、廣延等等，即椅子之成為椅子的建構之成素，這就是它的事物性（參看 GA20, 49-51）。

這樣被感知的存在者（椅子），就在這三個自然和前現象學的方面得到理解：作為周圍世界事物，作為自然事物和在其事物性中：「在所有這三個情況中，我們所涉及的是被感知的存在者本身，都是一種在其自身所能發現和認識的東西。」（GA20, 51）當然，被感知的存在者自身之被看見，並不意味著，這種看見應當是受一個特定的認識論目的或科學目的的引導，相反，在海德格看來，這是「對面前事物的純樸認知」（schlichte Kenntnisnahme）。（同上）這種自然和前現象學的看見是在「素樸性」(Naivität) 中。但正是在這種擺脫了任何科學興趣的態度之素樸性中，我們首先並且主要與處在我們自然周圍世界的事物打交道：我們首先將一張椅子感知為一個周圍世界事物或自然事物。此外，我們把握它的事物結構。不需要任何科學態度，便可以發現這結構的把握就是「以充足，豐富構成的純樸發現的方式」看到「一般特徵之間的關係」，就是「對在被給予之物上便可看出的結構之純樸當下化 (schlichte Vergegenwärtigung)。」（GA20, 51）

海德格所運用的術語「純樸的認知」和「純樸的當下化」直接與胡塞爾在《邏輯研究》第四研究中的「純樸性」(schlichtheit) 概念相聯結。感性感知對胡塞爾來說是一個純樸

感知，因為被感知的對象「直接被把握或自身當下呈現。」(LUII/2, 145)「在感性感知中外在的『事物』，一下子顯現給我們，只要我們的目光落在它上面，它使事物當下顯現出來的方式，是一種純樸的方式，它是並不需要奠基性或被奠基的行為作為根據的。」(同上，147 f.)

這種純樸感性感知與海德格的純樸認知相符合，只要一個事物自身直接被把握為被感知的周圍世界或自然事物，或者只要它是當下呈現的。但對事物性結構的純樸當下化在嚴格意義上，這是不屬於感性感知本身，因為被把握的結構和它們的特殊共屬性本身不是純樸地看見。但是，對這種被胡塞爾稱之為範疇或觀念對象的結構的看法，是奠基在感性感知之中的。儘管如此，它仍然是一種「純樸的看」，因為這些結構根據奠基性的感知，也可直接被把握並且本身是當下呈現的。據此，在純樸的認知和結構的純樸當下化之間有一種奠基關係，但海德格在這裡沒有探討這個問題。在後面一章討論範疇直觀時，我們還會深入探研這個問題。

現象學的考察方式不是探討被感知的存在者本身，而是探討被感知之物的如何 (Wie)。海德格闡釋說：「被感知之物在現象學的嚴格意義上，不是被感知的存在者本身，而是在具體感知中所展示的那樣被感知的存在者 (das Wahrgenommene Seiende)，在嚴格意義上的被感知之物就是如此被感知之物，更確切地說，就是被感知性 (die Wahrgenommenheit) 的如何……。」(GA20, 52)

存在者的被感知性是現象學的本真現象。在這裡，我們先把「現象」理解為實事自身在自身的如何顯示。現象學考察就是觀看被感知之物的現象，它觀看存在者如何被感知的方式和方法，觀看被感知之物本身。因此，被感知性就是將被感知之物構成被感知之物的東西。

但這種被感知性或這種被感知存在 (das Wahrgenommensein) 是什麼？「這種在其被意指存在方式中的存在者」(GA20, 53) 又是什麼？被感知存在肯定不是事物或事物結構，它根本不是感性實事。但它同時又是隨被感知的存在者自身一起被把握並且是當下呈現的。被感知之物本身與被感知之物作為事物或事物性被把握的，是有其具體性 (Leibhaftigkeit) 的獨特樣式：「作為被感知之物而體現出來的存在者是有具體在此 (Leibhaft-da) 的特徵。它不僅作為自身被給予，而且是自身在其具體性中被給予。」(GA20, 53 f.)

被意指之物，即被感知之物是在意向行為中，在這裡是在感知中，不僅自身被給予，而且具體地被給予。這就表明，具體性是隸屬於自身性的，並且它是作為「一個存在者的自身被給予的獨特樣式」展示出來。(GA20, 52) 因為一個存在者在表象中仍是自身被給予，但卻不是像在感知情況中，那樣以具體的自身被給予樣式的方式被給予。被表象的存在者不是具體當下呈現，而僅僅是被當下化 (Vergegenwärtigung) 的，即，它在當下化的樣式中直觀地被給予。與具體當下被感知之物和純模當下化的被表象之物相區別的還有第三者，即在虛空意指樣式

(leeres Gemeintes) 中的被意指之物。它雖然作為自身被意指，但卻僅僅是作為虛空的被意指之物而被意指。「即使在虛空意指中，被意指之物也是直接地、純樸地自身被意指，但僅僅是虛空地被意指，這恰恰意味著，不帶有任何直觀性充實。」（同上）

這三種行為方式，即：具體當下擁有意義上的感知，純樸當下化意義上的表象和虛空意指，構成了一個結構聯繫，因為這三個方式都顯示存在者的被予性的如何。它們的區別並不涉及不同方式的實事內涵，而只涉及它們各自被意指狀態的意向性。海德格指明了這種聯繫：「在虛空意指中，在無思想的思維中被意指之物是直觀不充實的，它缺乏直觀的充盈 (die Fülle)。當下化只具有一定程度的直觀充實可能性，因此當下化永遠無法在具體的被給予性中給出實事本身。」(GA20, 59) 每一種行為方式都有其自己的充實可能。感知只在被感知的存在者的具體被給予性中證實自身，而永遠不會在當下化中，如在表象的情況中。「感知和感知被給予性是意向充實的一個突出事例。」（同上）

這樣，我們就可以理解意向性的基本模態。意向性，自身朝向，是一個自身可劃分的，但共屬的結構聯繫。意向分析表明，感知這個現象意向地包含三個因素：感知、被感知之物、被感知性。與它們相符合的現象學術語是：意向、被意指之物和被意指狀態的方式。重要的是要注意，被意指之物不是在被感知的存在者本身的意義上，而是在嚴格的現象學意義上，作

為在其被感知之物的如何之中的存在者而被意指（參看 GA20, 60）。海德格總結說：「就像意向性不是對非意向體驗和客體的補加，而是一種結構一樣，在此結構的基本模態中，各自包含著它所特有的意向朝向和被意指之物。」(GA20, 61)

但這種對意向性的把握基本上還是一種暫時性的，「不是最終的語詞，而只是對研究領域的最初指示和指明。」（同上）意向性對現象學來說不是最終的語詞，因為意向性本身並非是最本源的現象。到現在為止，意向性的基本模態仍然有其不可透視性。這種不可透視性在於：「被意指之物對於意向的所屬性還是模糊的。一個存在者被意指的狀態與這個存在者本身的關係如何，這始終還是個謎；同樣可疑的是，這個問題是否可以這樣提出來。」(GA20, 63)

只有在我們通過對範疇直觀和先驗性的具體分析說明了意向性的意義之後，意向性的這個謎才能得到昭示。只有這樣，我們才能真正把握意向性的奠基問題。

## 2.2.2　範疇直觀的現象學意義

我們在解釋胡塞爾心理主義批判的過程中已經提到，直觀在真理問題上有著最重要的作用。《邏輯研究》的一個重要的功績在於：它隨著對意向性的發現和對直觀概念的徹底化而接觸到了真理問題。但我們至今仍未了解，應當如何連同對意向性基本模態一起從真理和明證性方面來理解直觀。我們還會談及感知性直觀與範疇直觀之間的區別。到現在為止，我們只是一

般地指出了，直觀就是在具體性中對存在者的把握。直觀現在必須受到特別的探討，它的本質必須得到精確的確定和劃分。

## 2.2.2.1　直觀，充實與真理問題

在海德格看來，在現象學上對直觀的確定首先在於：它是「對具體被給予之物在其顯示狀態中的純樸把握。」（GA20, 64）這樣，直觀便在較窄的意義上是感知，首先是感性感知，在其中被感知之物——嚴格區別於純樸當下化——是具體當下呈現的。對被給予之物的直觀把握賦予一個純樸的意向以充盈。直觀因而是在感知中對意向的證明性充實。

我們已經指出，在三個行為方式：虛空意指、當下化和感性感知之間的區別在於它們的意向性，在於它們各自的被意指狀況的如何。在虛空意指中，被意指之物處在非充實性的如何之中。但這個被意指之物原則上可以被充實，只要被意指的實事內涵不是非現實的（例如，「圓的方」），並且只要它可以成為具體的被給予性。因此，在虛空意指和直觀之間有一種意向聯繫。海德格這樣解釋這一聯繫：「在其直觀內涵中當下擁有存在者，以致於在它那裡原先只是虛空被意指之物，現在被證明是建立在實事之中。感知，即給予實事的東西，證明這實事的呈現。虛空意指依據在直觀中被給予的實事狀態來證明自身：原本的感知給予證明。」（GA20, 66）在這種認同性充實中，被意指之物的被直觀之物之間的同一性被經驗到，但未被課題性地把握到。這種在認同進行過程中的「察知」（Einsichtnahme）

(GA20, 67) 無非就是明證性。我們已經強調過，明證性不是附加的行為，它是伴隨在認同性充實之進行過程中的「非反思性本己理解」(unreflektierte Eigenverständnis)。(GA25, 107) 在明證性中被體驗到的東西，在現象學上便被稱之為真理 (Wahrheit)（參看 LUII/2, 122）。

海德格現在試圖指明，在認同性充實中被證明的真理，應當如何被納入到意向性的基本模態中去。認同首先也是一種意向的行為方式。與此相符，海德格提出一個意向性的認同結構方面的三重真理概念。

1.從被意指之物來看，真理是「這個被意指之物之間同一的真理」(GA20, 69)，在真實存在意義上的真理，「從認同行為的相關物方面看就是：被意指之物和被直觀之物的同一性構成。」（同上）這裡還須再次仔細地確定：真實存在本身不是認同行為的相關物。它不是確切意義上的被意指之物。它儘管被經驗到，但卻未被課題性地把握到。真實存在的特殊意義在於：在進行認同的過程中，它是在實事那裡被體驗到。海德格說：「這句話的現象學意義在於，我在明證的感知中，不是課題性地研究這個感知本身的真理，而是生活在真理中。」（同上）

2.第二個真理概念涉及到意向 (intentio)，即意向行為本身。真理是「認同行為的規定，它直指作為認同過程中明證性本身的行為結構。」（同上）

3.第三個概念仍然涉及到被意指之物 (intentum)，即被直觀到的存在者本身。存在者本身必須首先作為現實的東西而存在，

然後才能給予認同性行為以充盈，作為被直觀之物。在這個意義上，真實之物被理解為現實存在 (Wirklich-sein)。海德格說：「真理在這裡就是指使認識為真。真理在這裡就意味著存在，現實存在。」(GA20, 71)

我們有必要將海德格的這個三重真理概念與胡塞爾在《邏輯研究》第六研究中所把握的概念做一比較。我們簡短地回顧胡塞爾的結論：

1.真理「作為一個認同性行為的相關物是一個實事狀態，並且作為一個相合性認同的相關物是一個同一性：在被意指之物和被給予之物本身之間完全一致。」(LUII/2, 122) 在這個意義上，真理是明證性的相關物（參見同上）。

2.真理是「在相合性行為的認識本質之間，在被定義為明證性的相合統一中起作用的觀念關係。」(LUII/2, 123) 因此，真理是行為之間的一種特定聯繫。它是「絕對相應性本身的觀念。」（同上）

3.真理是「意向的特殊認識本質的理想充盈。」（同上）

4.真理意味著正確性。從判斷意向方面來理解真理：「定理『朝向』實事本身；它陳述如此狀況而現實也確定是如此狀況。」（同上）

在我們闡述海德格對胡塞爾心理主義批判的過程中，我們已經確定，胡塞爾的真理概念從一開始就以傳統公式「真理就是智性與事物的相應性」❷❾為出發點（參看前面第 2.1.3.3 節）。

---

❷❾ "veritas est adaequatio rei et intellectus"，這是傳統「符合真理說」

現在，現象學對傳統真理概念的理解是：這個概念的意義在於對被意指之物和被直觀之物的認同的意向狀態。根據意向性，相應性首先必須在被意指之物和意向、意向對象和意向活動方面來理解。由此而產生前兩個真理概念，它們在現象學上表現為一致性和相應性。一致性是真理的意向對象相關物，只要它是那個在對被意指之物和被直觀之物完整的認同中，被體驗到的自身性或同一性。另一方面也可以從行為方面來看相應性，它在這裡就是使之相合 (zur Deckung-bringen) 的進行。因此，從意向活動方面看，真理是在完整的相合性綜合行為的「觀念關係」。相合性被解為相合的。

這樣，我們似乎看不出在海德格所把握的前兩個真理概念與胡塞爾的真理概念有任何原則性區別。

但必須注意到，海德格在第一個意向活動的概念上，區分了實事情況和真實情況，而胡塞爾將真理標誌為實事情況。他沒有區分實事情況和真實情況（參看前面第 2.1.3.3 節）。誠然，胡塞爾也談到真實存在。他試圖區分：作為真理被體驗的因素的存在，與作為在陳述中的系詞的存在不是一回事。真實存在是「真實之物意義上的存在者的綜合模態」(LUII/2, 124)，因為系詞的存在是一個範疇的實事情況：這裡所說的真實存在，基本上被理解為在完整的認同中被體驗到的同一性。因而它是一個實事情況，即：一個多重一致性的綜合（參看同上）。

與此相反，海德格確定：在實事情況和真實情況之間的區

---

(correspondence theory of truth) 的定義。

別，是一個本質區別。系詞的存在是「實事情況的結構因素」
(GA20, 72)，但它本身是一個實事情況。被意指之物與被直觀
之物的同一性，並不等同於同一性本身。「存在在這裡差不多意
味著真理的存在，真實情況的存在，同一性的存在。」（同上）
海德格還從實事情況和真實情況的區別方面來，更尖銳地解釋
存在的兩個含義：「作為實事情況本身的關係成分的存在，和作
為真實情況的存在，更確切地說：實事情況在真實情況中的存
在和出現。」（同上）

對這一區別的誤識，揭示出胡塞爾現象學中的一個關鍵問
題，因為這個誤識不僅僅涉及到實事情況和真實情況之間的誤
識，而且它還植根於一個更深的誤識之中，即對存在和存在者
的存在論差異的誤識。胡塞爾從一開始就將存在當作存在者來
探討。因此，存在被理解為同一性，被理解為實事情況。

這個問題在第三個真理概念中更為明顯。胡塞爾認為，真
實之物就是理想的充盈，就是在明證中被給予的對象，一個意
向由此而為真地充實自身（參看LUII/2, 123）。這種理想的充
盈展示為意向的認識本質的絕對被給予性。由此而得出，胡塞
爾所說的這種真理無非就是認識本質的被給予性，即如此存在
(So-sein) 的被給予性。他沒有談到存在，更確切地說，沒有談
到現實存在。相反，海德格在其第三個真理概念中強調現實存
在。認同的基礎是原本的被直觀之物，即被直觀的存在者的現
在性。海德格暗示地指出了一個隱含的真理概念，即真理是現
實存在，這個概念「已經出現在希臘哲學中，並且始終與前面

提到的兩個概念混合在一起。」(GA20, 71)

我們在後面還會探討這個問題。對於我們現在的思路來說只須表明這一點就夠了：根據認同的意向結構，真理有三重意義，而存在問題在第三個概念中與充盈的被給予性相關，與實事情況和真實情況的區別，亦同樣地陳述出來。從這個基礎出發，我們過渡到範疇直觀的分析上去。

### 2.2.2.2 感性直觀與範疇直觀

真理與明證性這兩個互屬的現象，如我們所見，是在對象性意向的直觀充實中得到證明，它們所涉及的是稱謂的含義意向。但這種分析是有限的，因為它只針對感性感知或感性直觀。一個簡單的陳述，如「這張椅子是黃色的」，不只含有「椅子」和「黃色」這兩個稱謂含義意向，而且還有這樣一些含義成分，這些含義成分在感性直觀中的充實是可疑的。這些成分是範疇形式。這在我們所舉的例子中被表述為「這張」和「是」，在感知中沒有感性對象與它們相符合。因此，範疇直觀的問題便出現在這個問題之中：一個完整的陳述的充實如何在感知中得到證明？

所以，胡塞爾在《邏輯研究》第六研究的第一篇中提出這樣的問題：「如何理解……完整陳述的充實？是什麼賦予那些構成定理形式本身，並且包含例如系詞的含義因素──即那些『範疇形式』因素──以充實？」(LUII/2, 129) 對於胡塞爾來說，一個完整的陳述，原則上意味著認識的感知陳述，它給予我們

的感知以表述，這樣，我們便可以在感知中進行這些表述的充實。這些表述不是無形式的，相反，它們作為有形式的和有層次的出現在陳述中；「我看見白紙並且說白紙，這樣，仔細地衡量一下，我表述的僅僅是我所看見的。」（同上）

對表述的闡釋是為了引出範疇直觀問題。現在我們回到海德格的解釋上。在那裡我們再次注意到海德格探討範疇形式之充實問題所採納的不同出發點。

海德格認為，陳述或認識陳述只是「在通過含義而對體驗或行為的表述之意義上的特定表述形式。」(GA20, 74) 據此，它們不是第一性的現象，因為表述行為不一定非得通過被表達定理或陳述才能顯示出來。針對胡塞爾對表述的理解，海德格反對說：「我們並不是第一性地和原本性地看到對象和事物，我們不能更確切地說出我們所看到的東西，而是相反，我們只能說出人們對實事所說。」(GA20, 75) 在被表達的陳述之前，我們已經處在對已「被表達的」和「以某種方式被解釋」的事物的不確定理解之中。（同上）在這裡，海德格的意圖再次得到表露，即：將範疇直觀的問題不是作為認識問題，而是作為尚待課題化的世界理解問題來探討。

相對於前面所述的胡塞爾對問題的理解，海德格對範疇直觀的問題作如下的解釋：「透過對範疇直觀結構問題的解答，進而闡述世界的獨特規定性；同時通過對世界如此這般的說法，來把握其可能之見解及領會。」（同上）

根據意向性，對一個感知陳述可以從兩方面進行考察。通

過「這張椅子是黃色的並裝有座墊」這個陳述 (Aussage)，我首先賦以我的感知一個語句表述 (Ausdruck)，從而在我現時的感知行為中得到表明 (Kundgabe)。這是表述在行為方面，在意向方面的第一個結構因素。海德格補充說：「在這第一意義上，語句表述是作為現成在手事物存在之表明的行為，是我賦以此表述一種生命之表明的行為。」(GA20, 76) 第二個因素與被意指之物有關。我現在用表達來告知 (Mitteilung) 在行為中被感知的存在者。表述現在不是作對感知行為的表明，而是作為對被感知之物的告知作用。在告知中我朝向在感知的東西。如果我們談及感知陳述及其充實，那麼我們首先所指出的不是感知行為，而是被感知的存在者本身。指出陳述的意向結構因素不是偶然的，因為這個現象處在一個更深層次上，即處在發現性的存活結構上 (existentiale Struktur der Entdecktheit)。表述性 (Ausdrücklichkeit) 屬於此在的基本可能性。但表明與告知是話語 (Rede) 的四個結構因素中的兩個，它們是表述和陳述的基礎（參看 GA20，第 28 節 D）。在感知陳述方面，海德格暗示性地指出，胡塞爾以認識陳述為出發點，這個出發點在充實和真理問題方面設定了此在的表述性 (die Ausdrücklichkeit des Daseins)。但陳述只能被看作是一個被奠基的現象 ❸⓿。

「這張椅子是黃色的並裝有座墊」，海德格現在用這個陳述來表述在範疇直觀方面的具體問題：「這個陳述在被感知之物那裡能得到完整和充實嗎？完整意指和陳述的意向可以感知地在

❸⓿ 參看《存在與時間》第 33 節。

實事上得到證明嗎？簡言之，給感知以表達的感知陳述可以感知地得到證明嗎？」(GA20, 77) 這些問題是從真理的觀念中引導出來的。至此為止的真理觀念，是被意指之物與被直觀之物的同一性。據此，上述感知陳述的真理，可以在那些陳述中被告知的表達與被感知之物的一致性中，得到證明。我們可以在椅子上看到「椅子」，「黃色」和「裝有座墊」，但看不到其他的含義成分，「這張」，「是」和「並」，它們永遠不會在感性感知中出現。海德格由此得出：「在完整的感知陳述中包含著多樣的意向，對它們的確定，是不會透過純樸的實事感知來否定的。」（同上）

這樣我們便涉及到感性直觀和範疇直觀之間的關鍵區別。我們首先將感性材料與範疇形式區別開來。感性材料關係到在現時感知中，作為被感知之物被給予的實在對象。實在 (Realität) 在這裡不意味著現實，而是實事內涵。如果椅子和黃的顏色被標誌為感性對象，那麼這就是說，它的實在在感性感知中被直接地把握到。我們將直觀定義為對具體被給予之物的純樸把握。現在可以看出，這裡所說的直觀首先是指感性直觀。在感性直觀中能夠具體、直接被給予的東西僅僅是實在對象。

另一方面，我們具有範疇形式，它們無法在感性直觀中找到相應的對象相關物。「我可以看到黃顏色，但看不到黃的存在，顏色存在……」（同上，參看 LUII/2, 137）。系詞「是」也是完全不可感知的。但海德格在這裡直接與胡塞爾對存在的理解相銜接。海德格首先像胡塞爾那樣提到康德的命題：「『存

在』——康德已經說到過並且用它來指實在存在——不是對象的實在謂詞，這也適用於系詞意義上的存在。」（GA20, 77）❸ 存在不是實在謂語。這就意味著，它不是一個感性實事的對象。它是「無」，既不在對象中，也不在對象上。它在實在的意義上根本沒有任何特徵。簡言之，根據胡塞爾，「存在是絕對不可感知之物。」（LUII/2, 138）

「對存在有效的，顯然也對陳述中的其他範疇形式有效。」（同上）因此，在陳述中範疇形式始終不具有充實可能性。「陳述所表達的是在感知中根本無法找到的東西。」（GA20, 78）在這個意義上，談論在整個陳述和被感知之物的相應性實際上是無意義的。如果直觀意味著對象的直接把握，那麼「範疇直觀」這個術語就顯得是自相矛盾的。因為問題在於，非實在之物、非感性之物究竟如何可能成為自身被給予性。

傳統中，曾有一些試圖對範疇形式問題做出與胡塞爾和海德格不同的回答，人們常常論證說：如果範疇形式不是感性形式和實在形式，那麼它們就不屬於客體範圍。它們毋寧說是主體的一些起源於內存感知的結構和因素。自洛克以來，範疇「是通過對某些心理行為的反思，即在內部意義，『內部感知的』領域中產生出來的。」（LUII/2, 139，也可參看 GA20, 78）。

但是，這種做法將範疇形式還原為主觀反思的產物，會將人們導向歧途。在海德格和胡塞爾看來，內感知是意識活動。因此它們是「內存的心理事物」（GA20, 78），即判斷、願望、

❸ 參看海德格對康德存在命題之批判。GA24，第 7、8 章。

表象、回憶等等。儘管如此，內感知的被感知之物在對象上與「感性之物」有關，這個感性之物是通過內部意義而被當下呈現的。在內感知中被給予的東西，根本上是借助於內部意義的感性概念，但它們本質上區別於範疇形式。「a 是 b」這個陳述可以在判斷中被把握。這意味著「是」這個系詞在陳述中連同感性概念「a」和「b」一起顯現在判斷行為中。這並不是說，「存在的概念必須在，並且只能在對某些判斷的『反思中』被獲得。」(LUII/2, 140) 因此，範疇形式既不能在外感知中，也不能在內感知中找到。

胡塞爾認為，系詞「是」不是一個獨立符合於具體行為的表達，而是一個「不獨立的表達」（同上）。胡塞爾在《邏輯研究》的第四研究中解釋說：「它只有在一個具體含義行為的不獨立的部分行為中才得到實現，只有在與某些其他的，對它進行補充的含義中才得到具體化，只有在一個含義整體中才能『是』❷。」(LUII/1, 312) 據此，系詞「是」只有在與陳述中的其他含義因素相聯繫時，才獲得其含義。這些通過「是」而得以聯結的因素，不再是孤立的表述，而是構成了一個實事情況。這樣胡塞爾便將感性感知與一個「實事情況感知」區分開來：「正如感性對象與感性感知的關係一樣，實事情況與『給予』它的知覺行為（我們應該這樣說：實事情況與實事情況感知的關係也是如此）的關係也是如此。」(LUII/2, 140)

在談到實事情況感知時，人們會認為，範疇形式應當在這

❷ 參看《觀念 I》，第 15 節。

種感知中被給予。現在胡塞爾解釋說:「實事情況和(系詞意義上的)存在概念的起源,並不是在對判斷或判斷充實的反思中,而是在判斷充實本身之中;我們不是在作為對象的行為之中,而是在這些行為的對象之中,找到實現這些概念的抽象基礎……」(LUII/2, 141,參看 GA20, 79)。我們無法通過對心理事件的反思來獲得範疇形式。我們根本無法「在行為方向上」,而只能在「行為本身所被給予之物的方向上」找到它們。(GA20, 80)

這樣就很明顯,範疇形式本質上區別於感性對象。它們既不是事物性對象,也不是主觀性對象,而是某些行為的相關物,更確切地說,是範疇行為的相關物。海德格解釋說:「『所有』和『但是』……不是意識之物,不是心理之物,而是特殊類型的對象……在完整陳述中的那些因素無法在感性感知中找到充實,它們通過非感性的感知才能找到充實,──通過範疇直觀。」(同上)

範疇直觀與具體對象的直接把握的感性直觀相反,它不是第一性的、純樸的直觀,而是一個奠基在感性直觀上的直觀。與範疇對象相符合的行為不是純樸的,而是一個分階段的行為。

這樣,直觀的概念便得以擴展。狹義上的直觀意味著純樸直觀,即對一個自身被給予對象的直接把握。此外還有廣義上的直觀,它作為被奠基的行為同樣直接地把握範疇形式。胡塞爾認為,應當這樣來理解感性直觀和範疇直觀的關係:「可以看出,廣義的和狹義的感知概念,超感性的(即建立在感性之中

或範疇的）和感性的感知概念之間的聯繫，不是一個外在的或偶然的聯繫，而是一個建立在實事之中的聯繫。」 (LUII/2, 143) 範疇直觀與感性直觀的區別，因而建立在相應的行為和對象的奠基關係之中。

海德格將這個劃分看作是對傳統成見的克服，這種成見認為，範疇起源在於內存感知或意識。「人們今天之所以已經能夠從這方面反對唯心主義，這是因為現象學提供了證明：超感性之物，觀念之物完全可以等同於內存之物，主觀之物。這一點並不是在消極的意義上被說出，而是在積極的意義上被指出，並且它表明了發現範疇直觀的真正意義。」(GA20, 79)

### 2.2.2.3 純樸的和被奠基的行為

感性直觀和範疇直觀的聯繫，如胡塞爾所說，是「一個建立在實事之中的聯繫。」我們看到，感性直觀和範疇直觀相關地具有不同的對象，即：感性直觀具有感性，實在對象；範疇直觀具有非感性，觀念對象。但這不意味著，這兩種行為連同其相應對象，在各種現時的實事情況感知中，以某種方式相互聯結成為一個綜合。在綜合行為中，對象不是簡單地被聯結，而是對象本身通過這個行為，成為一個新的被給予性。綜合行為是一個奠基於純樸行為中的行為。

現在海德格強調純樸行為和被奠基行為的關係。撇開感性對象和範疇對象之間的差異不論，「無論是純樸感知的對象，還是被奠基行為的對象，都應當被理解為一個統一的對象」，而純

樸感知「本身就貫穿著範疇直觀。」(GA20, 81) 為了理解這一關係，我們必須確定和劃分行為純樸性和被奠基性現象。

海德格在對感知的意向分析中，將純樸感知標誌為一個存在者的純樸認知。它之所以是純樸的，是因為感知的對象「一下子」(in einem Schlage) (LUII/2, 147) 具體地被給予。在胡塞爾看來，純樸性是一種無須借助於「奠基性或者被奠基行為之機制」的東西。(LUII/2, 148) 但由此並不能得出，感性感知，純樸感知是一種簡單的感知。感知的簡單性可以建立在行為結構的高度複雜性的奠基之上。

對一個事物的感知，要求一系列連續的側顯性 (abschattungsmäßig) 感知行為，同時朝向同一個對象。在感知中，事物的同一性不會通過另一個更高的，即被奠基的行為而成為被給予性。事物的感知統一性是在各種感知行為中被給予。海德格說：「在連續序列的整體中的每一個個別的感知階段自身，都是對事物的完整感知。在每一個因素中，整個事物都是具體的它自身，並且是作為同一個的它自身。」(GA20, 82) 據此，被感知的事物的統一性並不產生於一個後補的綜合之中。

如胡塞爾所言，它是作為「純樸的統一性，作為局部意向的直接融合，而且並不帶有任何新的行為意向的附加而形成。」(LUII/2, 148) 這樣，純樸性便得到了現象學的澄清：它無非意味著單階段性，即「缺乏分階段的，以後補加地構造出統一的行為。」(GA20, 82) 它因而是「一種把握的方式」，一個「意向性特徵。」(同上)

將純樸感知規定為一種單階段的行為，它應當被視為意向性的一種方式，這種規定表明，分析階段的行為產生於意向性的變式之中。因為純樸感知與分階段的範疇行為之間的奠基關係，只有在觀察意向性基本模態的過程中才能看到。奠基性的行為與被奠基行為之間的聯繫，並不產生於這些行為的心理聯結之中。它們毋寧說是「意向性的建構關係和變式，各種朝向各自對象的朝向性結構。」(GA20, 84) 但範疇行為所朝向的對象，是在純樸感知中已被給予的對象，不過它們是以新的方式被給予，即以衍變後的意向性方式被給予。「因此，被奠基的行為重新展開了純樸地在先被給予的對象，使它們恰恰是在它們所是的情況中得到明確的把握。」(同上)

現在海德格劃分出兩組範疇行為：1.綜合行為；2.一般直觀行為，即觀念直觀行為。

## 2.2.2.4　綜合與觀念直觀

範疇行為的功能在於，使在奠基性行為中被直觀的對象，成為新的被給予性。如果我們回到前面例舉的陳述上去：「這張椅子是黃色的並裝有座墊」，那麼我們可以將「椅子」，「黃色」和「座墊」這些稱謂性含義意向區別於範疇性的含義意向，這些範疇性含義意向可以分為兩組，即邏輯的或形式的範疇「這張」，「是」和「並」，以及觀念性的含義意向「椅子——存在」，「黃色——存在」，和「座墊——存在」。與此相應地有兩組行為：綜合行為與觀念直觀行為。

　　現象學對綜合的澄清試圖表明，一個實事情況如何通過被奠基的行為而得以突出。實事情況不是在感性感知中被把握的實事之實在部分，有另一個相應的行為來將它突出於被給予的存在者。這個行為是一種實事情況的感知。純樸地在先被給予的存在者，在這種感知中不再是無層次的，相反，它們通過綜合行為的突出，而變為一個統一的實事情況關係。實在的表述是：「黃的」q 和「椅子」s 是一個統一地被感知的實事並因此而作為「椅子是黃色的」實事情況而被給予。「黃」顏色在這個實事情況中作椅子的屬性是當下呈現的。

　　「椅子是黃色的」這個陳述通過現在被突出的實事情況，而得到特殊的顯示。關於這個實事情況的意義，海德格說：「它的現在性，它的當下呈現通過陳述，通過對 q 在 s 中的突出，即通過對實事情況關係的突出而變得更為本真。我們在對實事關係的突出中，具有一種對在先被給予的實事的更為本真的對象化方式。」（同上）在這裡需要強調將 q 突出於 s 的實事情況，即，將一個部分突出於整體的實事情況，並產生對 q 和 s 的各自獨立的把握的後補聚合之中。突出的行為毋寧說，是形成於「一種原初的行為統一之中，這種涵蓋性的行為統一使新的對象性成為被給予性——原本地被意指並作為此而當下呈現。」(GA20, 87) 行為統一，原本地作為一種特定的關係而發揮作用，通過這種關係，關係成員 q 和 s 才得到表述。

　　海德格指出，關係的行為被看作是給予對象性的行為，它在亞里士多德那裡就已經被規定為綜合 (σύνθεσις) 和分解

$(\delta\iota\alpha\acute{\iota}\rho\varepsilon\sigma\iota\varsigma)$。海德格指出亞里士多德的目的在於暗示將要討論的問題：邏各斯 $(\lambda\acute{o}\gamma o\varsigma)$ 的問題，在這個問題中包含著綜合行為或範疇直觀在真理方面的始基。這個問題在 1925/26 年的邏輯學講座中得到了詳細的闡述（參看 GA21，第 11、12 節）。在此講座中，綜合分解的現象，是在對此在理解的現象學澄清範圍中受到探討的。只有當解釋學的「作為」(Als) 被澄清時，對剛才談到的作為綜合的範疇行為的現象才能被揭示出來。海德格在這裡不願展開這個問題，因為他仍然處在對胡塞爾現象學的反省之中。海德格認為：在胡塞爾意義上的綜合行為，尚未在現象學上得到充分的理解，因而還無法完全地澄清綜合現象（參看 GA25, 159 f.）。

現在很明顯，綜合不是對兩個事物的聯結或聚合，而是「綜合與分解必須從意向性上得到理解，即：意義是一個給予對象的意義，綜合不是對對象的聯結，而是綜合與分解給予對象。」(GA20, 87) 綜合行為給予對象，就是說，它們賦以在純樸給予模態中的存在者，一個新的作為實事情況的對象性。被奠基的連接行為，提供一些在純樸感知中永遠不能把握的東西。（同上）

為了說明綜合行為，海德格對範疇形式進行了具體的分析。這些分析所涉及的，是比較關係行為和合取 (Konjugieren) 與析取 (Disjungieren) 的行為（參看 LUII/2，第 50、51 節）。

在 「A 是比 B 更亮」 的陳述中包含的實事情況之比較關係，應該從兩方面進行考察，即從「比——更亮」(Heller-als)

和「是——比——更亮」(Heller-sein-als) 的關係方面來分析。
如果兩個不同亮度的顏色塊 A 和 B 被給予我們，那麼我們就可
以在感知中純樸地看到 A 和 B 之間的顏色差異。「比——更亮」
首先理解為一種實在關係，即在 A 和 B 的當下呈現出來的實在
關係。這種實在關係現在可以在一個陳述中表達出來：「A 是比
B 更亮」。它便以新形式的實事情況得到顯現，這個實事情況如
此規定了 A，以致於「是比 B 更亮」在 A 中被突出。海德格說
明，在作為實在關係的「比——更亮」，和作為觀念關係的
「是——比——更亮」之間的區別：「『比——更亮』，作一個實
在的實事情況，早已在感知的基層中；『是——比——更亮』則
在一新的，或者說是最初的謂語關係之奠基行為中呈現。
『比——更亮』的實在關係呈現在謂語成分的新對象性中，即
呈現在一個非實在關係的整體中。」(GA20, 88)

這個區別在胡塞爾看來，是從現象學上顯而易見的（參看
LUII/2, 159）。關鍵在於其中所包含的奠基關係。實事情況首先
以稱謂化的形式（A 相對於 B 的更亮存在）在陳述中被課題地
理解。在這裡表明，這種作為「是——比——更亮」的稱謂化
會導致新的對象性，這個新對象只能通過與其他自身相應行為，
通過範疇直觀行為而區別於在純樸給予模態中的實在的「亮」。
因此很明顯，觀念的實事情況關係奠基於在被給予的存在者的
實在之中。所以海德格認為：「在最廣泛意義上的客體性或對象
性，要比一個事物的實在豐富得多，更有甚者，一個事物的實
在，在其結構上只有從純樸經驗到的存在者的完整客體性出發

才能被理解。」(GA20, 89) 客體性之所以更豐富，是因為一個事物的實在實事內容，只有通過範疇直觀的綜合行為，才成為陳述可能性的雜多性。

觀念直觀的行為與綜合行為的區別在於，前者是給予對象的行為。通過觀念直觀的範疇行為，通過對這一般之物的直觀而被突出出來的東西，不像在綜合行為那裡，是一個實事情況的對象性，而是一個新的對象，即在實事上純樸地看到的觀念。但觀念直觀的這種純樸性是廣義上的純樸性，即，觀念直觀的行為把握出在對一個存在者的純樸直觀中一同起作用的一般之物。它表明，這種對觀念的把握，建立在純樸給予模態的存在者中。因此這是一個被奠基的行為。在這裡必須區分，被突出的觀念不是某一個存在者的個別化。一個球體的觀念本質上區別於一個個別地在奠基性的感知中被給予的球體。海德格解釋說：「奠基性的個體表象，在一個特定的方面意指此物(Diesda)，或此物的一個雜多性：在相同存在中的這個球形。」(GA20, 91) 這意味著，個別的球形在其相同性方面，在球形種類的觀念統一性方面被把握，而這個相同性本身，在這裡卻並未課題性地被給予。海德格這樣來說明：「種類的觀念統一因此也已經在於所有具體的把握中，儘管不是明確地作為比較性考察的目光所朝向的東西。這個在比較中被我看作是可比較之物的目光朝向的東西，可以在其純粹實事情況中孤立地被把握，這樣我便獲得觀念。」(GA20, 91 f.)

觀念就是那個可以在存在者本身直觀地看出的東西。海德

格指出，觀念的這個含義與傳統的 *ίδέα* 或 *είδος*、種類、某物的外觀相銜接（參看 GA20, 90）。

我們在這裡必須拒斥在柏拉圖實在論意義上的對觀念的解釋。我們已經指出，觀念作為在範疇直觀中的對象既不是事物性的，也不是主觀的。除此之外，它也不是形而上學的假設。胡塞爾在《邏輯研究》的第二研究中已經反駁了對觀念的形而上學假設，也反駁了對觀念的心理學假設（參看 LUII/1, 121 ff.；以及 IdI，第 22 節）。這兩種立場都設定，觀念作為某種實在之物，必定或是在思維之外存在，或是存在於思維之內。胡塞爾在對範疇直觀的意向分析中說明，觀念始終區別於那些假設。對觀念的看見，是一個奠基於在純樸給予模態中的存在者之上的行為。觀念表明自身是被突出的對象性，它通過範疇直觀的功能而成為被給予性。

如果我們回到一個完整陳述的充實問題上來，那麼現在就表明：陳述的完整組成不是通過感性的，而是通過範疇直觀而充實自身，但範疇直觀的被奠基功能只有根據在感性直觀中，在先被給予的存在者才是可能的。「具體的，明確給予對象的直觀永遠不會是孤立的、單層次的感性感知；而是一個有層次，即在範疇上特定的直觀。只有這種完全的、有層次的、範疇的直觀才是那個給予它本身以表達的陳述的可能充實。」(GA20, 93)

## 2.2.3　先驗的現象學意義

海德格將胡塞爾現象學的第三發現稱之為先驗 (das

Apriori)，他僅僅簡單地描述了先驗。他論證了三條理由（參看GA20, 99）：

1.儘管有胡塞爾的本質洞察，先驗概念仍未得到澄清。先驗的原初意義僅僅被暗示了，但未被揭示。

2.先驗問題進一步回溯到傳統的提問上。

3.先驗的原初意義首先涉及這個講座的課題，時間問題。對先驗意義的澄清預設了對時間的理解。

海德格看到，先驗的發現同時指出了一系列複雜的問題，它們已經超出了胡塞爾現象學的範圍之外。這個發現的完整含義被胡塞爾忽視了。與此相應，他沒有特別地探討先驗問題，也沒有進行詳盡闡述（參看後面第3.2.3節）。但這個問題的含義是很明顯的。海德格認為，現象學對先驗問題的最重要貢獻在於，「先驗不局限於主體性之中，並且它甚至首先與主體性完全無關。」(GA20, 101)

將先驗脫離於主體性，這種做法表明了一種對傳統先驗觀的擺脫，這種傳統的先驗觀從笛卡爾一直延續到康德。根據這種傳統，先驗問題僅僅處於認識之中，即處於主體性之中。從笛卡爾以來，人們區分兩種認識，即先驗認識和經驗認識。前者涉及到那些不建立在經驗性的、歸納性的體驗之上的認識。它不需要對在經驗世界之中的實在之物的認識。因為這種先驗認識具有其自己的領域：自身封閉的主體性領域。相反，經驗

認識則是對經驗客體的認識。現在海德格說：「這種對認識之先驗與經驗意義的劃分，是主體性認識的優先地位之基礎，正如笛卡爾用 "res-cogitans" 和 "cogito-sum" 所論證的那樣。因此，今天人們也以先驗標誌為一種特別屬於主體領域的特徵，並且也還將先驗認識稱之為內在認識、內在直觀。」(GA20, 100)

與此相反，對範疇直觀的現象學的闡釋清楚地表明，對先驗的所謂內在認識本身就是背謬的，因為對範疇和觀念意義上的先驗的直觀，從一開始就是一個被奠基的行為。這就是說，先驗的場所不在主體性之中，而是隸屬客觀的對象性。在胡塞爾看來，不僅有質料觀念，如顏色、空間，而且也有通過範疇行為，而直觀地被給予我們的形式範疇。我們已經說過，在範疇直觀中突出來的觀念既不是事物的，也不是主觀的，也不是形而上學的。儘管如此，它們是先驗的，因為它們「在所有實在個別化中已經在此了。」(GA20, 101)

海德格現在確定：「在觀念之物中與在實在之物中一樣，一旦我接受了這種劃分，那麼在其對象性方面就不可分離的觀念之物，在觀念之物的存在中和在實在之物存在中的某物，它是先驗的，是在結構上更早的。這樣就已經暗示，現象學理解的先驗不是行為的標題，而是存在的標題。」（同上）在現象學上先驗在實事本身上證明自身。在這個意義上，先於任何對存在者自身之把握，而揭示著自身的存在是先驗的。

與先驗有關的現象學發現的意義便在於此。範疇直觀在現象學中所展開的正是通向先驗的方式。「只要先驗是建立在實事

領域和存在領域之中，它就會在一個純樸的直觀中證明它自身。」(GA20, 102)

## 2.3　現象學的原則和課題對象

### 2.3.1　方法的前說明

在前幾節中我們試圖指出，海德格如何批判地探討真理問題和胡塞爾現象學的三個發現。我們已經說過，海德格的闡釋仍在《邏輯研究》概念範圍中進行，當然，這並不僅僅是對《邏輯研究》的報告。我們可以預先做一論斷，海德格的這一闡釋毋寧說是在進行現象學的解構和還原（參看後面第 4.2.2 節）。首先要指出，這個批判性觀點的原則，仍然有意識地朝向存在問題。因此，與存在問題有關的現象學，一開始就不意味著與胡塞爾現象學相同的東西。和胡塞爾現象學相比，與存在問題有關的現象學不是一門意識現象學 (Phänomenologie des Bewuaßtseins)，而是一門此在現象學 (Phänomenologie des Daseins)。我們後面還會說明，應當如何來理解這門現象學。首先我們探問，海德格通過他對胡塞爾心理主義批判及其三個發現的解釋，從現象學上證明了什麼。

海德格對胡塞爾心理主義批判的批判，是一個準備性階段。它準備開啟一個新的視域，在這視域中最先提出的是真理問題：「為什麼真理是自我同一性？為什麼真實之物的存在是非時間

的有效性？」(GA25, 124) 胡塞爾在《導引》中所把握的視域是一個在真理概念歷史中，通過對直觀的把握而被開啟的視域。在這裡表明，直觀真理儘管有自己明確的課題，但是仍然建立在傳統真理概念的自明性之基礎上。在海德格看來，應當對這種自明性進行現象學的解構。但這個現象解構的觀念，不僅意味著一次消極的任務，即進行反對成見的證明，而且還意味著一項積極的任務，即揭示出被遮蔽了的本真現象學。由於真理在胡塞爾的思想中，僅僅是通過直觀來證明的，所以很清楚，與心理主義批判相關的現象學，對真理概念之解構所引出的無非就是直觀本身。因為被看作是直觀真理之基本概念的「自我同一性」、「等同性」和「觀念存在」只有在現象學的直觀概念中才是明晰的。

在對胡塞爾現象學三個發現的批判性闡述中，海德格指出，直觀是它的第二個發現。他同時證明，直觀不能被看作是基本現象，因為它的基礎是意向性：意向性是整個現象學的基本現象。海德格在這裡闡述說：「如果我們將這三個發現放在一起：意向性、範疇直觀和先驗，正如它們本身是相互聯繫的，並且最終建立在第一個發現，即意向性中，那麼，我們便可以把握到一個主導的了解，即是將現象學的理解作為研究探討的理解。」(GA20, 103) 現象學是通過對心理主義批判，以及其基本發現論述，而達到了本質的理解。現象學首先是一種研究探討，或者更確切地說，是一種方法。

到現在為止，海德格仍然沒有闡述他自己的現象學概念。

他的現象學與胡塞爾的現象學的區別至此只是隱含著的。「現象學」這一術語似乎是在胡塞爾的意義上被運用。但我們在這裡必須再一次地說明，這裡所涉及的不是兩門現象學，似乎海德格現象學與胡塞爾現象學應當被理解為哲學的不同方向一樣。毋寧說，在它們之間存在著一種奠基關係。它們的共同性在於，現象學從一開始便被理解為是一種方法。

　　三個發現和心理主義批判，是胡塞爾在《邏輯研究》的現象學研究中所得出的成果。現在的任務就是從原則和課題對象方面去澄清現象學的研究。

## 2.3.2　作為研究方法的現象學之原則

　　為了將現象學理解為研究的方法，首先需要對它的研究原則，即它的「這一研究觀念的獲取與進行」(GA20, 103) 的原則進行澄清。海德格將這個原則解釋為三重意義的：「研究原則是實事領域之獲取的原則，實事研究取向之開創的原則，和探討方法之構成與運作的原則。」（同上）

　　只要現象學是一種研究探討，它就要受原則之規定。胡塞爾將現象學原則作為現象學的口號表達出來：「回到實事本身。」(GA20, 104) 這個由胡塞爾在《邏輯研究》中所確定的口號，被海德格作為現象學一般的主導原則接受下來。這個口號不僅對胡塞爾有效，而且對海德格本人也有效，尤其是因為海德格在《存在與時間》中堅持了這一口號，至少堅持了它的形式意義。

### 2.3.2.1 現象學的座右銘

在《邏輯研究》第二卷中胡塞爾這樣說：「我們要回到『實事本身』上去。我們要在充分發揮了的直觀獲得明證性。」(LUII/2, 6) 對此，胡塞爾在《觀念 I》中還做過說明：「合理地或科學地對實事做出判斷，但這意味著，朝向實事本身，或者說，從言談和意見回到實事本身，在其自身被給予性中探問實事，並且去除所有遠離實事的成見！」(IdI, 35)

海德格對這些引文中所表達的口號，解釋說：「這個（現象學的）座右銘 (die phänomenologische Maxime) 是自明的，但仍有必要使它明確地成為口號，用以反對那些飄浮不定的思想，這恰恰是對當前哲學狀況的描述。」(GA20, 104) 消極地說，這一座右銘是一個反對所有那些在「傳統的、始終無根基的概念」（同上）中飄浮不居的構想和假問題的口號。

但這個座右銘表述了任何科學認識都作為原則來要求的，貌似自明的東西，即「實事性基礎」(ein sachlicher Boden)。科學也同樣要對「實事本身」(die Sache selbst) 進行研究。所以芬克 (Fink) 說：「從詞義上看，這個口號並不十分恰當；對它可以做無害和無關緊要的解釋，但也可以做更為重要的解釋❸。」但在這個座右銘的貌似自明性中，包含著一個本質性的東西：

---

❸ E. Fink, "Das Problem der Phänomenologie Edmund Husserls," in *Studien zur Phänomenologie*, den Haag: Martinus Nijhoff, 1966, S. 190.

「無論如何，胡塞爾在這個口號中展開了現象學的問題。」❸❹

關鍵在於如何理解「實事本身」。如果現象學的起點在此座右銘中得以表述，那麼這就暗示了這些實事所指的，無非就是現象學的實事，而它們始終有別於科學的實事。很明顯，如果對現象學實事的積極獲取已經成功，那麼這個座右銘所提出的消極要求也就實現了，即：避免任何飄浮不定的構想和成見。海德格有如下說明：「我在現象學的座右銘中聽到了一個雙重要求，一方面要面對實事本身的意義在於：有根基地進行驗證性的研究（要求有驗證性的工作）；另一方面，重新獲得和確立這一根基，正如胡塞爾對他的哲思所做的理解一樣（要求發掘這一根基）。第二個要求是基礎性的要求，在它之中也包含著第一個要求。」(GA20, 104)

由此，我們得到了這個現象學座右銘在這兩個要求方面的形式意義，但我們尚不了解，實事本身是什麼。現在海德格試圖對這兩個要求進行形式具體化 (entformalisieren)，並且是根據研究的三重原則：實事領域之獲取的原則、探問之取向的原則和實事領域之探討方式的原則。

## 2.3.2.2 意向性作為現象學的實事領域

研究的第一原則以實事領域的獲取和以現象學研究領域的發掘為目標。這裡的問題在於獲取現象學的課題對象。只有當被尋找的這個領域不是從現象學的觀念中，即不是從現象學的

❸❹ 同❸❸。

形式意義中被抽象地演繹出來，而是在現象學研究的具體性中被把握到，這個領域才有可能被獲取。現在海德格指出，對實事領域的規定和劃界必須顧及到「隨著現象學在當代哲學中的突破以及它的各個發現，對一個研究領域的發掘是如何進行的，也就是說，面對三個發現的實事內涵，我們現在探問：這裡被把握的實事是什麼，或者說，這個研究的趨向在於把握什麼樣的實事。」(GA20, 105)

只有在對現象學之發現的陳述中和實例地展示出來的具體中，現象學的實事領域才能被獲取。胡塞爾認為，意向性是基本的實事領域，因為它是範疇直觀和先驗的基礎。據此，海德格堅持這樣一個主張：「意向性現在就是基本領域，在其中包含著這些對象：行為的總體和在其存在中的存在者的總體。」(GA20, 106) 這裡所指的是那些在意向性、意向和被意指之物的基本狀況中，作為意向行為及其相關物出現的對象。行為的總體包含了所有在意向方面被認作行為方式的東西。另一方面，在其存在中的存在者的總體性，無非是指那些在被意指之物方面作為存在者，而處於其被意指狀態的如何之中的東西。

## 2.3.2.3　先驗作為現象學的實事取向

研究的第二原則在於確立探問的取向，從這個取向出發去研究實事本身。現象學的實事領域是意向性，並且是意向和被意指之物之間的意向相關性。應當在何種取向上對意向性進行現象學探問呢？

海德格確定:「現在是在意向和被意指之物兩個方面上進行探問,即對在先被給予之物,對行為或對在結構上與其存在有關的存在者進行探問,這個存在者已經作為結構組成而處於存在之中,換句話說,它可以作為構成其存在的東西,而在其存在上找到。」(同上)

意向性作為現象學的課題對象不是一種心理經驗的東西。在海德格看來,意向性毋寧表現在它的意向差異中,表現在由存在所規定的,在先被給予的結構中,即表現在它的先驗中。無論是意向行為,還是被意指的存在者,都根據現象學的原則而在其現象學的結構中受到探討。現象學探問在意向和被意指之物的意向領域,已經或先驗地展示出來的東西。因此,海德格確定 :「現象學研究的實事領域因而是在其先驗之中的意向性,這是在兩個方向上,即意向和被意指之物方向上被理解的意向性。」(同上)

現象學研究的實事領域是意向性。這個研究的實事取向,從那些意向性中所展示的先驗方向規定自身。但現象學研究應當運用什麼樣的方法呢?

## 2.3.2.4　分析描述作為現象學的探討方式

海德格首先從形式上闡釋方法:「現象學的探討方式是描述性的;更確切地說,描述是一種對其自身被直觀之物的析出劃分 (heraushebende Gliederung)。析出劃分是分析,就是說,描述是分析性的。」(GA20, 107)

現象學的探討方式是描述性的，這不是說，它與經驗描述的實證科學方法有關，而是以範疇直觀的規定和對先驗的描述為出發點。我們已經指出，純樸性的把握是直觀的本質特徵。這裡要再次表明，從現象學上把握到的直觀本質特徵是對「具體的被給予之物在其自身顯示狀態中的純樸把握。」(GA20, 64)

意向性的先驗就是在實事本身展顯出來的東西。對範疇直觀的發現證明，對這種先驗的直接把握是一種直接的意向進行。它不要求「間接的基質和實驗。」(GA20, 107) 在這個意義上，海德格在《存在與時間》中解釋說：「但對先驗的開啟不是『先驗的』構造。通過胡塞爾，我們不僅理解了所有真正哲學『經驗』的意義，而且也學會了使用這裡所必需的工具。」(SZ, 50)

這裡所說的工具首先與直觀有關，它作為直接的自身把握，是描述方法的基礎。由此得出，描述無非是直觀的描述，通過這種描述實事本身，即意向性的先驗的總體內涵可以被直接把握到。此外，描述也是分析性的。分析在海德格看來意味著析出劃分。因此，直觀描述是對那些在直觀中，在被直觀之物上，自身展出來的東西所具有先驗結構組成的析出。

海德格總結說：「從現象學座右銘在現象學突破時的最初事實性具體化，對這個座右銘之內涵的澄清出發，由此而提供出對這個研究的下列規定：現象學是對意向性在其先驗之中的分析描述。」(GA20, 107 f.)

## 第 3 章

# 海德格對胡塞爾
# 現象學的劃界

## 3.0.1　作為工作哲學的現象學

現象學是對意向性在其先驗之中的分析描述。這樣我們便把握了對現象學的第一個規定。它之所以被標誌為第一規定，是因為它不是一種最終的和確定的理解，海德格說：「如果對此研究之形式規定加以確定，即：對意向性在其先驗之中的分析描述，得以現象學的闡述……那麼，對這種研究的更徹底理解，就完全在於對這研究本身的理解；也就是說，在它自己最本源的原理上——回到實事本身——得到研究的方向。」（GA20, 109）

在這段引文中，明顯表露出海德格對胡塞爾分析的一個決定性因素。我們已經強調過，海德格這個講座的目的，並不在於解釋胡塞爾現象學，而是想揭示現象學本身，即嚴格意義上的現象學觀念，就是從存在問題所發展的現象學觀念。「現象學的定義，在於我們對其原理之澄清，在於我們理解其作為積極可能性之任務，及其工作的取向；而不是根據人們關於它所說的東西來理解。」（同上）

在這個意義上，現象學如胡塞爾所說的那樣，是一門「工作哲學」（Arbeitsphilosophie）❶。現象學因而是一項無限的任務，它既不將科學的定論，也不將形而上學的斷言視為它的前提。它僅僅以實事本身對它的要求為出發點。就是說，對於現

---

❶ 參看 E. Fink, "Die Spätphilosophie Husserls in der Freiburger Zeit," (1959), in *Nähe und Distanz*, Freiburg/München: 1976, S. 207 f.

象學來說，其可能性就在於實事本身之中。

我們在這裡看到海德格與胡塞爾的積極聯結，即現象學的任務特徵和方法特徵的強調，同時對現象學原理「回到實事本身」的突出。但這種積極的聯結，不應使我們忽略海德格與胡塞爾的差異。因為他們的共同性僅僅在於對此問題的一致看法：現象學在形式上是什麼。而在實事本身是什麼的問題上，尚未有決斷。

誠然，已經很明顯的是，對現象學是意向性在其先驗之中的分析描述之規定，不僅是對《邏輯研究》的胡塞爾現象學之把握，它同時表現為一種對現象學之更徹底的理解的要求。現象學的意義，並不如胡塞爾這樣確定，而需要更徹底的澄清，這暗示了對胡塞爾現象學的反駁。然而到現在為止，海德格的反駁仍然是不太明顯清楚的。

我們首先堅持這一點：對現象學是對意向性在其先驗之中的分析描述這一規定，是一個積極的成果，但根據現象學的任務特徵，這是其有開端性的意義。海德格解釋說：「在理解甚至熟悉了現象學的任務之後，我們並未達到可喜的終點，而只過到了困難的，但解放性的開端。」(GA20, 109) 這個開端是困難的，因為它離開了所有確定的科學「立場」和形而上學「方向」，並僅僅對實事本身的要求負責。它同時是一個解放性的開端，因為通過這個第一性規定，現象學獲得了它自己的基地，從這裡出發，它得到了對它進行徹底化的方向和意義。

但在我們說明海德格在存在問題方面，對胡塞爾現象學所

做之內在批判之前,我們還必須說明,對現象學是對意向性在其先驗之中的分析描述這一規定,一方面對胡塞爾現象學本身有什麼意義,另一方面對所謂現象學運動意味著什麼。因為海德格的這一規定似乎只是許多現象學設想中的一個。人們也許可以從中得出結論,海德格對現象學的理解是不合適的,或者說是錯誤的,因為在其中沒有提到,「超驗還原」(transzendentale Reduktion),「建構」(Konstitution),「本質直觀」(Wesenschau),「超驗意識」(transzendentales Bewußtsein),等等。這些概念實際上是胡塞爾現象學的最基本概念。

如所周知,現象學在這個講座(1925 年夏季學期)時期,早已成為一個活躍的哲學運動。胡塞爾的《純粹現象學與現象哲學的觀念》已經發表在由他創立的《哲學與現象學研究年鑒》(1913) 的第一輯上。至 1925 年,這個年鑒已有七輯出版,載有胡塞爾、蓋格 (Geiger)、普凡德爾 (Pfänder) 和舍勒 (Scheler) 等早期現象學家的論文❷。在這幾輯中,各個哲學領域,如本體論,倫理學,邏輯學和對心理學的哲學理論都得到了現象學的開拓❸。儘管課題雜多,但這些現象學研究從一開始便受到現

---

❷ Morris Geiger, "Beiträge zur Phänomenologie des ästhetischen Genusses," *Jahrbuch für Philosophie und Phänomenologische Forschung = JPPF* I (1913); Alexander Pfänder, "Zur Psychologie der Gesinnung," *JPPF* I (1913) und III (1916); Max Scheler, "Der Formalismus in der Ethik und die materiale Wertethik," *JPPF* I (1913) und III (1916).

象學觀念的規定。這個觀念在第一卷的第一頁上便得到了表述：「將各個編者聯合在一起，並且甚至在所有未來的合作者那裡，都應當成為前設的東西，不應是一個學院系統，而毋寧是一個《哲學與現象學研究年鑑》共同的信念：只有通過向直觀的原本源泉，以及在此源泉中汲取的本質洞察的回溯，哲學的偉大傳統才能根據概念和問題而得到運用，只有通過這一途徑，概念才能得到直觀的澄清，問題才能在直觀的基礎上得到新的提出，以後得到原則上的解決❹。」

這個共同的信念，即向直觀的源泉的回溯，顯然是出自於胡塞爾本人。在這一輯《哲學與現象學研究年鑑》中，即在《觀念I》中，這個概念再次被明確地描述為所有原則的原則 (das Prinzip aller Prinzipien)。

在本源直觀中被給予的東西無非就是實事本身。因此，這個為所有現象學分析和研究奠定基礎的原則是「一個絕對的開端」(IdI, 44)，因為現象學不把任何科學的，或形而上學的前設視為其出發點。毋寧說，在本源直觀中被給予的實事本身，才是現象學的唯一標準。

當然，這一原則不僅對胡塞爾和其他現象學有效，而且也對海德格有效。另一方面，就所謂現象學運動而言，這也是一

---

❸ 參看 H. Spiegelberg，對《哲學與現象學研究年鑑》的描述，在其 *The Phenomenological Movement*。

❹ *Jahrbuch für Philosophie und Phänomenologische Forschung* 1 (1913), S.V.

個事實：「現象學」的意義規定已經一再超越了胡塞爾的理解，這在眾多的現象學研究方向之發展中，已經得到證明❺。自然，在這些方向中，現象學的原則並沒被放棄或被拒絕。不同的現象學研究的差異毋寧說是在對此原則的形式具體化的各種不同理解中。現象學的所有原則之原則，或者說，現象學的研究原理，首先只是作為一個形式原則被接受。實事本身是什麼和是怎麼樣的，應當研究什麼和怎樣研究，這些問題無法從這個原則中得到澄清。每個現象學研究都以現象學的方式進行，只要這種研究在方法上，規定了從形式原則出發，然後形式具體化 (Entformalisierung) 了的研究方向。

形式具體化並不簡單地意味著在課題對象，和研究過程方面對形式原則的具體化。它所表達的主要是方法與課題對象之間的本質聯繫。馮‧海爾曼 (von Herrmann) 解釋：「形式具體化是方法與其對象的關係問題，但它並不能使方法與課題對象之間的區分得以消除。形式具體化是課題對象的內容規定問題，這個對象應當在自身展示自身的交遇方式 (Begegnisant) 中，得到科學的證明和把握❻。」如果我們在這個意義上理解形式具體化，那麼我們同時就可以發現在現象學運動內部發生爭執的原因，因為這個爭執產生於對現象學原則之形式具體化的不同理解之中。

---

❺ 參看 H. Spiegelberg，同❸。

❻ F.-W. von Herrmann, *Der Begriff der Phänomenologie bei Heidegger und Husserl*, Frankfurt: Klostermann, 1981, S. 20.

　　讓我們回到我們的提問上去：海德格對現象學的第一個規定與胡塞爾現象學的關係如何。只要我們試圖理解現象學概念在海德格哲學的發展，這個問題便具有重要意義。在《存在與時間》第 7 節中所闡釋的現象學概念，對胡塞爾來說如果不是不接受，也肯定是陌生的❼。在這個概念中，現象學首先將自己以形式上理解為：「顯示自身的，正如它由它自身顯示自身，由它自身而讓自身被看見❽。」(SZ, 34) 在這個現象學的形式概念中，海德格明顯地表達出他與胡塞爾的積極銜接。因為他隨後緊接著說：「這就是取名為現象學的那種研究的形式意義。所以，這裡表達出來的東西無非就是在前面曾表達過的原理：『回到實事本身』。」（同上）但這種在現象學原理的稱號中表現的積極的銜接，不僅意味著在形式上承認對現象學研究方向而言共同的信念，即產生於「所有原則之原則」之中，並且在《哲學與現象學研究年鑒》第一輯中所表達的那個信念。這種承認同時表明，《存在與時間》完全是一部現象學的著作，借助於現象學的方法來探討存在的意義。但《存在與時間》仍然與其他的現象學論著有所區別。在《存在與時間》的第 7 節中，所闡述的現象學概念表達了一種對現象學的理解，這個理解與

---

❼ 參看 W. Biemel, "Heideggers Stellung zur Phänomenologie in der Marburger Zeit," *Phänomenologische Forchungen* 6/7 (1976), S. 195.

❽ "Das was sich zeigt, so wie es sich von ihm selbst her zeigt, von ihm selbst sehen lassen."

胡塞爾本人，以及在其早期學生中所理解的現象學有本質區別❾。海德格的這一概念其實是對胡塞爾現象學概念的尖銳化和徹底化。這意味著海德格的改造不是隨意的，而是必然的，因為它是實事本身所提出的要求。對胡塞爾現象學的內在批判將表明，胡塞爾現象學由於誤識了存在問題而最終是「非現象學的。」(GA20, 178) 正是在與胡塞爾的這種深刻分歧中，才產生出《存在與時間》的現象學概念。

儘管如此，海德格是從胡塞爾現象學的「基地」出發才達到了他自己的現象學概念，這是顯而易見的。但是在《存在與時間》中沒有對現象學進行直接的分析，或者說沒有對現象學方法進行批判。

海德格將這個從對胡塞爾現象學批判闡述之中的現象學第一規定描述為一個開端，從這裡發展出對現象學的徹底理解。這個開端無非表明了《存在與時間》在於胡塞爾積極相銜接的關係中立足於之上的基地，因此，這個第一規定是在胡塞爾現象學這一方面和《存在與時間》中被尖銳化和徹底化了的現象學概念，另一方面是兩者之間的「過渡現象」。

現在的任務是對這個「過渡現象」和「基地」的意義做更

---

❾ 從慕尼黑現象學學派的觀點來看，海德格的是生存現象學 (existentiale Phänomenologie) 相對於此派的本體現象學 (ontologische Phänomenologie)。參看 H. Conrad-Martius, "Die transzendentale und die Ontologische Phänomenologie," in *Edmund Husserl 1859–1959*, den Haag: Martinus Nijhoff, 1959.

確切的描述。

在下面各節我們試圖分三步來進行這種描述。為了獲得對現象學特有意義的第一規定，我們必須回顧胡塞爾現象學。因而對其基本問題的批判性闡述，是我們所要邁出的第一步。然後我們將用海德格的觀點來對照我們陳述的結果，並闡釋海德格的現象學前概念，從而使這種與胡塞爾的積極的，同時也是批判性的銜接意義得以展現出來。

# 3.1　胡塞爾意識現象學的基本特徵

胡塞爾現象學原則上是一門意識現象學，而海德格現象學作為此在現象學，是告別了意識哲學的基本立場。因為海德格現象學不以意識設定為出發點，而是由存在，或者說，由對存在意義的探問所引出。如果我們要理解海德格現象學的意義，則必須對胡塞爾的意識現象學的基本立場和問題進行批判性的闡明。由此可以打開海德格現象學立足於其上的基地。

但我們不以整個胡塞爾現象學為考察對象，而是集中注意那些對海德格現象學概念構成有直接重要性的問題：(1)現象學的觀念；(2)現象概念；和(3)現象學方法。

## 3.1.1　現象學的觀念

如所周知，胡塞爾現象學的發展至少可以劃分為兩個階段，一方面是《邏輯研究》第一版的前超驗描述現象學階段，另一

方面是超驗現象學階段，胡塞爾在他 1907 年的哥廷根講座中，第一次在聽眾中介紹超驗現象學的概念，並且在 1913 年出版的《觀念 I》中詳細地闡述了這門現象學❿。這個超驗的轉折的特徵在於：超驗還原作為現象學的最重要甚至是唯一的方法。胡塞爾確定現象學的普遍課題，即在意向活動和意向對象的相關性中的純粹意識，只有通過現象學還原才能獲得並得到揭示。

必須強調，這個向超驗現象學的轉折 (transzendentale Wende)，對胡塞爾來說決不意味著在現象學範圍內的一個斷裂。如我們所見，只要現象學從一開始便以意識設定為其出發點，這個發展就是必然的。胡塞爾常常受到早期學生的批評，如茵加爾登 (Roman Ingarden)。他批評胡塞爾放棄了《邏輯研究》第一版中的「實在論」基本立場，而重新落回到「觀念論」中⓫。這種批評最終還是一種誤解⓬。然而我們不能將海德格

---

❿ 參看 W. Biemel, "Die entscheidenden Phasen der Entfaltung von Husserls Philosophie," *Zeitschrift für philosophische Forschung* 13 (1959).

⓫ 參看 R. Ingarden, *On the Motive which led Husserl to transcendental Idealism*, The Hague: Martinus Nijhoff, 1975.

⓬ 參看 H. Conrad-Martius, "Die transzendentale und die ontologische Phänomenologie," in *Edmund Husserl 1859–1959*, den Haag: Martinus Nijhoff, 1959，以及 E. Ave-Lallement, "Die Antithese Frieburg-München in der Geschichte der Phänomenologie," in *Die Münchener Phänomenologie*, den Haag: Martinus Nijhoff, 1975.

對超驗轉折或現象學還原的批評，等同於茵加爾登的指責。如果以為海德格現象學是一種不借助於現象學還原，而進行的對意向性概念的「改造」，那就誤解了海德格的基本問題❸。

我們堅持這一看法，即，超驗轉折是胡塞爾現象學發展過程中的一個關鍵步驟，它意味著一個「斷裂」(Bruch)，但卻是在「突破」(Durchbruch) 意義上的「斷裂」，它使《邏輯研究》的描述現象學得到徹底化，而成為對意識的超驗分析。「這樣，超驗現象學便產生了，它實際上已在《邏輯研究》中被零散地闡述出來❹。」

對於胡塞爾來說，現象學只有作為超驗現象學，連同超驗還原作為其特有的方法才是可能的。

現在產生出一個對於現象學的自身理解來說至關重要的問題。如果現象學僅僅通過現象學還原來規定自身，那麼這就意味著，只有胡塞爾在 1907 年以後的哲學才能將自己看作是真正的現象學？胡塞爾在其後期，幾乎對他所有的學生都感到失望，他們沒有跟隨他踏上現象學還原之路。在 1933 年致美國人威爾希 (Welch) 的一封信中，他明確表述了他與其學生們的分歧：

---

❸ 參看 L. Landgrebe, "Husserls Phänomenologie und die Motive zu ihrer Umbildung," in *Der Weg der Phänomenologie*, Gütersloher, 1963.

❹ 胡塞爾手稿 (1907 年 9 月，B II 1)，載於編者導言，Husserl, *Die Idee der Phänomenologie, Husserliana* II, den Haag: Martinus Nijhoff, 1973, S. ix.

「某人是我學術上的學生，或在我的著作影響下成為哲學家，但是這不能說明，他是真正理解我的原本現象學及其方法的內在意義，並且深入到了我所開闢的新的、屬於未來的（對此我抱有充分信心）問題領域之中。這適用於幾乎所有的哥廷根學生和弗萊堡的初期的學生，也適用如此著名的人物如舍勒和海德格。在他們的哲學中，我只看到富有才華的哲學家，天真地向舊哲學中墮落❶❺。」

但是我們可以從中得出結論說，由其創始人所建立的原本現象學就是「真正的」現象學嗎？我們對此只能回答，是和不是。是，這是因為胡塞爾一生未曾放棄的現象學原本觀念，提供了什麼是和什麼應當是現象學的唯一標準。不是，這是因為對此觀念的展開，在其課題對象和方法方面，並不必然地導致超驗現象學和現象學還原的設定。如我們已指出過的那樣，現象學還原的必然性只是在意識現象學中才被要求，更確切地說，在這樣一門現象學中，這門現象學已經從現象學的原本觀念出發，將其在超驗意識方面課題對象具體化了，或者說，形式具體化了。

但是，對於胡塞爾，這個現象學觀念究竟是什麼意思呢？

❶❺ 給威爾希 (Welch) 的信，1933 年 6 月 17 日，21 日。In H. Spiegelberg, *The Context of the Phenomenological Movement*, The Hague: Martinus Nijhoff, 1981, p. 176.

## 3.1.1.1 現象學作為哲學的基礎

胡塞爾的原本之現象學觀念，規定了他的哲學發展的主導思想之取向。這是哲學作為嚴格科學的觀念。在《觀念 I》的〈後記〉中，胡塞爾說：「按其觀念來看，哲學對我來說，是在徹底意義上的『嚴格』科學。作為這種科學，它建立在最後的根基之上，或者同樣可以說，它建基於最終的自身責任之中，也就是說，在這種自身責任中，沒有任何謂詞陳述的或前謂詞陳述的自明性，可以作為真確知識的基礎❶。」胡塞爾在他一生中，從未放棄過這個觀念❶。

「哲學從其最原始時代起，便要求成為嚴格的科學，而且是一門能夠滿足最高理論需求，並且在倫理宗教方面，建立一種受純粹理性規範，而令生命得以制約的科學。」(PSW, 7) 胡

---

❶ E. Husserl, "Nachwort," *Husserliana* V, S. 139.

❶ 不少論者以為胡塞爾在晚年已經放棄現象學作為嚴格科學的理想，他們的根據在胡塞爾晚年手稿的一句話：「哲學作為科學，作為一種嚴肅和嚴格；是的，作為一種絕對真的嚴格科學，這個夢已經醒了！」加達瑪和施皮格伯格指出這種理解是錯誤的，因為他們認為胡塞爾這句慨嘆並非向他自己的現象學而發，而是對當時的哲學與科學的危機而說的。參看 H. Spiegelberg, *The Phenomenological Movement*, p. 73，以及 H-G Gadamer, "Die Phänomenologische Bewegung," in *Kleine Schriften*, Tübingen, 1972, S. 173.

塞爾在《邏各斯》文章中以這句話為開端，他達到這樣一種信念；只有現象學才能滿足成為嚴格哲學的要求，而所有至此為止的哲學活動都未能做到這一點。在世紀轉折點上的哲學局勢，受到自然主義和歷史主義的威脅，由於它們是懷疑主義和相對主義的形式，因而同時放棄了哲學的這一最高要求。

哲學作為嚴格的科學的意思是，它必須被設計為一門以原則為基礎的，絕對明證的和自身論證的科學。現象學的任務在於從其科學性上滿足這些嚴格的要求。因此很明顯：現象學的觀念是作為嚴格科學的哲學之基礎。

對於胡塞爾現象學的這一觀念，芬克 (Fink) 解釋說：「胡塞爾的現象學應當從其哲學基礎的觀念出發而獲得特定的標識，即：恰恰在這個觀念上，可以積極地展示出現象學自身變化的運動……。哲學的基礎是哲學活動本身的原本開端，不是和其他活動有關連性的開端，而是自為的開端，——它是對這樣一個基礎的把握，在這個基礎上，世界整體的哲學解釋便可以建立起來⓲。」

由此，我們可以進一步理解現象學的觀念：成為嚴格的科學，但是這並不是說，現象學應當是一門與其他實證科學並列的「更為嚴格」的科學。它的嚴格性在於：它探問所有科學的最終根據，它想從絕對明證的原則出發，去證明科學的論證，

⓲ E. Fink, "Was will die Phänomenologie Edmund Husserls?" in *Studien zur Phänomenologie 1930–1939*, den Haag: Martinus Nijhoff, 1966, S. 162.

最後它回溯到哲學的原本開端，即回到哲學的絕對起源上去。所以，現象學作為嚴格的科學，無非是要成為自亞里士多德以來，西方哲學作為第一哲學 ($\pi\rho o\tau\acute{\epsilon}\ \varphi\iota\lambda o\sigma o\varphi\iota\alpha$) 所追求的理想。胡塞爾在文章的結尾再次指明了這一點：「哲學本質上是關於真實開端、關於起源、關於萬物之本的科學 ($\rho\iota\xi\acute{\omega}\mu\alpha\tau\alpha$ $\pi\acute{\alpha}\nu\tau\omega\nu$)。」(PSW, 71) 在《觀念 I》中胡塞爾指出，「現象學按其本質必須要求自己成為『第一哲學』(erste Philosophie)，並且要求能夠為所有需要進行的理性批判提供方法；因此，它要求最完善的無前提性 (Voraussetungslosigkeit)，並且要求對自己具有絕對反思性的洞見。它自己的本質是最完善的明晰性，從而也實現它的方法原則之最完善的明晰性。」(IdI, 121)

這是胡塞爾的主導動機，它應當被看作是他思想整個發展的決定性方向意義。

但這個對起源，或者說，對絕對開端的回溯是如何進行的呢？換一種方法提問就是：這種回溯的基本原則是什麼？起源和開端的意義是什麼？

### 3.1.1.2　明證性作為所有原則之原則

現象學作為嚴格科學的觀念既徹底地區別於實證科學，也徹底地區別於傳統形而上學。這個區別在於，現象學的探討方式是依據最嚴格意義上的明證性原則 (Prinzip der Evidenz)。現象學的特徵恰恰在於這個被胡塞爾徹底化了的方法原則。對起源的回溯，同時意味著對絕對開端的徹底的自省，並且，這種

開端只有建立在絕對明證性基礎上，才能被接受為絕對的開端。因此，胡塞爾確定明證性原則為其現象學的「第一方法原則」(erste methodische Prinzip)，他說：「顯然，我作為哲學的開端者，堅持追求一門真正科學的設定目標，因而我所做的任何判斷，以及我所承認的任何有效判斷，都必須從明證性中指出的，都必須是從這樣的體驗中得出，在這些體驗中，有關的實事情況作為它們自身是對我當下呈現的❶。」胡塞爾在《觀念 I》已經表述了這個原則。他在那裡說：「只要堅持一切原則之原則，即：每個原本被給予的直觀都是認識的合法源泉，在直觀中原本地（可說是在其具體的現實性中）展示給我們的東西，只能按其被給予性的那樣，而且也只在此被給予的限度之內被接受，這樣，就不會有任何可想像的理論欺騙我們。」 (IdI, 43 f.)

如果我們將這兩段表述放在一起考察，我們便可以把握出三個本質相關的重要因素：(1)無前設性；(2)原本直觀或體驗；(3)被給予的實事自身。

無前設性原則首先涉及第一方法原則的否定要求：現象學的探討方式不以任何「立場」或「方向」為無可置疑的出發點。這個要求被胡塞爾在《邏各斯》文章中稱之為「徹底的無前設性。」(PSW, 71) 在《邏輯研究》中稱之為「認識研究的無前設性原則。」（LUII/1，第 7 節）現象學不允許不加置疑地，將任

---

❶ E. Husserl, *Cartesianische Meditationen*, *Husserliana* I, den Haag: Martinus Nijhoff, 1973, S. 54.

何哲學方向作為其前提，無論這是形而上學的方向，還是自然科學的，或心理學的方向（參看 LUII/1, 21），並且不允許不加置疑地將任何立場承認為其前提，無論這是康德的，還是托馬斯的，無論是阿奎那的，還是達爾文的或亞里士多德的立場（參看 PSW, 71）。

絕對開端的意義是，對實事本身的解釋，不應受到成見或偏見的壓力，而必須作為其自身絕對的明證性中被看到。無前設性原則並不是指完全沒有任何東西被前設，而是指現象學研究，要求有一個嚴格的出發點：它以「直接直觀的領域」（同上）為開端。這就是說，現象學所探研的實事是在直接直觀中，即在原本直觀中成為自身被給予性。實事本身在這裡顯示自身，在其直觀的被給予性中顯示自身。因此，使實事本身直觀地成為被給予性，這是明證性的形式意義。

現象學的研究，只允許將這樣一些實事成為自己的課題對象，這些實事僅僅建立在原本哲學體驗的基礎上，而非建立在空乏說明和構想的基礎上。與此相應，現象學研究是「現實進行著的、對直接直觀到和把握到的實事的基礎研究嘗試；這種研究是批判地進行的，它自己沒有在對立場的解釋中喪失自身，而是保留了對實事本身，和對關於實事的研究的最後發言權。」(LU/I, X) 因而明證性是對實事本身的真正體驗，一種被胡塞爾在《笛卡爾的沉思》(*Cartesianische Meditationen*) 中稱之為「看到它自身」(Es-selbst-zu-Gesicht bekommen)[20]的體驗。

---

[20] 同[19]，S. 52.

　　在這裡我們必須注意，現在我們談的是作為現象學原則的明證性。這個理解不能簡單地等同於在《邏輯研究》第六研究中，被標識為真理體驗的明證性概念。儘管在兩者之間有最密切的聯繫，我們必須看到在明證性概念中的兩個維度，即：作為整個現象學研究第一方法原則的明證，和作為超驗主體性意向功能的明證性，後者的相關物是真理。如果我們試圖理解明證性概念表面的多義性，那麼這個劃分是必要的❹。一方面，明證性作為原則，作為所有真實認識的合法源泉。在這個意義上，這個原則是一個認識理想，它只能通過明證性而得到實現。另一方面，明證性本身是現象學研究的課題。在這裡，問題便不在探討方式，不在於研究的如何；而是在於這樣一個任務，規定明證的體驗本身，並且從其意向構造方面來規定明證的體驗本身。胡塞爾在《邏輯研究》的第六研究中談到「明證性程度的階段。」(LUII/2, 121) 並且在《觀念 I》中談到「相應的和不相應的明證性。」（第 138 節）這裡首先並沒有提到作為原則的明證性。這處所說的明證性應當理解為意向充實的一種突出樣式，一種被每個虛空意指所追求的樣式，以致於這些虛空意指，在相應性方面表現出明證性的「程度」：根據在充實中被表明的直觀充盈，明證性或是完整地被給予，或是不完整地被給予。

　　胡塞爾在《形式的與先驗的邏輯》(*Formale und*

---

❹ 參看 K. Held, "Edmund Husserl," in *Klassiker der Philosophie*, München, 1981, S. 279.

*transzendentale Logik*) 中更深入地探討了明證性問題 （參看 FTL，第 59–61 節）。他在那裡不僅將明證性理解為單純意向與充實之間的張力關係，這也是《邏輯研究》和《觀念 I》中的做法，而且還理解為意向性的普遍問題。明證性是「自身給予的意向功能。」 (FTL, 166) 胡塞爾解釋說：「更確切地說，它〔明證性〕是意向性的普遍突出的模態，是『關於某物之意識』的普遍突出模態，在這種模態中，在它之中被意識到的對象之物，自身被把握之物，自身被看到之物，意識地在它本身存在上的方式被意識到。」（同上）

在這方面的明證性表明了「各種原本樣式」（同上）：任何一種對象的自身給予都與明證的一個樣式相符合。「自身給予的本原樣式是感知。在此──存在 (Dabei-sein) 對於我這個感知者來說，意識上是我的現在──在此──存在 (Jetzt-dabei-sein)：我自己處於被感知之物本身這裡。」（同上）據此，所有自身給予 (Selbstgebung) 的其他樣式都是感知的變化。明晰的，即明證性的回憶是「自身」再實現的回憶❷。（同上）透徹地研究這些作為超驗主體所建構的自身給予的不同明證性樣式，這是超驗現象學的任務。

---

❷ 胡塞爾在《觀念 I》中是用「自我被給予性」(Selbstgegebenheit)，而「自我給予」(Selbstgebung) 是在「被動的綜合之分析」講座 (Analyse zur passiven Synthesis, 1918–1926) 才開始運用。參看 E. Husserl, *Analyse zur passiven Synthesis*, *Husserliana* XI, den Haag: Martinus Nijhoff, 1966，第 20，40 節。

我們在這裡不能繼續深入分析作為意向功能的明證性問題❷。我們的簡要論述是用來說明，作為原則的明證性和作為意向功能的明證性之間的區別。明證性原則作為第一方法原則，表明所有真實認識的合法源泉在於原本直觀之中。這個原則自身是一個形式原則，在其中表現出現象學的特殊探討方式。對明證性的現象學分析則需要對這個形式概念形式具體化，使成為具體的現象，即意識現象。

在 1907 年的哥廷根講座中，胡塞爾對現象學觀念的表述是：「但現象學同時並且首先標誌著一種方法和思維態度：特殊的哲學思維態度，特殊的哲學方法。」(IdP, 23) 與此相應，我們總結至此為止的論述：現象學的觀念是對自己作雙重之理解，即：理解為哲學的徹底奠基，和由明證性原則規定的方法。

## 3.1.2　現象概念

明證性概念作為形式原則，僅僅提出了現象學的方法探討方式。但在這個方法原則中，並未決定具體的現象學分析的什麼和如何。

現象學從其詞義上理解是關於現象的科學。我們已經強調過，現象學作為一種科學，是不以某個事先確定的存在區域為開端，而是以在原本直觀領域中，被給予的實事本身為開端。

❷ 關於胡塞爾的明證性問題的深入討論，可參考 E. Stöker, "Husserls Evidenzprinzip," *Zeitschrift für philosophische Forschung* 32 (1978).

對胡塞爾來說，這個實事就是意識，即純粹意識，它與心理學的經驗意識有本質區別。這個被視為現象學課題對象的純粹意識，就是現象學觀點中的意識（參看 PSW, 23）。對於胡塞爾來說，現象學原則上是意識現象學。然而，這還並沒有說出，這個純粹意識應當如何來理解。胡塞爾現象學的特殊性在於：意識概念在它之中，獲得了一個徹底的意義，即被規定為是意向體驗。在其中包含著一個重要的相關性。胡塞爾解釋說：「現象學由於顯現和顯現物的本質關係而具有雙重含義。」（IdP, 14）在這裡，胡塞爾在回顧希臘語 φαινόμενον 一詞的同時，把握了現象的語義並將它規定為「顯現者 (das Erscheinende)，但它通常被用來表述顯現 (das Erscheinen) 本身，即主觀現象。」（同上）在這個意義上，現象就是這個相關性，亦即意向性。我們可以說，胡塞爾現象學的現象就是意向性一般 (Intentionalität überhaupt)。

胡塞爾當然並沒有從一開始，就用一個已有確定理解的現象概念來進行操作。現象概念的變化是對應著胡塞爾現象學的發展❷❹。

## 3.1.2.1 《邏輯研究》中的現象概念

儘管《邏輯研究》被視為現象學的突破性著作，人們還是注意到，在《邏輯研究》中除了一些間接的論述以外，並沒有

---

❷❹ 參看 H. Melenk, *Das Phänomen Entwicklung und Kritik des Husserlschen Phänomenbegriffs*, Würzburger Dissertatian, 1968.

出現對現象學概念或現象概念的明顯說明❷。只是在第二卷的附錄中，我們才發現關於現象概念的討論，現象在這裡被理解為一種不同於布倫塔諾心理現象和物理現象的東西。所以我們可以說，胡塞爾至少在《邏輯研究》第一版中，沒有特別地探討在新建立的現象學中的現象概念。像海德格在《存在與時間》中第 7 節那樣的對現象和現象學概念討論的方法章節，在胡塞爾的著作裡是沒有的。

對於胡塞爾來說，現象首先是現相 (Erscheinung)。這個規定是對布倫塔諾的繼承，儘管胡塞爾並未附加布倫塔諾的觀點，即：現象或現相的總區域，可劃分為心理之物和物理之物這兩個相互有本質區別的區域。胡塞爾認為這種劃分忽略了現象的現象學特徵。「現象這個說法，首先具有與直觀表象行為的關係，即一方面與感知行為的聯繫，另一方面與當下呈現行為的聯繫，例如與日常意義上的回憶，想像或（與感知相交織的）圖像表象的聯繫。」(LUII/2, 233) 胡塞爾確定，感知和當下呈現是直觀表象的不同被給予方式，而不像布倫塔諾所認為的那

---

❷ 關於胡塞爾現象，與現象學概念的衍生歷史，參看 H. Spiegelberg，同❶，p. 94 和 B. Grünewald, *Der phänomenologische Urspung des Logischen*, Kastellaum, 1977, S. 40 ff. 對這二概念的最詳盡討論，參看 Karl Schuhmann, "'Phänomenologie': Eine begriffsgeschichtliche Reflexion," *Husserl Studies* 1 (1984), S. 31–68. Schuhmann 在 H. Spiegelberg 書中詳細的注也值得參考，見 H. Spiegelberg, pp. 154–155.

樣，就被納入到「內感知」或「外感知」之中。因此胡塞爾確定現象的三個概念。第一個概念與「直觀的具體體驗」有關。（同上）這些行為本質上，自身含有「在直觀當下——擁有或當下呈現——擁有一個確定對象的意義」（同上）的意向對象。第二個概念「被直觀的（顯現的）對象，即在此地時顯現的那個對象。」(LUII/2, 234) 因此很明顯，現象的這兩個概念產生於對意識的意向體驗的分析之中，這個分析在《邏輯研究》第五研究中便已得到闡述。現相作為現象，必須在其意向性中被看見，在現象方面存在著本質的意向相關性：顯現的行為和在其中顯現的對象。第三個概念在胡塞爾看來是一個令人迷惑的概念。他說：「現象首先是指體現著的感覺，即被體驗到的顏色，形式等因素，然而它們沒有那些與它們相應的並在對其『解釋』的行為中顯現的（有顏色、有形式的）對象特性。」胡塞爾繼續說明，感覺，更確切地說，材料性的感覺內容不具有意向結構。它們「被體驗到，但它們並不對象性地顯現出來。」(LUII/1, 385) 在胡塞爾看來，被體驗的顏色感覺必須嚴格區別於顯現的物體色度。這個區分極為重要，因為不加批判地將感覺內容等同於顯現的對象，這會導致對意向性的錯誤主觀化，即認為對象不是意向的，而是實項內在 (reell-immanent) 的。這樣一種實項內在的對象，根據意向差異不是現象，而是一種人為的臆構（參看前面第 2.2.1.2 節）。胡塞爾將這些單純感覺體驗區別於直觀行為，因為這些體驗自身不包含對象❷❻。

---

❷❻ 參看 B. Grünewald，同❷❺。

在《邏輯研究》第二版中，胡塞爾在表述現象或現象學概念的地方補加一段重要的文字:「現象學因此意味著關於體驗一般的學說，並且這也就是說，它是關於所有在體驗中可以明證證明的，不僅是實項的，而且是意向性的學說。這樣，純粹現象學便是關於『純粹現象』，關於一個『純粹自我』的『純粹意識』的『純粹現象』之本質性學說。」(LUII/2, 236)

這個明確的現象學概念，是在《邏輯研究》第二版中，得到深化的現象概念的基礎發展出來的。現象被規定為純粹自我的純粹意識。由於胡塞爾在第二版中沒有特別探討超驗問題，因此，現象的這種純粹性，尚未在完整意義上通過現象學還原，而得以純化的現象。這裡所說的純化現象主要是與經驗心理學的劃界，這是第一版的課題。在第一版中，胡塞爾將意向差異理解為「一個行為的實項的或現象學的（描述心理學的）內容與它的意向內容」❷⑦的區別。但在第二版中，這個差異又被簡單地稱之為「一個行為的實項內容與它的意向內容」的區別。(LUII/1, 397) 胡塞爾之所以修改他的闡述，是一方面因為「實項的」含義更為清晰，另一方面，是為了避免對現象學與描述心理學的錯誤等同❷⑧。

《邏輯研究》這兩版之間的差異，在第五研究的第 2 節中更為清楚，這一節確定了意識的第一概念。意識在第二版中，不像在第一版中被標誌為現象的統一，而是被標誌為實項現象

---

❷⑦ E. Husserl, V. *Logische Untersuchung*, 1901 年第一版。

❷⑧ 參看 LUII/1，S. 397 注。

的統一。另一方面，胡塞爾又補加了一段文字，在這裡，「純粹的」意義第一次得到了詳細論述。純粹地理解體驗概念，這就是說：「所有與經驗實在物（與人或自然物）的關係都是處於被排除狀態；在描述現象學的意義上（在經驗現象學的意義上）的體驗，便成為在純粹現象學意義上的體驗。」(LUII/1, 348)

這個補加的段落表明，現象的「純粹性」只有通過對實在物的排除才能獲得。純粹現象概念現在必須從這裡所設定的排除，即懸擱 (epoché) 來加以解釋。

## 3.1.2.2　純粹現象概念

在《邏輯研究》修改後的第二版中，引入作為在排除實在物（現實存在）意義上的懸擱的現象方法，這一做法表明，現象學的基本考察方法發生了變化。在第一版中的現象概念被理解為意向意識，即理解為意向體驗在其實項意識行為，和相屬的意向對象之相關性中的統一。在這個規定中，還隱含著一個猶豫不決的立場，即：胡塞爾在第一版中，尚未完全弄清描述心理學意義上的經驗現象學和純粹、超驗現象學之間的差異❷。只有通過對現象學方法及其系統問題的徹底化，胡塞爾才得以最終告別對現象學的經驗誤解。與此相應，現象概念才在現已確立的方法方面，在現象學還原方面得到根本性的改造。這種

---

❷ 參看 W. Biemel, "Einleitung des Herausgebers," *zu Idee der Phänomenologie, Husserliana* II, den Haag: Martinus Nijhoff, 1973, S. vii f.

改造並不否認在《邏輯研究》第一版中對現象概念的第一理解的實事內容，即意識的意向性。現象只有在通過現象學還原，而得到「純化」之後，才能成為超驗現象學的課題領域。

在哥廷根講座〈現象學的觀念〉(Die Idee der Phänomenologie) 的第三講中，胡塞爾指明，現象學的純粹現象必須與心理學相區別。胡塞爾從認識問題出發，區別思維的兩個明證性領域，對它們的本質劃分，通過現象學還原而得到保證。「在這裡我們需要還原，為的是使思維存在的明證性，不致於和我的思維活動的明證性相混淆。」(IdP, 43) 這種劃分必須嚴格地進行，因為它涉及到兩個現象概念，即超驗現象學的純粹現象，和作為自然科學心理學客體的心理學現象。

在我的直觀反思中獲得的思維，在胡塞爾看來就是絕對內在的被給予性。它是現象學的絕對開端，並且本身是一個超驗現象。但思維的存在屬於我的經驗自我，它的經驗時空特徵，永遠無法成為絕對的明證性。為了達到絕對的被給予性，現象學進行一種方法的排除，它對思維的存在，即對經驗自我以及時間，世界的所有現實經驗的事件懸擱，即放在括號之內，存而不論。

這種對現象學考察方式的徹底改變在《觀念I》中，作為現象學還原的深化理解而得到十分清楚的闡述。通過現象學還原而開闢的現象學課題領域是純粹現象，它被理解為在純粹意識意義上的現象學的剩餘 (phänomenologisches Residuum)。胡塞爾解釋這概念的重要意義：「意識自身具有本己存在，在其絕

對本質的本己中未受到現象學排除的影響。因此它們為『現象學的剩餘』而留存下來，作為一種原則上新型的存在區域，它事實上已經成為一門新科學的領域──現象學的領域。」(IdI, 59)

在現象學還原之後留存下來的剩餘，即純粹現象是以其非實在性 (Irrealität) 而被規定❸ 。現象學的還原具有開啟作為純粹內在意識體驗的能力，但這種純粹內在的意義，完全不同於現實存在意義上的實在意義。在意識和實在之間，有著存在方式上的原則區別，即在「作為體驗的存在和作為事物的存在」之間的基本本質區別 (IdI, 76)，此外還有「被給予方式的原則區別。」(IdI, 72)

須要注意：對「存在」這個詞在意識和實在這兩個領域中運用，具有「原則上類比意義」❹ 。這是因為，意識的存在自身帶有絕對的意義，而實在的存在只具有第二性的意義。換言之：在對體驗的事物的劃分所涉及到的不是「物自體」的問題。因為這會意味著，事物的存在絕對地與意識存在相分離。而胡塞爾的想法恰恰不在於承認事物的存在是一個絕對的領域。現象學的問題毋寧在於：事物存在是如何通過超驗意識的功能而在體驗存在中被建構出來。現實事物在現象學的觀點中，只是

---

❸ 參看 IdI, S. 4 :「……超驗現象學的現象被規定為非實在 (irreal)。」

❹ K. Schuhmann, *Die Fundamentalbetrachtung der Phänomenologie*, den Haag: Martinus Nijhoff, 1971, S. 79.

作為意識相關物呈現出來。舒曼 (Karl Schuhmann) 在這裡有過說明：「存在劃分為內在存在和超越存在。因為在意識中，不僅意識被給予。意識自身還包含著它對立面的可能性㉜。」

因此，意識的存在就被視為一個絕對之物。「內在存在無疑在這個意義上是絕對存在：它在本質上不需要任何『物』的存在。另一方面，超越的『物』的世界完全依賴於意識，並且它不是依賴邏輯上可設想的意識，而依賴現時的意識。」(IdI, 92) 儘管如此，意識始終依賴於世界：每一個現時的感知行為根據其意向本質，都始終依賴在世界之內的實在空間事物，但這種依賴是如此了解的：被感知的事物是在側顯 (Abschattung) 中被給予，並且僅僅顯現為一個側顯之物。與此相反，意向對象的統一被給予性是一個「認同性綜合」(IdI, 75) 的同一個事物，這種認同性綜合產生於意識的建構功能中。

由此我們獲得了對純粹現象的一個關鍵規定。它現在被理解為絕對內在 (absolute Immanenz)，即，「在其絕對本己存在中的純粹意識」(IdI, 94)，它的特性在於，這個絕對存在「自身承載著所有世界性的超越，在自身中『建構著』它們。」（同上）相反，事物的實在以及整個世界的存在自身都不是「某種絕對之物並且第二性地聯結在其他之物上，其實在絕對的意義上它什麼也不是，它根本不具有『絕對本質』，它具有某物的本質性，這個某物區別上是意向之物，只是被意識之物，合乎意識的被表象之物和顯現之物。」（同上）

---

㉜ 同 ㉛。

在絕對的意義上，世界是被建構出來的。但這意味著，如果將世界的現實存在忽略不理，世界是屬於純粹的現象。它在現象學的意義上是絕對意識之實項內在的意向相關物。因此，超驗現象學得以開展，因為其基本領域就是在這兩者之間的普遍相關性 (universale Korrelation)；一方面是在實項內在意識領域中，作為建構性意識行為作用的東西；另一方面是在統一的意識體驗的意向內在中，作為被建構的世界和它的雜多被給予樣式顯現出來的東西。意識與世界如果在現象學觀點中被考察，那麼它們是相互屬於的相關物。在這種相關性中，它們構成現象學的純粹現象。

### 3.1.2.3　現象作為意向性一般

在現象概念中展示出一個本質規定：現象的意向特徵在現象概念中發生任何意義的變化時都保持穩定不變。所有對現象的規定，無論是將它描述為顯現的行為和在其中顯現的對象之間的相關性，還是將它超驗地表述為意向活動與意向對象之間的普遍相關性，這些規定都已經設定了意向性概念為前提。如胡塞爾所強調的那樣，意識的意向性「是一個在現象學開端上，不可或缺的起點概念和基礎概念。」(IdI, 171)

由於純粹現象被理解為純粹意識，因而意向性從一開始便被視為意識或關於某物的意識。在胡塞爾看來，說意向性是意識的意向性是同語反複。儘管如此，他在《觀念 I》中還說明：「意向性是在確切意義上描述意識的東西，它使我們有理由將

整個體驗流標識為意識流和一個意識的統一。」(IdI, 168) 現象學還原所證明的東西就是自身被給予性的絕對領域，它同時表明自身是一個統一的，但自身含有意向性差異的意識流。如此而展開的純粹意識領域表明自身是意向性，是純粹的意向性，是在普遍相關性中的意向性。這個相關性是在單純實項行為與非實項地包含在純粹體驗流中的意向對象之間的相關性。

這種意向相關性在胡塞爾現象學的不同階段上被理解為行為和對象 (Akt und Gegenstand)，意識活動與意向對象 (Noesis und Noema)，自我極和對象極 (Ich-Pol und Gegenstand-Pol)，最後理解主體性和世界性 (Subjektivität und Welt)，它構成現象學的本質規定 ❸❸。總結來說：意向性無非就是現象本身。現象學是意向性現象學 ❸❹。

## 3.1.3 現象學方法

在我們將現象規定為意識的意向性之後，問題便在於，應當如何對此現象進行現象學的研究。我們已經強調過，現象學從本質上被理解為一種方法。但現象學方法的概念自身是一個

---

❸❸ 參看 E. Husserl, *Die Krisis der europäischen Wissenschaft und die transzendentale Phänomenologie*, *Husserliana* VI, den Haag: Martinus Nijhoff, 1962, S. 169 注。

❸❹ 參看 K. Held, "Husserls Rückgang auf das Phainómenon und die geschichtliche Stellung der Phänomenologie," *Phänomenologische Forschung* 10 (1980).

雙層次的概念。它一方面表明自身是整個現象學的最高原則。這便是第一方法的明證性原則，它規定了現象學研究方法上的如何。根據這個原則，所有應被描述為現象的東西都必須反思地、精神地被直觀到。另一方面，現象學方法是指通道方法 (Zugangsmethode)：「它從方法上創造通道，即通向各個現象學研究領域的通道，但是作為通道方法不能混同於探討方式❸❺。」然而，我們應當將探討方式與通道方法放在一起考察，因為在這裡表現出一種相互關係。第一方法原則調整著通道方法的目標設定：通向現象，或通向各種研究領域的通道，同時可以使現象或各種研究領域成為明證性。反過來，通道方法保證了在方法上，對這個在明證性中直觀地被給予的現象的獲得。只有當現象學的現象或課題對象通過通道方法而得以開闢，具體的證明性方法才能得以進行。

　　對於胡塞爾來說，通道方法無非是指現象學懸擱和還原。具體證明的方法則以意向分析為內涵。這兩個方法方向必須得到進一步的描述。

## 3.1.3.1　現象學的懸擱和還原

　　超驗現象學的特殊在於現象學還原 (phänomenologische Reduktion)。在一篇經胡塞爾審閱過的文章中，芬克探討了現象學還原在超驗現象學中的不可分解的重要關係。他解釋說：「沒

---

❸❺ F.-W. von Herrmann, *Der Begriff der Phänomenologie bei Heidegger und Husserl*, Frankfurt: Klostermann, 1981, S. 43.

有一門現象學不是通過『還原』而成立的。任何放棄還原的哲學，即使它自稱為『現象學』，原則上也是一門俗世哲學，即一門（從現象學來看）『獨斷論』哲學❸❻。」

胡塞爾認為，只要現象學想要根據明證原則，來嚴格地確定它的絕對開端，即嚴格地確定真實的課題對象，現象學還原就是一個必然的方法，這樣才能滿足無前設性的嚴格科學的要求❸❼。絕對開端的意義是：使絕對的自身被給予性成為絕對的明證性。由此而產生出這樣的問題：如何開啟以及用什麼樣的通道方法來開啟這個自身被給予性的現象。這個方法如波姆(Rudolf Boehm) 所說是「追尋一門純粹現象學原則的方法❸❽。」

在《邏輯研究》第一版發表的幾年裡，胡塞爾思想中形成了現象學還原的第一起點❸❾。我們已經提到，在第一卷中，現象學方法的本質方向是懸而不決的。由此引出一個急待解決的問題，如何理解作為描述心理學的經驗現象學與純粹現象學之間的區別。胡塞爾在《邏輯研究》之後，努力對這問題的探討，

---

❸❻ E. Fink, "Die phänomenologische Philosophie Edmund Husserls in der gegenwärtigen Kritik," in *Studien zur Phänomenologie 1930– 1939*, den Haag: Martinus Nijhoff, 1966.

❸❼ 參看 Husserl，同 ❸❶，S. 170 注。

❸❽ R. Boehm, "Die phänomenologische Reduktion," in *Vom Gesichtspunkt der Phänomenologie*, den Haag: Martinus Nijhoff, 1968, S. 121.

❸❾ 參看 ❸❻。

並且嘗試更清楚地區分描述心理學與現象學之間的關係。在1903 年的一篇評論中已經表露出他的觀點：現象學只能在一種極有限的意義上被標誌為「描述心理學」，因為它的任務在於，使「心理之物」的普遍本質成為明證性。這當然並不是說，可以將被視作現象學課題對象的體驗解釋為某種經驗之物。現象學的「描述並不涉及經驗個人的體驗或體驗種屬；因為它對個人，對我和他人，對我的體驗和其他的體驗一無所知，一無所猜；它對所有這些不做探問，它不試圖給出規定，不做假設。現象學描述觀看的是最嚴格意義上的被給予之物，是如在其自身的體驗❹。」

　　在這段引文中已經表達出，這段時間裡，現象概念與還原方法的最重要因素尚未明確地陳述出來。在這裡所暗示出來的還原分兩步進行。首先，排除的負面作用在兩方面展示出來，即作為根據無前設性原則，而進行的對所有設定的假設的排除，以及作為經驗自我的體驗的排除。其次，排除表明對絕對自身被給予性的純粹現象之積極開啟。

　　由於洞察到現象學的純粹課題領域是「如其自身的體驗」，胡塞爾便告別了自然主義心理學，或者說描述心理學的立場。「體驗」現在是在現象學觀點中的純粹意識。

　　我們已可以清楚地看到，胡塞爾進行現象學還原的動機，在於從方法上考慮，如何獲得現象學的絕對開端。現象學僅僅

---

❹ E. Husserl, *Aufsätze und Rezension (1890–1910)*, *Husserliana* XXII, den Haag: Martinus Nijhoff, 1979, S. 206.

觀看那個自身展示其自身的東西，即觀看那個在其原本直觀性中自身展示的東西。因此，為了獲得絕對自身被給予性的領域，需要對這個現象的方法確定做出澄清。

但胡塞爾很清楚，在《邏輯研究》中的仍然隱晦的還原方法原則，是以排除成見，同時作為從體驗的實在本質結構回到觀念本質結構的方法，是不足夠將世界問題放到超驗層面上去進行現象學的反省。這意味著，這個現在被理解為所有個別行為之總體視域的世界問題，已經超越出了在《邏輯研究》中意識行為和意向對象之間意向相關性問題之外。超驗現象學將這個相關性加以徹底化，使它成為在超驗主體性和它所建構的世界之間的超驗相關性。這個作為純粹現象的超驗相關性之確定的第一步驟便是現象學的懸擱，它是對世界的信念設定的排除和中止。正如胡塞爾在《邏輯研究》中區分在經驗心理學意義上的意識一樣，他也對世界進行劃分：自然觀點中的世界和現象學觀點中的世界。在自然素樸的觀點中，我將我的世界所有對象都視為現實的、始終的存在者。對一個在我的自然及非反思生活中的一個始終在此的世界的信念，被胡塞爾稱之為自然觀點的普遍設定 (die Generalthesis der natürlichen Einstellung)（參看 IdI, 30）。但在現象學的觀點中，我並不觀看這似乎是自我獨立的存在世界，同時亦應懷疑其實在性。我毋寧是觀看這個世界作為被給予方式的「如何」，並正因此而使世界的獨斷論信念成為課題：「必須研究這個普遍設定的『起源』❹。」為了

---

❹ K. Schuhmann，同 ❸，S. 32。

能做到這一點，必須對考察方式進行改變。我不再停留在自然觀點中，而是借助於現象學的懸擱，而過渡到現象學的觀點中。我排除了這個普遍設定，並將世界的信念設定判為無效。胡塞爾將稱之為加括號的方法 (Einklammerung)。「我們使這個屬於自然觀點之本質普遍設定失去作用，我們將這個設定在存在方面所包含的一切都置於括號中，即：這整個自然世界，這個始終『對我們來說是在此的』，『在先就有的』，即使被我們加了括號也仍然在此作為合乎意識的『現實』而留存的世界。」(IdI, 56)

　　與笛卡爾的普遍懷疑之努力不同，胡塞爾沒有對世界的存在、世界的現實性進行懷疑。蘭德格雷貝曾對懸擱的意義這樣寫到：「這不是一種對我們經驗到的世界是否現實存在的懷疑，不是對它的不存在的假設，而是對此問題的擱置，即：我的經驗的整個過程，連同所有那些作為意識事實而屬於我的經驗的東西，是否可以幫助我確定現實，還是只是一個夢幻世界的經驗❷。」在現象學懸擱中被排除的東西，只是世界信念的設定。現象學懸擱的重要意義在於：不是放棄世界，而是恰恰將它作為課題。在懸擱之後作為現象學剩餘留存下來的東西，就是在其絕對自身被給予性的純粹性中的現象世界。

　　由於懸擱將世界的存在設定加了括號，因此它同時開啟了

❷ L. Landgrebe, "Phänomenologische Bewußtseinsanalyse und Metaphysics," in *Der Weg der Phänomenologie*, Gütersloher, 1963, S. 84 f.

現象學的本真課題。加括號和開啟因而是現象學懸擱和還原的互屬功能。但人們不能以為，世界信念不再是現象學家的目光朝向所在，因而它也屬於現象學的課題領域，但是在此意義上，即：它被看作是一個單純被建構的現象。當然，它作為現象已不能等同於自然觀點中的世界信念。它通過現象學的懸擱而發生變化，如芬克所解釋的那樣：「現象學的懸擱作為對世界信念之排除，不是一種將已經被認作是信念的信念判為無效，而實際上是對世界信念的真正發現，即發現世界是一個先驗的信條；換言之，懸擱才使世界信念能在其原初的深度中被認識到，它必須在此深度中被加括號，然後才作為『現象』而成為現象學的課題。洞察到這個原則性的聯繫，對理解還原具最為重要的意義❸。」

只有當世界通過現象學的還原而展露為現象世界時，世界現象的意向性才得到證明。現象世界就是世界和超驗主體的超驗相關性，也就是被給予性樣式的雜多性，和與此相對的世界之被給予方式的主觀如何之間的相關性。但這個普遍的相關性還不是現象學的真正課題。因為世界最終並不僅僅由於這個相關性的兩個極所組成。世界原初是一個統一的現象。現象學的真正課題在於，如芬克所述，「世界如何在超驗主體性建構中生成的問題❹。」

由此我們可以得知，現象學還原是通向現象學真正課題之

---

❸ E. Fink，同❸，S. 116。

❹ E. Fink，同❸，S. 139。

通道的可能性條件。同時，它為現象學的具體指明方法，即為建構分析和意向分析開闢了道路。

## 3.1.3.2　意向分析

在通過現象學的還原而獲得了課題對象之後，現在的問題在於具體證明的分析。經過現象學還原的現象，首先表明自身為意向對象及其被給予方式之間，意向活動與意向對象之間的意向相關性。因此，任務在於分析這種普遍的意向相關性。現象學據此而是意向分析 (intentionale Analyse)，並且首先是相關性分析 (Korrelationsanalyse)。

在胡塞爾的《邏輯研究》中，意向分析的意思是把握出意向體驗的本質結構和普遍性。這裡的問題在於描述和分析。胡塞爾對描述的意義做如下的說明：「它用本質概念，和有規律的本質陳述，將那些在本質直觀中直接被把握的本質，和建立在這些本質中的本質聯繫描述性地、純粹地表述出來。」(LUII/1, 2) 直觀地把握意向體驗的本質，並且純粹描述性地描述它，這是作為本質直觀的意向分析之任務。

本質直觀 (Wesenschau) 是指反思地回溯到意識的本質規律和本質結構上去，意識的行為與對象的相關性提供了一個先驗，即一個先驗的認識領域。在胡塞爾看來，先驗是「一個朝向普遍本質，純粹起源於其有效性之本質的認識。」(IdP, 51) 本質分析因而是對意向性之先驗的分析。

除此以外，在現象學還原之後，對相關性先驗的內容規定，

還延伸到純粹意識的意向活動與意向對象的相關性上 (noetisch -noematischen Korrelationsanalyse)。因此，相關性分析一方面是對意向活動之進行多樣性的分析，各種有關的對象正是在這個進行中顯現給意識。另一方面，它是對意向對象內容的分析，對在其被給予方式的如何之中的對象的分析。

但是，對意向活動行為和意向對象的相關性分析，還沒有窮盡現象學分析的任務。《邏輯研究》第五研究是對意向意識的相關性分析，在此之後的第六研究被用來從現象學上澄清認識，這就證明，相關性分析只具有準備性的特徵。因為《邏輯研究》的目的是在於通過在現象學上明證地證明充實現象，使真理，即對絕對認識的論證得到澄清。

與此相應，《觀念 I》的最後一部分也不再是相關性分析，而是一門理性現象學，一種在回顧純粹意識的超驗的同時，對現實之起源的澄清[45]。由此而產生出超驗現象學的主導動機：超驗現象學是建構性意識的現象學。對此，芬克解釋說：「『現象學』是作為通過還原，而作為超驗有效性現象，而被發現的世界之邏各斯 (λόγος)，λόγος 是對世界構成的構造的理論證明；它本質上是『建構性現象學』(konstitutive Phänomenologie)[46]！」

超驗現象學現在所觀看的是建構性的意識，更確切地說，

---

[45] 參看《觀念 I》，第四章：「理性與現實」(Vernunft und Wirklichkeit)。

[46] E. Fink，同[43]。

是意識在普遍相關性的建構功能，這個相關性是主觀建構行為，和由此而被建構的世界之間的相關性。建構首先被理解為，它不同於生產或製造，而是像比梅爾 (Walter Biemel) 所解釋的那樣，建構是一種「修復」(Restitution)，「因為那些在此已經存在的，但是，它們都需要主體一定的活動來修復❼。」

世界是作為一個在先被給予我們的世界，但它是如此地在先被給予我們，以致於它在其意義中和在其視域特徵中，已經被超驗意識建構出來，並且先於所有內在世界經驗而作為一個統一的世界被給予。因而建構研究的任務在於，明察到所有建構性意識行為及其繁多的被給予方式，相關地明察到所有被建構的對象，及其對象性樣式，或者說是被給予性樣式進行闡析。因此，現象學的解釋提供了對超驗主體性世界之「建構的」超驗相關性解釋❽。

在這裡顯示出建構分析的一個關鍵因素，建構對象性的問題帶出在超驗意識的建構活動這種建構統一性之可能性的問題。這裡的問題是在時間意識的建構功能。在其被給予方式的如何之中的每一個對象，都與一個確定的時間建構相符合。直觀的三個基本樣式，即感知、回憶和期待，同樣建立在原印象、

---

❼ W. Biemel, "Die entscheidenden Phasen der Entfaltung von Husserls Philosophie," *Zeitschrift für philosophische Forschung* 13 (1969), S. 200.

❽ 參看 Fink，同❹，S. 140：「現象學之另一階段的開展，在於澄清了超驗主體性和作為建構意義的世界之間的內在本質性的關連。」

保留與前展 (Urimpression, Retention und Protention) 的基礎上，即建立在運作主體性的時間化 (Zeitigung) 建構結構的基礎上 ❹ 。

　　從以上所簡述的相關性分析和建構分析問題中，可以得到一個理解，意向分析概念自身包含著多層次的研究方向。意向分析的任務隨意向性概念的變化而產生變化，而意向性所具有的內容規定，在胡塞爾思想發展的進程中愈來愈豐富。意向性從一開始便意味著關於某物的意識，朝向某物，即顯現與顯現者的相關性。但胡塞爾一生都在探討這個表面上的自明性，以便能夠清楚地理解這個相關性關係的原初意義。芬克對此曾做說明：「胡塞爾對意向性本質的關鍵性基本理解，在於他洞悉到，貌似簡單的『關於某物的意義』是一個簡單化功能的結果，是將許多意識多樣性聚合為一個巨大的『某物的意識』，它掩蓋了在它之中起作用，和可起作用的意義因素。意向分析的任務就在於揭示這些在掩蔽中起作用的，在其結果中隱蔽著的意義充實的意識方式 ❺ 。」

　　由此可以清楚地看到，建構分析是對建構意向性的雜多性功能的分析。世界表明為一個現象，它的存在意義不屬於實在，而是根據現象學還原屬於意識的存在。因此，世界是意義給予

---

❹ 參看 G. Brand, *Welt, Ich und Zeit*, den Haag: Martinus Nijhoff, 1955.

❺ E. Fink, "Das Problem der Phänomenologie," in *Studien zur Phänomenologie*, den Haag: Martinus Nijhoff, 1959, S. 218 f.

的意識之功能所建構的「產物」。這種生產不應被理解為「由某物構成的產品」，因為世界始終是一個在先被給予我們的世界，但它的被給予樣式，在我們前哲學生活的自然態度中始終是被遮蔽的。世界本身是一個被遮蔽的現象。只有當它在現象學的態度中受到反思考察時，它的現象性才作為建構過程而得到證明。直觀地澄清超驗意識的這一特殊建構功能，這是現象學建構研究的意義。

現象學還原首先標誌為通道方法。它表明自身是通向現象學的純粹超驗現象的通道方法。它證明人們能夠獲得這個在其明證性中的超驗領域。但如何探究這個被獲得的領域，這已不再屬於作為通道方法的現象學還原的任務。關於現象學還原的局限，施特雷克 (Ströker) 解釋如下：「因為懸擱儘管對我來說在進入階段中是一種通向先驗領域方式，但它自身自為地是一種出自完成時的立場；它提供一種似乎是超驗的完成產品。但它不給出這產品形成的明案。從研究的系統性來看，這意味著，懸擱作為方法要先於作為構造研究的真正意向分析而結束**❺❶**。」

換言之：現象學研究的具體證明方法是可行的，只要現象學的研究課題對象，事先通過現象學的懸擱和還原而得到展開。現象學還原儘管具有上述局限，仍然是對超驗意識的現象學研究之可能性條件。在這裡，胡塞爾現象學中的現象學懸擱和還原之必然性得到確定，現象學方法和課題對象的關係，體現為

---

❺❶ E. Ströker, "Das Problem der *epoché* in der Philosophie Edmund Husserls," *Analecta Husserliana* 1 (1970), S. 178.

一種不可分割的相互關係。

## 3.2　現象學三個發現的本源意義

在我們闡述了胡塞爾現象學的基本特徵之後，我們回到我們的提問上去。我們的問題是：海德格對現象學的解釋與胡塞爾現象學有什麼樣的關係？

我們已經指出，海德格對現象學的第一個規定，即對意向性在其先驗中的分析描述，是對胡塞爾現象學解釋的積極批判結果。但這個解釋原則，局限於《邏輯研究》的範圍內，現象學的三個發現，即：意向性、範疇直觀和先驗的原初意義作為胡塞爾的基本思想，正是在《邏輯研究》中被把握到的，但撇開它們在現象學之內在原則含義不論，胡塞爾本人並沒有將它們標識為「現象學的發現」。如果海德格將它們解釋為發現，那麼，他在試圖將這一解釋，作為現象學的演繹科學分析來進行。此外，現象學的發現不僅只是因為它與一個現象學的文本（《邏輯研究》）有關才是現象學的。胡塞爾的三個基本思想是通過海德格的解釋，而揭示出來的三重現象學之自我理解。所以，發現並不是指「新發現」，而只是一種揭示，它揭示出現象學本身從何處獲得其始基。

為了能更確切地規定這些發現的本源意義，我們現在根據前面所闡述的胡塞爾現象學基本問題來觀看海德格的解釋。我們試圖說明，海德格如何解釋胡塞爾現象學的三個發現。

## 3.2.1 意向性問題

我們已經闡述過，意向性是胡塞爾現象學的純粹現象。意向性是指意識在其普遍相關性——行為和對象的相關性——中對其對象的朝向。對於胡塞爾來說，它是意識一般的基本規定。

與此相反，海德格在他對意向性的闡述中所遵循的，是完全不同的思路。他從一開始就說明，意向性是行為的存在 (Sein des Verhaltens)。這裡的行為不是指意識行為。我們可以先做這樣一個說明：行為是此在 (Dasien) 的行為。海德格在這講座中首先一般地將它理解為體驗的行為，但他並沒有回溯到意識之上。「應當看到的，只是行為所具有的朝向結構。所有關於心理之物、意識、人格和其他等等的理論，都是應當拒之門外。」(GA20, 46)

意向性在意向和被意指之物的本質互屬性中的基本狀態，現在僅僅表現為現象學基本問題之一個「最初的指示和證明。」(GA20, 61) 意向性作為現象學的基本發現的意義在於，它是「克服非批判設定性的第一起點，這裡的設定是指對受傳統規定的現實的設定，如：心理之物、意識、體驗聯繫、理性。」(GA20, 63) 由此，一條道路得以開闢，在這條道路上，「現象學自己在其可能性中找到了自身。」（同上）通過感知分析而得以證明的意向性，在三重結構關係中得到了自身規定：意向、被意識之物和被意指存在 (intentio, intentum und Intendiertsein)。在感知中相應地便是：感知 (Wahrnehmen)、感知之物

(Wahrgenommenes)，和被感知性 (Wahrgenommenheit)。海德格將被感知存在 (Wahrgenommensein) 或被感知性，作為一個突出的結構因素而加以強調，這種強調就胡塞爾的感知分析而言是十分重要的，因為胡塞爾在對象極 (Gegenstand-Pols) 之內並不區分被意指之物與被意指性 。後者在胡塞爾的術語中從未出現過。

在此我們接觸到關鍵點。因為對被感知之物本身，和在被感知意義上的被感知之物的區別，隱蔽地指出了現象學觀看的內在變化：它不再是對在意識中意向地被給予的被感知之物的看見，而是對在具體性中被給予感知的存在的看見。但胡塞爾不是通過現象學的還原，已經解決了被感知之物存在的問題了嗎？被感知之物的存在，應當根據現象學懸擱的要求而受到排除。如果這是對現實之物之存在問題的解決，那麼海德格的區分的必要性何在呢？或者，這一劃分最終還是證明，海德格沒有運用現象學的還原，因而他的感知分析，仍然停留在自然觀點的「素樸性」中？

海德格的感知分析以自然感知為開端，但他並沒有在胡塞爾的意義上運用現象學還原。但以自然感知為出發點並不因此就意味著，這種分析不是現象學的分析。相反，這種「素樸性」對海德格來說恰恰意味著現象學分析的正確出發點。被感知之物和被感知性的劃分表明，海德格意義上的現象學還原分析中，只是不明確的，暗示性地進行罷了。

為了確切地說明這一點，我們先簡單地再討論胡塞爾的感

知分析，然後才能與此相比較使海德格的現象學的特殊的地方，以便其特徵更明確地表現出來。在此以後，我們才能理解，為什麼意向性只能被標識為一個最初的指示。

### 3.2.1.1　胡塞爾的感知分析

對於胡塞爾來說，感知，首先是感性事物的感知，在意向性問題中有優先的位置。作為直觀的原樣式，感知是現象學的基本現象，因為從這個現象出發，可以證明純粹意識的最重要結構和規律。在感知中，被感知之物本身，在其原初的明證性中顯現出來。它作為意向感知行為的指向，在其直接具體的當下呈現 (Gegenwärtigung) 中被給予。「事物感知並不使一個非當下呈現之物當下化 (Vergegenwärtigung)，好像它是一種回憶或想像一樣；它當下地擁有，它在其具體的當下呈現中把握一個自身。」(IdI, 79)

事物感知的突出特徵，在這裡作為一種本源體驗加以強調，因為這裡表明，所有其他的自身被給予性當下化樣式，如回憶和期待，都是當下化的變式。在回憶中的被回憶之物，和在期待中被期待之物都不是當下呈現的，而是被當下化的，即：不是自身在呈現具體的當下呈現中被給予的，而是在感知中，被感知的對象顯現為一個具體的在此，「一個現時當下呈現的對象，一個在現時的現在中自身被給予的對象❷。」如果我們想

---

❷ E. Husserl, *Ding und Raum Vorlesungen 1907*, *Husserliana* XVI, den Haag: Martinus Nijhoff, 1973, S. 14.

在其意向性中更清楚地看到感知，那麼它是「關於客體的具體當下呈現的『意識』，即是關於此當下呈現的現象❸。」

因此，感知的形式現象學概念是指：感知是關於被感知對象的具體當下呈現的意識。具體性 (Leibhaftigkeit) 是對感知的本質規定。有必要對此概念做進一步的規定，因為海德格與胡塞爾的差異，在這裡明顯地表露出來。

對於胡塞爾來說，事物感知是超越感知 (transzendente Wahrnehmung)。這就是說，感知是對一個對象的意識指向，而這對象不在意識實項內容之中，而是在它之外，作為一個超越的客體。在我們的自然感知中，空間事物作為一個外在於我們存在的東西顯現給我們。但如果我們認為，被感知的事物因此不是直接的，而是通過一個圖像的中介被給予我們，那麼，這就是一個原則性的錯誤。胡塞爾強調說：「我們看到的空間事物，是在其所有超越狀況下被感知的東西，是在其具體性中意識地被給予的東西。被給予的是它自身而不是一個圖像或一個符號。」(IdI, 79) 被感知的事物是借助於意向性的結構而被給予我們的。儘管它不屬於意識的實項組成，它也不處在意識流之外。儘管是作為超越之物，它還是一個實項的超越之物，因為它始終還留存在純粹內在之中，更確切地說，留存在意識的非實項包容性中。被感知的事物，是一個統一的意識流之內的感知行為的意向對象。

被感知的事物區別於意向對象的其他樣式的東西，就是它

---

❸ 同❷，S. 15.

的具體性。被感知的事物在其具體的當下呈現中,即是在其事物整體性中,和在現時以其具體被給予我們的。這裡的意思是雙重的。一方面,在每個感知階段本質上,都作為一個被側顯之物而被感知。但在感知中被感知的東西,是同一個事物。它始終在其具體的同一性中被給予我們。「在一個『全面的』、連續的,然而是對同一事物的統一體驗意識中,本質必然地,包含著一個連續的顯像和側顯的雜多性所構成的複雜系統。在這些雜多性中,所有那些屬於感知對象的具體自身被給予性的性質,都在一定的連續性中展示自身,即側顯自身。」(IdI, 74 f.) 這種統一的被給予性並不意味著,它像一些現代經驗論者所認為的那樣,是由各種被感知的影射,即被稱之為「感覺材料」的東西❺,後補性地構造起來的。這種具體的同一性,是在每個感知階段都一同被感知到的。被感知的事物已經在其現時被給予性 (Jetztgegebenheit) 表明自身是一個事物整體。

另一方面,被感知的對象在其當下呈現中展示自身,即在其現時的現在中展示自身。當下和現時是時間規定,而感知本質上與時間有關。時間在感知中也以某種方式與被感知的對象一同被給予。但它不是對對象的實事性規定。胡塞爾在時間講座〈內在時間意識的現象學講座〉中對此有如下說明:「感知將某物表象為一個現時之物,但感知並不因此而在其性質、強度

---

❺ 關於「感覺材料」的討論尤其是英國經驗主義對此問題的理解,可參看 J. Passmore, *A Hundred Years of Philosophy*, Harmondsworth: Penguin Books, 1966,第 9 章。

和地點的規定性方面獲得任何補充❺。」現時——時間 (Jetzt-Zeit) 本質上不同於事物本身。儘管如此，在感知中，被感知之事物和時間之間存在著一種原則相關性：現時的統一令到被感知事物的統一被給予性得以可能。將顯現和側顯的雜多性，連續綜合為統一的自身被給予性，這種連續綜合的本源就是超驗主體的內在時間意識的建構功能。

我們在這裡無法深入探討胡塞爾時間意識問題領域❻。對我們的思路來說，只須指出這一點便夠了：一方面，統一性意識和時間意識的具體性的本質規定來說是至為根本的；另一方面，統一性意識奠基於時間意識之中。

如果我們根據以上對胡塞爾的感知粗略分析的結果，來回顧意向性的基本模態，那麼我們就會理解，感知為何是最重要的意向體驗。因為意向性的本源意義是通過建構問題和時間問題而得以突出的。意向性不僅是意向與被意指之物，感知行為與感知對象之間的靜態的相關性（如在《邏輯研究》中），而且還表明自身是超驗主體性的本源功能。正是這個超驗主體性「連同其建構，才提供了綿延的內在統一性，以及顯現對象的內在

❺ E. Husserl, *Zur Phänomenologie des inneren Zeitbewußtseins (1893–1917)*, *Husserliana* X, den Haag: Martinus Nijhoff, 1966, S. 14.

❻ 參看 K. Held, *Lebendig Gegenwart*, den Haag: Martinus Nijhoff, 1966， 以及 G. Eigler, *Metaphysische Voraussetzungen in Husserls Zeitanalysen*, Meisenheim am Glan, 1961.

統一性的可能❺❼。」

因此，建構分析並沒有窮盡對意向性的澄清。只是通過對象時間建構的分析，和對時間意識的意向特徵的分析，才有可能完整地說明意向性❺❽。

在我們向海德格感知分析過渡之前，我們先看海德格在由他 1928 年編輯的胡塞爾 《內在時間意識現象學》 (*Zur Phänomenologie des inneren Zeitbewußtseins*) 一書的前言。他在那裡寫道：「撇開個別分析的特殊內容不論，這些就足以使下面的研究，成為對在《邏輯研究》中第一次提出的意向性基本問題闡釋的不可或缺的補充。即使在今天，意向性這個詞語並不是一個解決問題的字語，而是一個中心問題的標題❺❾。」

在「意向性是一個中心問題的標題」這個斷言中，包含著雙重的含義：一方面，海德格作為胡塞爾著作的編者，有可能與胡塞爾在《觀念 I》中的有關表述相銜接。在《觀念 I》中有這樣一段話：「包容整個現象學的問題標題叫做意向性。」(IdI, 303) 意向性必須通過對時間意識的現象學分析而得到闡明，這個實事將意向性的問題特徵，與現象學的更深層聯繫起來，例如，與衍生現象學 (Genetische Phänomenologie) 一般的問題，如被動綜合 (passive Synthesen) 的問題。

另一方面，這裡可能已經表露出海德格自己的觀點。意向

---

❺❼ G. Eigler，同❺❻，S. 87.

❺❽ 參看海德格在《內在時間意識現象學》的序言，刊於❺❺。

❺❾ 同❺❺，S. XXV.

性問題超越出胡塞爾現象學範圍之外。因為胡塞爾主張，意向性，或意識意向性是現象學唯一課題，所以海德格指出它的不足之處。胡塞爾在時間講座中把握到的意向性的時間性儘管是更為深刻的認識，但正是這一認識，胡塞爾看不到意向性在其本已有限性方面的真正問題，因為他始終將意向性的時間性理解為意識的或超驗主體性的問題。儘管胡塞爾做過深入的闡述，但他的時間分析本質上，仍然滯留在傳統的時間觀中，這種時間觀是以「現時——時間」為其出發點的。

### 3.2.1.2　起點現象：自然觀點與素樸性

胡塞爾在意向性問題方面的失誤在於，他未對意向之物的存在做過探討。意向性顯然是一個真正的現象，儘管疏忽了存在問題，它仍然為現象學提供了一個基地，從這裡出發可以形成現象學研究的新視域和可能性。因此，我們在海德格對意向性的解釋（即解釋為現象學的基本發現）中看到一個雙重任務：其一是對意向性的基本模態的把握；其二是意向性結構中，第一次證明存在問題。

意向性的本質特徵在於自身朝向結構，這一特徵是先驗的，即不是後加的基本模態，在這點上，海德格與胡塞爾是一致的。但是，如何從現象學去說明這種自身朝向，這種在意向和被意指之物之間的特殊相關性。在這點上，海德格偏離胡塞爾。如我們所知，胡塞爾一開始便把意向性規定為意識一般的本質結構。這意識的起點是胡塞爾所有意向分析的基礎。意向性對胡

塞爾來說,是指通過現象學還原而得以純化的純粹體驗的領域。這就是說,從方法上將意向性看作是現象,這一做法已經設定了現象學的還原,因為只有通過這種還原,意向性才能在其純粹性,即在其意向活動和意向對象的相關性中顯現出來。

與此相反,海德格以另一種考察為出發點。意向性不只表明自身為兩極之間的關係,而且也表明自身是一種被意指方式、意向和被意指之物的特殊相屬性早已通過感知分析而得到證明。我們已經強調過,海德格將意向體驗首先理解為行為。意向性分析的出發點對海德格來說,不以意識的起點為開端,而是以自然的、前哲學的生命活動為開端。感知作為一個確定的意向性行為方式,不應在其認識論的含義中受到考察。自然感知首先是一種「具體實踐與實事的交往。」(GA20, 37 f.)

在現象學感知分析中,以自然的生命活動為起點現象來依據。這表明了海德格與胡塞爾的一個基本差異。這裡的問題在於,我們如何才能獲得實事本身。換言之,能夠使感知結構成為明證性的起點現象是什麼?

感知對胡塞爾來說是一個簡單的認識行為,它朝向一個對象。受理性批判觀點的引導,胡塞爾確定只有當感知不是在自然觀點中,而是在那種通過現象學還原,而成為可能的現象學觀點中受到考察時,它才可能被看作是超驗現象學的真正現象。因為在自然觀點中表現出來的東西,是那些對對象的總體,現實之存在在設定的自明性,和無疑性所具有的素樸性。這些對象在我們的自然觀點中,非反思地被看作是已有的事物。我們

的前哲學生命的素樸性是無意識地 「迷醉於事物之中」 (Benommenheit von den Dingen)⑩ 。 如果我們想回問世界的起源，以及所有事物對象的客觀性起源，那麼我們就必須克服這種素樸性。而只有通過對事物的總體現實的排除，以及通過對主體純粹意識的徹底反思，這種克服才能完成。

初看起來，海德格在他以椅子感知為例的感知分析中，所做的確定是令人驚異的：「相對於這種科學描述，我們需要素樸性和純粹的素樸性，我們首先和本真地看到的是一張講座椅。」 (GA20, 51) 現象學分析以「素樸性」為開端！「我在我的『自然』感知中，在這個我活生生地在教室中感知看到了什麼，我們對此椅子做何種陳述？」(GA20, 49)

海德格在這裡沒有詳細說明，「素樸性」對現象學意味著什麼⑪。但撇開這個概念的含糊性不論，在它之中包含著對海德格世界分析的起點現象的指示，它在現象學上要比胡塞爾現象學觀點中的起點現象更為本源：因為在對事物的認識考察，或超驗現象學考察之前，此在 (Dasein) 與內在世界存在者的原初通道，即與存在者的操作交往 (besorgender Umgang)，已經開啟了。

在自然感知中，我們首先將一個事物感知作為一個周圍世界事物 (Umweltding)。但這意味著，我們首先在我們自然的、

⑩ E. Fink, "Philosophie als Überwindung der Naivität," in *Nähe und Distanz*, Freiburg/München: Alber, 1976, S. 107.

⑪ 參看 E. Fink，同⑩。

前科學的生活中並非以一種對象方式來把握存在者，它是我的周圍世界其中一個事物。被感知的椅子首先不是在認識論上，例如在其顏色性質中被考察，因為我們在我們日常的交往中，將這張椅子看作是一個我們可以坐在上面的東西。這椅子不是作為一個單純現存的事物，在我們與它的直接交往中被給予。當然，同一張桌子可以作為自然事物，或在其單純的事物性中被考察。但在此被感知的結構（例如硬度）是可以抽象地分析的對象。因為它們不奠基於先被體驗到的周圍世界特徵（例如舒適性）之中。「硬度，物質抵抗力自身是不舒適性的特徵，而不是通過這種特徵而被引伸或推斷出來的。被感知之物在它本身上給出自身，而不是根據一些被運用於這事物的觀點所得出。這便是確定的周圍世界事物，儘管它於許多人來說始終是隱蔽著的。」(GA20, 50)

被感知的椅子在我們日常的交往中是作為這種可用的事物，它在其周圍世界特徵的徹底可見性中是被遮蔽的。但這種被遮蔽性並不意味著，被感知的椅子因此就是一個有缺陷的感知現象。毋寧說這種遮蔽性是我們自然感知的一個本質特質，通過這一特徵，被感知之物自身顯示出自身。

從這一實事狀態出發，我們進一步理解了素樸性在海德格那裡的意義。自然感知的素樸性不在於，它是非科學的；而是在於，它前科學地，即非課題地在我們的自然日常生活進行中與事物交往。素樸性將自然感知標識為一種「我首先和本真地」(GA20, 51) 看到的東西。

因此，素樸性與胡塞爾的自然態度的區別在於，它不是一種在特定信念設定意義的觀點。在這種「素樸性」對事物的行為中，對此事物的存在設定不成為問題，更不需要自然觀點的普遍設定。素樸性可以理解為一種行為方式，在我的日常性中首先並主要與內在世界的交往。我們可以說，素樸性是海德格現象學分析的起點現象。

### 3.2.1.3 意向性與被感知性

感知的意向結構對胡塞爾和海德格來說，首先表明為感知與被感知之物的不可分割的相關性。除此以外，海德格還指出了意向性的第三個因素：被感知性。「在嚴格的現象學意義上的被感知之物不是被感知的存在者自身，而是被感知的存在者，即它是在具體感知中所展示的那樣被感知。」(GA20, 52) 被感知性因而意味著被感知之物本身，即「這個在其被感知存在的方式，方法中的存在者。」(GA20, 53) 在自然感知中被感知的事物，首先表明自身是一個周圍世界的事物是什麼。但被感知之物本身的本質特徵，並不在於它的事物性實事含有性，而是它的被感知存在的方式方法。被感知之物的被感知存在，不屬於各種被感知存在者的什麼內涵 (Wasgehalt)。但每個被感知的存在者，只有當它被感知存在中顯示自身，才是一個被感知之物。被感知之物本身的這個本質特徵被海德格規定為具體性特徵，即：「體現為被感知之物的存在者有著具體在此 (Leibhaft-da) 的特徵。」（同上）

這樣我們便遇到一個關鍵問題。在胡塞爾思想中，具體性也是對感知的本質規定。那麼，胡塞爾與海德格在這方面的區別是什麼呢？具體性作為感知的本質是等於被感知性嗎？

「具體性是一個存在者自身被給予性的突出樣式。」(GA20, 54) 存在者在感知中體現為一個當下呈現的具體在此，一個當下擁有，它作為原本直觀的原樣式是所有當下化樣式的基礎。因此，對具體性的這一理解，仍然在胡塞爾的思路中佔一重要地位。海德格並不懷疑，具體性是感知的本質規定。爭論的焦點在於，如何在意向性中澄清這個具體性。問題在於，它是否屬於純粹意識，屬於意向和被意指之物的相關性。

我們已經表明，胡塞爾具體性是內在時間意識的建構功能。與此相反，在海德格那裡，具體性作為被感知性的本質特徵不具有意識含義。「如果我們從純樸感知出發，那麼在被感知之物的被感知性中的真正因素就是：在感知中被感知的存在者具體在此。」(GA20, 57) 海德格在這裡所強調的是在感知本身中的兩個共屬的因素：「並不僅僅是它（存在者）本身被給予，而且它本身是在其具體性中。」(GA20, 53 f.) 但這種共屬性是一種特別的共屬性。它並不是指在感知中包含著兩個因素：存在者本身和在其具體性中的存在者，它們以某種方式後補地結合為一體。毋寧說，存在者本身和它的具體性在純樸感知中，體現為一個不可分割的統一。椅子的被感知存在和被感知的椅子共同地被感知，但被感知存在，即這個椅子的具體在此並不屬於椅子本身。我們在椅子本身中，或在它的實事規定中，找不到

這個被感知存在。它不屬於被感知之物的結構,因為它不具有事物性特性。但它也不屬於感知,因為它不是行為。儘管如此,它構成作為感知的感知。如何理解這一點?

在感知分析或意向性分析中,首先表露出存在問題的第一指示:在自然感知中,存在者不僅在其自身中顯示其自身,而且也在其存在中顯示其自身。與此相符,感知行為不僅朝向被感知的存在者,而且也朝向被感知之物的被感知存在。由此而產生這個問題:如何理解這個在感知和被感知之物,意向與被意指之物間的相關性之中的存在?這是一個能夠提出的問題嗎?

「因為可以直接地說:被意指之物對意向的所屬是什麼意思,這是含糊不明的。一個存在者的被意指存在與這個存在者的關係如何,這始終是可疑的;究竟是否可以這樣提問,這也是個問題❷。」(GA20, 63)

這些問題在傳統中始終未被探討。關於表象行為與被表象的對象之間關係的傳統的認識論問題,在意向性學說中找到了其合適的答案,這種學說最終地反駁了所有反映論。意向性表明自身是行為對象,意向與被意指之物的先驗相關性。但胡塞爾的對這種特殊相關性的發現,始終停留在傳統提問的範圍之內。因為意向性在他那裡本質上是意識的意向性。由於這樣來理解意向性,胡塞爾便忽視了在意向性中表明出來的被意指存在,因為在它那裡,被意指存在的問題,應當在自身被給予性

---

❷ 關於被感知性問題的詳盡討論,參看海德格 1927 年的講座〈現象學的基本課題〉第 9 節 C。(GA24, 94 ff.)

的範疇直觀或意向分析中已經得到解決。意向性構成純粹意識的存在，並且，作為這樣存在，它對於胡塞爾來說，是現象學最終的或最初的實事。

與此相對，海德格說：「意向性不是對心理之物的最終解釋，而是克服心理之物、意識、體驗關係，理性這樣一些受傳統規定的現實之批判的設定。」(GA20, 63) 由此我們理解了海德格賦予意向性，即作為現象學第一發現的意向性的意義。他繼續說：「但如果這個任務在於這個現象學的基本概念之中，那麼這個標題便最不應當成為現象學的口號，毋寧說現象學的可能性正在於對意向性的開啟。」(同上)

## 3.2.2 範疇直觀與存在問題

海德格對範疇直觀稱之為現象學的第二發現，它在純樸感知中直觀把握觀念對象或範疇對象。它本身奠基於感知直觀之中（參看前面第 2.2.2 節）。如果我們現在從意識性問題出發，那麼，我們在對範疇直觀的解釋中便看到，現象學在展開其可能性的過程中又邁出一步。這是指在意向性中，被揭示出來的被意指存在問題或被感知存在問題，是可以通過對範疇直觀的探討而得到進一步的闡明。

被感知之物的被感知存在是在感性感知中被給予我們的。這是說，被感知的存在者的存在，是在其具體性的現實意義上，連同被感知的存在者本身，在純樸直觀中直接被把握到。對被感知的存在者的存在之把握，因而處在範疇直觀問題的中心。

對海德格來說，在對感性直觀與範疇直觀的區別的把握中，存在問題已經顯示出來。因為存在在這裡被理解為一個被給予者。在 1973 年采林根討論課 (Zähringen-Seminar) 的記錄稿中，我們可以得到關於這個問題的重要指示。「為了能夠展開關於存在一般的意義問題，存在首先必須被給予，然後才能探討它的意義。胡塞爾的功績在於澄清了存在的當下化，即存在呈現於範疇現象之中。」海德格繼續說，「由於這一功績，我終於有了一個基地：『存在』不是單純的概念，不是一個通過推導而得出的純粹抽象。但胡塞爾沒有超越的一點：在他獲得了類似被給予之物的存在之後，他不再繼續探問了。他未展開『存在是什麼意義』這個問題。對於胡塞爾來說，這裡沒有需要提問的問題，因為對它來說，『存在』 即是對象存在，這是不言自明❻❸。」

儘管海德格在 1925 年夏季學期的講座，沒有這樣明確地表述這個問題，但肯定是在此方向上思考。為了更進一步對此進行描述， 我們首先回看已經提過的胡塞爾對存在問題的 「探問」，然後再回到這個講座對範疇直觀的闡述上，這樣我們便能夠更明確地把握它的意義，即作為現象學第二發現的意義。

### 3.2.2.1　胡塞爾的存在問題

胡塞爾的「存在」問題是作為通過超驗主體性，而在意義給予中的世界問題而提出的。芬克這樣解釋：「關於世界存在的

---

❻❸ M. Heidegger, *Vier Seminare*, Frankfurt: Klostermann, 1977, S. 116.

問題在現象學中轉變為關於超驗主體性的本質問題，對於超驗主體性來說最終有效的是『世界』，在這個世界生活中，即在其被建構為一個普遍統覺統一的生活中，世界信念連同它的存在意義，是一個不斷衍生發展的過程❻。」

根據胡塞爾的超驗觀點，世界只能被看作為一個意識相關的單純現象的存在。關於世界存在的問題就是關於世界之現實的存在，也就是關於世界是如何被給予我們的問題，世界的現實性就是世界的被給予性。與此相反，賦予世界以意義意識的存在則是一個絕對的存在，意識之所以絕對，是因為它相對於世界的單純現象存在，是一個絕對無疑的被給予性。意識和世界是相關的──作為建構和被建構者。

意識存在的問題和世界存在的問題將在下一章中詳細論述。這裡粗略的描述只是我們的出發點，它將引出下面的思考。我們再次確定：胡塞爾的存在問題是關於存在者的被給予性問題。關於存在一般的問題始終處在胡塞爾的問題視域之外。誠然，在《邏輯研究》中，胡塞爾沒有探問意識的絕對存在，而是探問在事物感知中被給予的事物存在。這個涉及作為範疇的狹義存在。事物的存在本身不是事物性的東西，它不是在感性感知中，而是在範疇直觀中被把握到的。

胡塞爾在《邏輯研究》第六研究的第二篇以「感性與知性」

❻ E. Fink, "Die phänomenologische philosophie Edmund Husserls in der gegenwärtige Kritik," in *Studien zur Phänomenologie*, den Haag: Martinus Nijhoff, 1966, S. 120.

(Sinnlichkeit und Verstand) 為標題，而第六章則為「感性直觀與範疇直觀。」初看起來，這個問題明顯帶有康德的痕跡。胡塞爾在存在問題方面以康德的立場為出發點，因為他和康德一樣確信，存在不是實在的謂詞。(LUII/2, 137) 他此外還和康德一樣認為，存在不是在對象之中的東西，因為它根本不具有實在的特徵，不具有性質和強度。也就是說，存在是一個實事內容方面的「無」。作為這種無，存在「始終是不可感知的東西。」(LUII/2, 138) 存在在這裡是狹義上的被理解為現實存在 (Wirklichsein)，被理解為傳統和康德意義上的「在此」(Dasein)，但不是海德格術語中的「此在」。

康德將現實存在規定為絕對定位 (absolute Position)，而胡塞爾則偏離這個康德觀點，他試圖指出，在範疇直觀中，現實存在是一個被給予之物。這樣，直觀領域便被擴大和徹底化了：直觀不僅與感性對象有關，而且與範疇對象有關（參看前面第2.2.2 節）。

但胡塞爾的意圖不在於對現實存在進行本體論的考察。這裡的問題是在於認識論的充實問題：系詞「是」在感知情況中是如何找到其充實的？這就是說：如果一個感知陳述的任何一個感性表述，都是在感性感知直觀中具有其相應的充實，那麼完整的陳述，例如「這紙是白色的」這個陳述的充實是如何成立的呢？

這個問題首先沒有被理解為一個判斷陳述，從現象學上看，它體現為一個統一的實事情況，它直接地被給予我們，就像感

性對象在感性直觀中被直觀一樣。這個實事情況通過範疇直觀——它作為一個奠基於感性直觀之上而起作用——而從個別的表述中提升為一個新的總體被給予性。「我看見白紙並且說白紙，這樣，仔細地衡量一下，我表述的僅僅是我所看見的。就整個判斷而言也是如此。我看到，這張紙是白的，並且我所表述的正是這個，我陳述：這張紙是白的。」(LUII/2, 130)

嚴格地看，「白紙」和「這張紙是白的」，是兩個不同的現象：前者是一個實事，一個事物；後者是一個實事情況，在傳統語言中是一個判斷或一個判斷陳述。在胡塞爾看來，這兩個現象學是同樣直接地被看到，「看見」在這裡不是指自然地看見，而是在廣義上的直觀，即在其自身被給予性中對一個存在者或一個實事情況的直接把握。對「這張紙是白色的」的看見自身是一個被奠基的直觀：它無法不借助於相應的奠基性感性直觀而自身成立。

系詞「是」在實事情況感知中是如何被給予的？「白色——是」和「紙——是」，換言之，白紙的現實存在是如何在事物感知中被給予的？胡塞爾回答說：「只有當某個存在，無論是現實的，還是想像的存在，被置於眼前時，存在的概念才能產生出來。如果存在作為謂語判斷的存在對我們有效，那麼，必須有某個實事情況被給予我們，這當然通過一個給予著它的行為——一個與通常感性直觀類似的行為。」(LUII/2, 141)

在範疇直觀中，存在的被給予，類似於感性對象在感性直觀中的被給予。由此產生出一個問題，應當如何理解存在或現

實存在。在胡塞爾那裡，存在顯然沒有被理解為存在一般。這樣便有一個考慮產生：如果存在是在範疇直觀中被給予的，那麼它就已經像那些能夠在事物感知中被給予的東西一樣，被理解為事物，並最終被理解為「對象存在」❻。當然，存在不是實在事物的存在者，而是一個觀念的存在者。以此方式，不僅存在，而且所有範疇都被理解為非感性的、觀念的，因而先驗的存在。

我們在這一節的開始就已經暗示，胡塞爾用存在者的被給予性的問題來追問存在問題。超驗現象學只觀看這個被給予性的如何，即：這個被給予性的如何通過超驗主體性而建構自身。如果現實存在，類似一個感知對象而被給予，那麼，提出關於這個現實存在的建構問題便是合法的。

這個問題在超驗現象學中，實際上是一個不被允許的問題。現實存在僅僅被把握為一個被給予之物。除此之外，這個被給予存在的意義未受到探問。

這樣，胡塞爾的存在命題便很清楚：存在是在直觀中（廣義的直觀）被給予。在《觀念 I》中，胡塞爾又一次說明：「我們可以普遍地如此看見，被理解為對一個自我而言的超驗存在，無論何種類型，都只能以一種類似於事物被給予的方式被給予，也就是通過顯現而被給予。」(IdI, 81)

存在的「被給予性」問題，成為海德格存在問題的核心問題。我們將會看到，對象的存在，更確切地說，被感知的存在

❻ 參看 Heidegger，同 ❻，S. 114 f.

者的被感知存在，既不是被給予的，也不是被建構的。它毋寧說是在任何被給予性和建構之前，就已經被發現了。

## 3.2.2.2　範疇直觀的意義

海德格不止一次地指出，他在胡塞爾的《邏輯研究》第六研究中獲得了對他思想的關鍵性的啟示。「這裡所把握到的感性直觀和範疇直觀之間的區別，對我展示出『存在者雜多意義』的現象。」(SD, 86) 在這第六章中海德格發現了「胡塞爾思想的焦點」❻❻所在。從這裡出發，需要展開的存在問題獲得了經受現象學加工的可能性，存在和在範疇直觀中的範疇獲得了現象學的證明。

在 1925 年冬季學期的講座中，海德格為範疇直觀問題而對《邏輯研究》的第六研究做了極為深入的解釋。對海德格來說，胡塞爾的關鍵在於，他認識到，對象存在，傳統意義上的實體範疇，已經隨感性被給予性一起被給予了。由此看來，所有範疇形式也就是被給予的。它們「不是行為的創造物，而是在這些行為中自身可被看見的對象。」(GA20, 96) 這就是說，所有範疇都是如此直接地被給予，它們無須根據判斷而被推導出來。它們不是像康德的那種純粹知性的概念。

海德格清楚地描述了範疇直觀之發現的意義：「這種被指明的直觀方式，以及在這種直觀中的體現之物的可能性，提供了把握這種觀念之結構的根基，也就是提供了獲取範疇的基礎。

---

❻❻ 同❻❺，S. 111.

換言之：隨著對範疇直觀的發現，人們第一次獲得了指明性和真正的範疇研究的具體途徑。」(GA20, 97 f.)

我們可以看出，海德格如何通過產生於範疇直觀中的範疇研究，而指明一條展開存在問題的關鍵道路。範疇直觀表明為一種可能性，即範疇存在者本身的範疇結構，如何直接被把握的可能性。因此，範疇直觀與現象學的座右銘「回到實事本身」相符合。它在方法上證明，實事本身如何在其原本的被給予性中直接地被把握。

除此之外，海德格還指出了胡塞爾這一發現的進一步結果，客觀性的觀念通過對範疇結構的指明，而得到了根本的深化和徹底化，「以至於這種客體性本身的內涵，現在可以在對其相應的直觀進行深入研究中而得到指明。」(GA20, 98) 從這種徹底化中產生出一個重要的結論：「在由此而得以突破的現象學研究中，找到了舊本體論所尋找的研究方式。這並不存在一個與現象學相並列的存在論，而是：科學的存在論無非就是現象學。」（同上）

在這個講座中，這裡是第一次著重地指出了存在論與現象學的共屬性。隨著存在論被看作是關於存在者的科學，現象學在存在問題方面的關鍵意義得到了突出。但在這裡，這種特別的共屬性的完整意義還不十分明顯，因為存在論和現象學的規定還要得到精確的確定❻❼。

---

❻❼ 慕尼黑現象學派同樣看到存在論與現象學之關係，但明顯地理解存在論為傳統的本體論，H. Conrad-Martius 稱其現象學為「本體

存在者的存在是一個被給予之物。這便是發現範疇直觀的意義。但海德格並沒有將他所說明的這一胡塞爾的發現，引回到超驗的考察方式之中：存在者存在的被給予性，不是超驗主體性的建構功能。存在不是現象學還原的現象學剩餘，它不需要超驗的懸擱，便可以顯示自身。存在毋寧說是以一種特別的方式在直觀中「給予」自身。指明性地揭示存在的這一「給予」，這是一門同時將自己理解為現象學的存在論的任務。這裡是現象學的始基。

## 3.2.3　先驗的隱蔽意義

正如我們在先驗的本源意義的闡述（參看前面第 2.2.3 節）中，我們已經知道，海德格對現象學的第三發現的說明，並沒有直接涉及胡塞爾的文本。他解釋說，先驗的含義在胡塞爾的現象學中沒有得到澄清，因為先驗概念儘管在胡塞爾那裡得到突破性的理解，但仍然束縛於傳統哲學上。因此，在其中隱含的時間問題並沒有被看到。雖然如此，海德格仍然認為：「對先驗意義的把握是第三發現，我們將它歸功於現象學的起源。」(GA20, 99) 先驗的含義何在？

對於胡塞爾來說，他在《邏輯研究》中詳細探討的意向性與範疇直觀，構成了現象學的基本問題，而先驗則未受到特別

現象學」(ontologische Phänomenologie)，參看 "Die tranzendentale und die ontologische Phänomenologie," in *Edmund Husserl 1859–1959*, den Haag: Martinus Nijhoff, 1959.

的探究。但這並不意味著，它因此就是一個對於現象學來說的隨意性問題。它可以說是一個基本概念，胡塞爾的先驗現象學承載著它的意義。因為，對於先驗意義的徹底化在某些方面已超越了傳統，只是先驗不再像笛卡爾和康德那裡一樣在一個主觀的先驗意義上與主體性有關，這種對先驗意義的徹底化，是對意向性和範疇直觀之理解的結果。

在我們探研先驗的隱蔽含義之前，我們先考察胡塞爾的先驗方面的基本立場。

### 3.2.3.1　先驗的直觀性和觀念性

我們可以概括地描述胡塞爾對先驗的基本理解：「先驗不是一個單純主觀的東西，先驗的聯結形式與感覺材料並不是相互對立。從『外部』被給予認識之物不是材料，而是從本質上已經揭示出來的存在者❻❽。」先驗可以在對象的被給予性上被看見，這樣，對先驗認識的現象學研究便因此成為本質分析和本質研究，因為先驗無非是指一般，本質或是「形相」(eidos)。

在這方面，胡塞爾在 1907 年哥廷根講座中，區分了先驗的兩個含義。第一個含義是指先驗認識，「本質分析 (Wesensanalyse) 當然是普遍性分析，本質認識是針對本質 (Essenz)，針對一般對象的認識。至少，假如我們排除了關於被經驗歪曲了的先驗概念，那麼，先驗認識的含義，無非是指一

❻❽ L. Eley, *Die Krisis des Apriori*, den Haag: Martinus Nijhoff, 1962, S. 9.

種純粹針對普遍實質的，純粹從本質上汲取其有效性的認識，此外它還能有什麼別的含義呢？」(IdP, 51) 第二個含義關係到那些「作為範疇，而在一定意義上具有原則性含義的概念，並且進一步關係到建立在這些概念中的本質規律。」（同上）

對於胡塞爾來說，先驗的第一含義更為重要：「如果我們在這裡堅持關於先驗的第一種概念，那麼現象學就在原初的、絕對被給予性的領域內與先驗有關；與在普遍直觀中把握的種類，以及與那些以直接直觀建構自身的先驗實事狀態有關。」(IdP, 52)

從這些文字可以看出，對先驗的思考，是如何與範疇直觀緊密地聯繫在一起的。這裡所談的種類和實事情況，只有在範疇直觀的建構功能，即在觀念直觀和綜合的基礎上，才能成為自身被給予性：只有在直觀中，即在對一個存在者的直接把握中，先驗才能在其自身被給予性中，直接地被獲取。

由此而產生出先驗在胡塞爾那裡的原初意義，即先驗的直觀性，這是一個本質規律，它是在本質分析意義上的現象學先驗研究的基礎。

但先驗是什麼？在先驗的第二含義中，它表現為一個種屬概念，它與所有像本質、形相一般等等這些概念有關。先驗首先被理解為是一個與形相相關的含義。在《形式的與先驗的邏輯學》一書中，胡塞爾寫道：「因而它也賦予形相概念以最廣泛的含義。這個概念同時定義了在先驗的諸多意義之中，唯一一個為我們哲學上承認的概念。因而在我著述中談到先驗的地方，

我所指的都是形相這個概念⑥。」

　　先驗被歸屬於形相。這裡表明，先驗的含義回溯到對形相的傳統理解上，然而，這只是在有限的意義上，回溯到柏拉圖的傳統理念，因為形相作為理念對胡塞爾來說，是指存在者的存在本質和本質形式，它們並不產生於對理念的形而上學假設中。只有這樣，先驗才具有它的觀念性，它最終要回溯到超驗主體性的超驗性上⑦。

　　胡塞爾的現象學作為先驗哲學，從一開始就面對觀念性問題。觀念性的基本問題已經在《導引》中得到討論，在反駁心理主義的論證中，邏輯之物的規律得到了澄清，同時帶出這些規律的觀念存在之概念，進而對真理概念的反省，得到這個結論：真理的觀念存在是與心理活動的實在存在有本質上的區別（參看前面第 5 節）。據此，胡塞爾的現象學告別了所有心理主義、相對主義和人類主義的立場，因為現象學的研究領域不是由心理過程，而是由其中包含的觀念對象和觀念真理所構成。胡塞爾現象學的對象是一個純粹的現象，即一個觀念的先驗的現象。

　　本質、觀念存在、真理和觀念對象的共屬性，建立在對作為形相的先驗或觀念性的前規定基礎之上，因為正如他自己在《導引》中，以及後來在「設想」中更清楚的承認，他對先驗

---

⑥ E. Husserl, *Formale und transzendentale Logik, Husserliana* XVII, den Haag: Martinus Nijhoff, 1874, S. 225 注。

⑦ 參看 L. Eley，同⑱。

作為形相的規定回溯到萊布尼茨、博爾查諾 (Bolzano) 和洛采 (Lotze) 的思想裡❼。但胡塞爾的觀念概念，並不能等同於作為獨立於意識的形而上學假設之觀念存在。胡塞爾對先驗理解的關鍵貢獻在於對觀念性的現象學提問，以至在胡塞爾的超驗轉折之後，觀念性可以在超驗主體性的建構功能中得到澄清。由此他便與對超驗的傳統區別開來。儘管博爾查諾洞察到先驗是「自在」(An-sich)，或者，如洛采了解到先驗的「有效性」(Geltung)，這些哲學家仍然沒有像胡塞爾那樣，看到觀念性的建構問題的可能性❼。

## 3.2.3.2　先驗與時間問題

「先驗自身是可以直接被把握到的。」(GA20, 102) 海德格用這句話來標識先驗在胡塞爾那裡作為現象學第三發現的原初意義。與此相符，現象學的先驗研究被理解為：對自身展現自身的先驗之結構的揭示性把握。

由此，我們現在進一步理解海德格在《存在與時間》的注腳中所提到的「先驗論」(Apriorismus)：「但先驗之物的開啟不是『先驗的』建構。通過胡塞爾，我們不僅理解了所有真正哲學『經驗』的意義，而且也學會了使用這裡所必需的工具。『先驗論』是任何一門自身理解自身的科學之哲學方法。因此先驗

---

❼ 參看 A. Maxsein, *Die Entwicklung des Begriffs "Apriori" von Bolzano über Lotze zu Husserl*, Gießener Dissertation, 1933.

❼ 參看❼，S. 74.

論與建構毫不相干，所以先驗研究要求我們充分地準備好現象基地。」（SZ，50 注）

由此可以明晰地看出，對海德格來說，胡塞爾先驗概念，在方法的通道方式的關鍵含義，在於先驗的直觀性。這裡必須強調，海德格的重點在於先驗的直觀性和可直觀性，但不在於它的觀念性。因為海德格從一開始，就在這方面與所謂哥廷根慕尼黑現象學學派區別開來。荷維希·康德—馬梯烏斯 (Hewig Conrad-Martius) 的實在本體論 (Realontologie) 是以先驗的直觀被給予性為出發點，但即以實在性的形而上學為前設，即，將先驗理解為物性 (Washeit)，理解為在「本體」(ὑπόκειμνων) 意義上的載體[73]。這門本體論的基本命題，以及除此之外所有本質直觀的變化，實際上都建立在胡塞爾對先驗觀念性的理解之基礎上。在這裡，這個命題忽略了先驗本身的時間性問題，這個問題在先驗之開啟中是隱而不露的。在此誤識中包含著下列在先驗本質方面的自明觀點：「先驗——這是從一開始便有、從過去以來便有的東西。」(GA20, 99) 先驗是更早先的東西。

先驗作為更早先之物的時間性，是在近代認識論之研究中，並沒有受到探討。那裡所涉及的是先驗認識和經驗認識之間，獨立於經驗的認識與經驗歸納認識之間的差異。先驗作為更早先之物在這裡，意味著在認識順序中的一個特徵。

如果先驗既非主觀之物，也非形而上學客觀之物，並且通過現象學的直觀概念而得到指明，那麼它同時就告別認識論的

---

[73] 參看 H. Conrad-Martius, *Realontologie*, Halle, 1924，第 13 節。

提問。「先驗毋寧說是在存在者之存在，和在存在者之存在結構的建構序列特徵。先驗在形式中並不預先判定任何東西，無論這個更早先之物是否涉及一個認識，還是一個被認識狀態，還是其他某種行為，也無論它是否涉及存在者，還是存在，更無論它是否指在對希臘存在概念的流傳的傳統理解中的存在；這從先驗的意義中是無法獲取的。」(GA20, 102)

這裡所說的「在存在者存在中之建構序列」僅僅暗示了對先驗問題而言的思維方向。它在這裡始終只是第一個指示，因為海德格在這次講座裡，尚未達到合適的基地，以便能夠從存在的時間性方面來表述先驗問題。但在對建構序列這個概念的暗示中，已經可以清楚地看到，這與某種「序列」，即在「時間」中的一個序列有關，但它不是指內在時間性或超時間性。作為更早先之物的先驗問題，因而是一個在存在者存在中的時間性建構序列的問題❼。

我們總結一下：根據海德格，胡塞爾最重要的貢獻在於：不再在認識的秩序序列中解釋先驗。先驗毋寧說是直接被給予之物的對象性上展示自身。「這已經暗示，現象學所理解的先驗

---

❼ 海德格在這個講座裡沒有完全處理先驗的問題。因為先驗問題是連結著時間性 (Zeitlichkeit) 與時態 (Temporalität) 的問題。海德格在 1927 年的夏季講座〈現象學的基本課題〉(Die Grundprobleme der Phänomenologie) (GA24) 說：「要理解為什麼先驗性是存在之存在論規定之特徵，就要先從存在領悟之時態中得到澄清。」(GA24, 462) 同時參看本書附錄：〈海德格的現象學概念〉。

不是行為的標題，而是存在的標題。先驗不僅是內在之物，不是隸屬於主體領域的東西，它也不是超越之物，不是特別附屬於實在上的東西。」(GA20, 101)

## 3.3　現象學概念的闡述

海德格從胡塞爾超驗現象學的基地出發，所邁出的下一步並不是通過對三個發現的探討而得出的對現象之規定的深化，而是通過在 1925 年夏季講座的第 9 節中對「現象學」本身的名稱所做的方法思考。

這一節使人聯想起《存在與時間》中的第 7 節。這兩節所涉及的都是對「現象學」名稱的兩個組成部分的澄清，對現象 (φαινόμενον) 和學 (λόγος) 這兩個希臘字的原初意義的闡釋。海德格對現象學概念的形式意義，就是從「現象」和「學」的本源規定得到的。儘管在表達和內容方面有許多相似之處，但兩節的基本取向有根本差異❼❺。《存在與時間》第 7 節對現象學方

❼❺ 海德格對現象學的字源考據在剛出版 (1994) 的全集第 17 卷《現象學研究導論》(*Einführung in die phänomenologische Forschung*) 有更詳盡的探討。這是海德格在 1923/24 冬季馬堡大學第一次講座。在此與《存在與時間》和 1925 年講座不同，現象學的字源意義回溯到亞里士多德的哲學去。參看 Heidegger, *Einführung in die phänomenologische Forschung*, GA17, Frankfurt: Klostermann, 1994，第 1，2 節。

法概念的思考，是根據前數節對存在問題和此在概念的初步闡釋而展開的。與此相反，在這個講座中的第 9 節，則產生於對胡塞爾現象學的批判闡釋中，然而存在問題未受到特別的探討。在這裡，海德格的現象學概念的分析，是循著對胡塞爾現象學之批判而開出的。

我們想在這一章中闡述現象學的方法思考。然後，我們還會回到這一節和《存在與時間》的第 7 節之間的差異上。

## 3.3.1　「現象」──「學」的原初意義

現象學在形式上的意義是：關於現象的科學。胡塞爾以這個形式規定作為出發點，來澄清現象學概念❼。我們已經知道（參看前面第 3.2.1–3.3.1 節），胡塞爾的現象學概念與 *φαινόμενον* 的希臘概念有關，但這個概念的原初意義並沒有得到澄清。胡塞爾將 *φαινόμενον* 理解為「現相」(Erscheinung)，它規定了他的形式現象概念的意義❼。「在其顯現中的現相者」這個公式闡釋了現相，它是意識的意向相關性現象的標識。

胡塞爾將現象規定為現相，然而海德格則從其希臘來源上澄清現象──學的原初意義。

---

❼　參看胡塞爾：IdI, S. 1，「純粹現象學就是『現象』的科學。」

❼　參看 K. Held, "Husserls Rückgang auf die Phainomenon und die geschichtliche Stellung der Phänomenologie," *Phänomenologische Forschung* 10 (1981).

### 3.3.1.1　現象概念和現相

　　這種向 $\varphi\alpha\iota\nu\acute{o}\mu\epsilon\nu o\nu$ 的希臘詞義的回溯，看上去只具有詞典的功能，但必須注意，海德格的這一回溯之目的，並不在於指明胡塞爾的形式現象概念，用希臘含義來取代它。從這個受希臘含義規定的形式現象概念中，海德格對「假象」(Schein) 和「現相」(Erscheinung) 這兩個概念做出雙重劃分。這個現相概念已經不再是胡塞爾顯現概念意義的現相。因為海德格的問題在於，更原初地反思胡塞爾的現象概念。

　　海德格定義希臘文現象 $\varphi\alpha\iota\nu\acute{o}\mu\epsilon\nu o\nu$ 為：「在它自身敞開出來的存在者本身。」(GA20, 112) 存在者可以以不同的方式顯示其自身，這也包括衍生變化的可能性，即：它如此顯示自我，就像它不是自身一般。海德格並不將這樣一種存在者稱之為自身顯示的現象，而是稱之為假象，並且，他這樣來說明假象的衍生樣式：「只有假裝的敞開的東西，才可能是假象——這就是假象的意義：假裝敞開之物，但恰恰不是它自身。」(GA20, 111 f.) 在這個意義上，假象仍是一個自我顯示者，儘管只是以否定性的方式呈現。海德格將現象的形式概念理解為：「現象因而是指存在者自身的一種交遇的方式 (Begegnisart)，即自身顯示自身。」(同上)

　　與此相對，海德格強調，通常使用的「現相」或「單純現相」表述與 $\varphi\alpha\iota\nu\acute{o}\mu\epsilon\nu o\nu$ 的真正意義毫無關係。因為人們將現相解為存在者之間的一種依賴關係，即一個存在者對另一個存在

者的存在的 (ontisch) 依賴。「現相這個標題，因而不是指一種某物與某物的依賴方式，這個某物不顯示其自身——更確切地說，不僅不顯示其自身，而且根據其意義根本不宣稱自身顯示自身。」（同上）現相僅僅表明自身是「一種對某物的指示，對某物的指向。」（同上）只要現相被理解為是存在者之間的存在的依賴關係，它就還遠離作為自我顯示自身的現象之意義。

但傳統的目的正在於解釋在現相意義上的現象。「人們從一個事實出發來定義它〔現相概念〕，這個事實已經前設了現象的意義，所以不能從這方面來規定它〔現象〕。」(GA20, 113) 這個看法就康德對現象與本體，現相與物自體之間的區分❼⑧。在這個意義上，對現象的理解是存在的 (ontisch)：作為現相的現象是「某物」，在其「後面」是「他物」；現相是關於現象的現相（參看 GA20, 113 f.）。這裡關係到在顯現者和在其後面的某物之間的存在關係，在後面的某物時而被理解為物自體，時而被理解為本質，因而現象作為現相在這個意義上不是自我顯示 (Sichzeigen)，而是自我表示 (Sichmelden)。

即使海德格在現相方面，沒有明確直接指向胡塞爾的現象概念，我們也可以看出，這裡所表述的對現象和現相之間混亂的指責，不是針對胡塞爾的。我們已經指出，胡塞爾的現象概念並不意味著一種自我表示，儘管胡塞爾是從現相方面解釋現

❼⑧ 參看康德：《純粹理性批判》 A 版，頁 249：「現相 (Erscheinungen)，就其依照範疇的統一而被思為對象而言，是為現象 (Phänomena)。」

象。然而，在現相的現象「後面」無物存在：對於胡塞爾來說，現象顯示為現相和顯現者的普遍相關性。現象是意向性。這裡沒有本質與現相之間的存在關係。現象是直接的自身被給予性，也就是自我顯示自身東西。

海德格的指責實際上是針對李凱爾特 (Heinrich Rickert) 的，他的觀點典型地代表了二十年代對現象學的誤解 （參看 GA20，第 9 節 C）。從新康德主義的立場出發，李凱爾特認為，胡塞爾的現象學不是直接性的哲學，因為他在直接性領域方面，已經在概念上前設了一個中介。在《邏各斯》的文章（1923–24 年）中李凱爾特說明，這個需要達到的直接性領域，需要有「不可缺少的建構」才能概念地把握❼❾。他從這個觀念論的成見出發，來解釋胡塞爾在現相意義上的現象概念：「關於某個非顯現者，和不為某物的顯現者的現相的概念，不可能再是一個直接的『顯現者』的概念，並且因此混淆了直接直觀之物或直覺之物的問題❽⓿。」

李凱爾特的這個解釋顯然是錯誤的，因為他從一開始就沒有理解在胡塞爾那裡意向性的現象學起點。他沒有看到，反映論或主、客體之間的中介問題，最終已經通過對意識行為，和在其中顯現的意向對象之間直接相關性，而被徹底反駁。

但這並不等於說，胡塞爾的現象學概念與海德格的現象學

---

❼❾ H. Rickert, "Die Methode der philosophie und die Unmittelbare," *Logos* 12 (1923–24), S. 246.

❽⓿ 同❼❾，S. 247.

概念相同。這裡有著一個本質差異。胡塞爾認為，自我展示自身原則上是一個意識現象，而海德格的現象是存在現象。我們還將更仔細地解釋這個區別。

海德格總結現象的兩個基本含義說：「第一個是可敞開的，自我顯示自身的，第二個是假裝為可敞開之物，但只是如此給出自我——假象。」(GA20, 114)

### 3.3.1.2　邏各斯概念

$\lambda\acute{o}\gamma os$ 原初意指話語，在 $\delta\eta\lambda o\tilde{u}\nu$ 意義上的 $\lambda\varepsilon\gamma\varepsilon\iota\nu$ 意味著使「在話語中應當談論什麼和如何談論它」而得以敞開。(GA20, 115) 海德格指出 $\lambda\acute{o}\gamma os$ 在亞里士多德思想中的意義，亞里士多德把 $\lambda\acute{o}\gamma os$ 定義為 $\acute{a}\pi o\varphi a\acute{\iota}\nu\varepsilon\sigma\theta a\iota$：「某物在其自身讓之看見並且——$\acute{a}\pi\acute{o}$——從它自身出發。」（同上）

因此，海德格將 $\lambda\acute{o}\gamma os$ 的本質特徵理解為指明性的，使某物敞開的讓之看見 （參看 GA20, 116）。除 $\lambda\acute{o}\gamma os$ 作為 $\acute{a}\pi o\varphi a\acute{\iota}\nu\varepsilon\sigma\theta a\iota$ 的原初意義之外，海德格還引用了 $\lambda\acute{o}\gamma os$ 的第二個含義，即作為 $\lambda\acute{o}\gamma os\ \sigma\eta\mu a\nu\tau\iota\kappa\acute{o}s$ 的含義。「$\acute{a}\pi o\varphi a\acute{\iota}\nu\varepsilon\sigma\theta a\iota$，對被說出之物本身的讓之看見，這是話語的一個確定含義。」（同上）$\lambda\acute{o}\gamma os$ 作為 $\theta\varepsilon\omega\rho\varepsilon\acute{\iota}\nu$ 的含義便是由此而來，由此產生出科學的意義，例如生物學和神學。換句話說，「在實事把握的，並且僅僅是實事把握的傳達意義上的話語，並且在 $\lambda\acute{o}\gamma os\sigma\eta\mu a\nu\tau\iota\kappa\acute{o}s$ 的這個意義上，$\lambda\acute{o}\gamma os$ 因而也可以在與 『現象——學』 的聯結中得到理解。」（同上）

$λόγος$ 在 $θεωρεῖν$ 意義上的第二含義，即 $λόγος$ 作為 $σημαντικός$ 在《存在與時間》的第 7 節中未被陳述。在這裡，海德格將 $ἀπόφανσις$ 作為 $λόγος$ 的第一性功能加以突出，因為在這個規定中，表露出邏各斯的關鍵問題，即真理問題。邏各斯作為 $ἀληθεύειν$ 的意義是：將被談論的存在者在 $λέγειν$ 中作為 $ἀποφαίνεσθαι$，從其被遮蔽性中把握出來，並且讓之看見和發現作為無蔽之物 ($ἀληθες$) 的這個存在者。(SZ, 33) 這個對 $λόγος$ 作為 $ἀλεθεύειν$ 的規定沒有被引入到講座中。我們已經指出，在講座中所打算的對「現象——學」原初意義的把握，首先不是就存在問題而進行的。這裡的提問還受到對胡塞爾現象學分析的引導。

胡塞爾沒有在「現象——學」的話語中探討 $λόγος$ 的意義。他以在科學意義上的「學」的含義為出發點。因而現象學是關於現象的科學。但科學對胡塞爾來說在嚴格意義上不是實證科學，而是理性批判。理性概念要回溯到拉丁文的 ratio 和希臘文的 $δι'ανοιᾰ$ 上：科學與理性，與在作為 $λόγος$ 的 $θεωρεῖν$ 的原初意義相聯結。

胡塞爾在《觀念 I》中就「意指」和「含義」討論了 $λόγος$ 的意義（參看 IdI，第 124 節），因為邏各斯是根據規定的主線，在意指的意義上被思考的。這裡再次表明，對邏各斯作為意指的規定，可以回溯到 $λόγοσσημαυτικός$ 的原初意義上去。

這個粗略的附帶陳述應當可以澄清，在海德格講座中，邏各斯原初意義的解釋，隱含地與胡塞爾「現象——學」概念相

聯結。海德格所說的實事的把握性的傳達，是作為對 $\lambda\acute{o}\gamma os$ 或 $\theta\varepsilon\omega\rho\varepsilon\iota\nu$ 的解釋，這是指向胡塞爾明證性概念的可能聯繫，這種聯繫是指，明證性在詞源學上意味著 evidere、把握和看出。這樣，實事把握的傳達，無非是指對實事本身之把握的指明，而對實事的把握，在嚴格的現象學義上，就意味著對實事本身指明和證明的方法。這在胡塞爾那裡便是明證性的原則：讓實事本身被看到，就如它自身所展示的那樣：即，就如它明證地被給予的那樣。

胡塞爾的科學概念在明證性原則方面，不明確地和非課題地回溯到邏各斯的原初意義之上。撇開這點不論，海德格對邏各斯的思考，在這方面比胡塞爾更深地進入到真理問題或真實存在問題之中。

## 3.3.2　現象學的前概念

從現象——學的原初意義中產生出的現象學的形式概念：「現象學是 $\lambda\acute{\varepsilon}\gamma\varepsilon\iota\nu$ $\tau\acute{\alpha}$ $\varphi\varepsilon\iota\nu\acute{o}\mu\varepsilon\upsilon\alpha$ = $\acute{\alpha}\pi o\varphi\alpha\iota\nu\varepsilon\sigma\theta\alpha\iota$ $\tau\acute{\alpha}$ $\varphi\alpha\iota\nu\acute{o}\mu\varepsilon\upsilon\alpha$——讓自身可敞開之物從其自身來被看見。」(GA20, 117) 海德格在這裡明確地強調現象學的方法特徵：現象學與其他科學的本質區別在於，它「不陳述這門科學的課題對象的實事內涵，而只陳述——必須強調——在其研究中某物的探討和應被探討的如何方式。」（同上）

從這個已獲得的概念出發，我們首先確定幾個術語。然後我們進入到現象學的方法問題之中，以便能夠從方法上更廣泛

地規定這個概念。

### 3.3.2.1 現象的，現象學的，現象學的座右銘

「現象學的座右銘 (die phänomenologische Maxime)——回到實事本身 (zu den Sachen selbst)——從根本上說，無非是再現了現象學這個名稱。」（同上）我們已經在第二章中討論過這座右銘的意義（參看前面第 2.3.2.1 節），但此討論是就胡塞爾而發的。而現在海德格說此座右銘與現象學名稱相符，意思是指，在它之中被表述出來的東西，僅僅只是現象學的形式意義。但什麼是實事，這既不存在座右銘中，也沒有在現象學的名稱中被說出來。為了具體地規定它，需要有相應的形式具體化。對海德格來說，這座右銘僅僅表明為現象學的「真正趨向」[81]或「路標」[82]。

在這方面，賴納 (Hans Rainer) 曾指出，這個座右銘原初不是由胡塞爾，而是由海德格所創造的：「自海德格在《存在與時間》（第 7 節）中將這個座右銘用於標識現象學方法以來，老現象學家們也通常普遍地這樣做。但在這裡沒有人發現，胡塞爾本人根本沒有將它看作是現象學方法的標識[83]。」事實上胡塞

---

[81] 「『回到實事本身』，這是現象學的真正趨向。」(GA21, 33)

[82] 「我們選擇了路標作為對『回到實事本身』的解釋。」(SD, 70)

[83] H. Rainer, "Sinn und Recht der Phänomenologische Methode," in *Edmund Husserl 1859–1959*, den Haag: Martinus Nijhoff, 1959, S. 139 注。

爾在相關的文字中,並沒有如此表達和明確強調這個座右銘❽。對胡塞爾來說,更重要的和更有意義的是「所有原則的原則」,在這個「原則」出現的文本脈絡中,「實事本身」每次都被提及,同時指向這個原則。在《邏各斯》文章中說得很清楚(1911):「在這個時代,針對經院哲學的反叛,就是這樣一個口號:去除空洞的語詞分析。我們必須探問實事本身。回到經驗,回到直觀,唯有它才能給我們的語詞,以所有意義和合理的權。」(PSW, 27) 要求現象學的實事本身之研究回到直觀,回到本源,這個要求再現了明證性原則或一切原則的意義(參看前面第 3.1.1 節)。

在這個方面必須探問,海德格為何將「回到實事本身」這句話作為現象學方法的座右銘。這肯定不能用對一個座右銘或一個原則的單純語言確定方式來回答。在這裡毋寧說包含著海德格與胡塞爾的關鍵區別。

海德格在一篇後期文字中說明:「現象學的真正座右銘不是

---

❽ 胡塞爾在《邏輯研究》曾說:「我們需要回到『實事』本身。」(LU/I, 6);在《觀念 I》:「……朝向實事本身。」(IdI, 35) 事實上,胡塞爾是否以此座右銘為現象學的標記,是不太明確的,因為芬克 (Fink) 在那篇被胡塞爾審定的文章中,提及「回到實事本身」,但並非作為現象學的座右銘,而只是稱之為現象學之「口頭禪」 (Parole)。參看 Fink, "Die phänomenologische Philosophie Edmund Husserls in der gegenwärtigen Kritik," in *Studien zur Phänomenologie*, den Haag: Martinus Nijhoff, 1966, S. 90–91.

『所有原則之原則』」，而是『回到實事本身！』❽」胡塞爾的「所有原則之原則」不是現象學的座右銘，這並不是因為它放棄了「回到實事本身」，而相反是因為前者在方法上歸屬於後者。什麼是實事？什麼該是實事？在這個原則中，實事已經預先決定了（參看 SD, 69 ff.）。根據「所有原則之原則」，胡塞爾現象學的實事就是原本被給予我們的東西。只有當這個原本的、直觀的被給予性，是通過超驗還原而得到明確清晰時，它才是一個明證的、絕對的被給予性。對此，海德格解釋說：「『一切原則之原則』從何獲得它的不可動搖的權利，回答必定是：從超驗主體性中。它已經作為哲學的實事而被前設。」(SD, 70)

與此相反，「回到實事本身」僅僅表明為現象學的「路標」。（同上）這是指：在這個座右銘中沒有做出實事性的決定。如果這個座右銘符合現象學的形式概念，那麼實事本身便是現象，但它「並不對有關對象的存在」作出陳述，而只是標識「其交遇方式」(Begegnisart)。(GA20, 118)「回到實事本身」這個現象學座右銘的形式意義，就是要求接近實事本身，它是指「與某物的交遇方式，並且是一種非常突出的方式：自我顯示其自身。」(GA20, 117)

由此可以明晰地看出，海德格為何將「回到實事本身」標識為現象學的真正座右銘。因為在這個座右銘中僅僅表達出方

---

❽ M. Heidegger, "Über das Zeitverständnis in der Phänomenologie und im Denken der Seinsfrage," in *Phänomenologie-Lebendig oder tot?*, Berlin, 1969, S. 47.

法的如何 (methodische Wie)，而未表達實事的什麼。

根據對「現象學」意義或對現象學座右銘的意義澄清，「現象的」(phänomenal) 和「現象學的」(phänomenologisch) 含義相應地得到表明。海德格認為：「現象的，因而是所有那些在此交遇方式中，可以見到的和屬於這個意向性結構聯繫之中的東西。」(GA20, 118) 這是說，自我顯示自身的東西，在自身顯示者那裡，作為這個自身顯示者本身的建構性之結構因素而得到指明的東西，是現象的。與此相應，「現象學的」意味著「所有那些屬於對現象之指明方式，屬於對現象的結構之指明方式的東西，所有那些在此研究方式中被探討的東西。」（同上）「現象學的」是現象學之探討方式，即：實事本身應當如何被指明，它如何在其自身上被把握。

### 3.3.2.2 現象學的方法問題

這裡面臨的任務是：應當如何從胡塞爾的現象學之批判出發，進而把握和規定海德格現象學的形式概念。現象學根據第一個規定，是對意向性在其先驗中的分析描述。海德格的話可以說明這一點：「在其先驗中的意向性結構是現象，即在其先驗中的意向性結構劃分了對象範圍，這些對象應當在此研究中自身被體現，並且在此體現中被說明。」(GA20, 118)

在此須要注意，這些意向性的結構是對象，它們應當在現象學的研究成為被給予性。然而，這些現象還不是真正的現象，因為它們並未表明自己是自我顯示自身之物，而僅僅只表明是

那些「應當自身被體現，並且在此體現中被說明」的東西。我們已經強調，現象只標識交遇方式而不標識實事內容性。如此理解，那些在其先驗中意向性結構，便不是被完全揭示的自我顯示自身的現象。

但這不意味著，現象學研究探問在意向性的這些現象「後面」的一個領域。關於在現象的「後面」的問題，在現象學上是不允許的。「但是，在它本身上可以指明的東西，並且應當被指明的東西可能上被遮蔽的。在它自身上可見的，而且只能根據其意義作為現象可把握的東西，並非必然是實事性的。」（同上）

因此，現象的一個本質特徵得以表露，現象學的現象不是指：它像實證科學一樣，作為一個事先已確定的、具體的，即實事性的現象被給予。「能夠成為現象的東西，首先並大都是被遮蔽的，或者說，在前設的規定中被忽略的。」(GA20, 119) 現象的被遮蔽狀態是需要現象學的方法去敞開同時揭示其遮蔽性，是以令其為現象學所能研究的現象。「現象根據其可能性是什麼，這恰恰沒有作為現象被給予，而是須要給予的。現象學恰恰作為研究，同時是在從方法上的去除遮蔽意義的揭示讓之看見的工作。」(GA20, 118)

現象學的方法問題首先在於，如何將現象本身從其被遮蔽性中帶出，使之得到敞開性的揭示。更確切地說：什麼是現象學通向首先和大都被遮蔽的現象的通道方法？對現象的把握方式，在海德格看來並不是通過「原本把握的解釋」(GA20, 120)

而自明、簡單和直接發生的。「因為應當先獲得現象，所以，出發點的考察和揭示性的穿越遮蔽，已經要求有大量的方法設施，而後才能從這裡出發規定和引導出意向性的各種被給予性，即在現象上所意謂的東西。」（同上）

意向性不是最後的現象。毋寧說它始終作為一個在它之中，而被遮蔽的東西的指示性現象。為了能夠揭示性地敞開這個被遮蔽的現象，需要對意向性的現象之被給予性進行徹底的反省。它必須再成為課題。但對意向性的現象學反省，現在不再是對其基本狀態的解釋，而是對它的存在本身的揭示。

### 3.3.2.3　現象學的過渡現象

在這篇的開端我們指出，海德格從對三個發現的批判分析中，所把握到的現象學第一規定是一個「過渡現象」（參看前面第 3.0.1 節）。我們總結一下至此為止的結果，以便能夠確定這個過渡現象的本質。

現象學的第一規定是對意向性在其先驗中的分析描述。在這裡，海德格將它標識為一個規定而不是一個概念。在規定中有某物被規定，規定是實事的規定。意向性的基本狀態表明為在意向、被意指之物和被意指狀態的如何之間的本質相屬性。由此而得出先驗的意義，它被規定為範疇，範疇直觀中成為自身被給予性，這樣，現象學的實事領域便得到規定：在其先驗中的意向性。

如果現象學的形式概念僅僅表達了方法的如何，那麼實事

領域根本還沒有被規定。海德格不斷強調，對現象在其具體中的規定是需要嚴格通過實事本身，通過自我於它自身顯示者而得到決定的。「現象學這個表述是指那種方式，某物通過 λέγειν，為 λέγειν 而作為概念性的解釋。」(GA20, 117)

現象學概念在此講座中只是作為一個形式概念而受到探討。在《存在與時間》第 7 節中對現象學形式概念的形式具體化一方面導向通俗的現象學概念，另一方面導向現象學的現象學概念，這種形式具體化在講座中並未得到處理。我們已經說過，在《存在與時間》的第 7 節中的提問，是受到存在問題和此在分析的規定。在這講座中，被解釋的現象學形式概念所具有的背景不是存在問題，而是胡塞爾的現象學。存在問題僅僅在對胡塞爾的意識觀點和意向性觀點的內在批判中可以看出。這個批判以對現象學的第一規定為始。這個第一規定因而被理解為一個過渡現象，只要它對於此內在批判而言是基礎現象，胡塞爾的意識現象學，正是通過此內在批判而過渡為海德格的此在現象學。

## 第 4 章

# 海德格對胡塞爾
# 現象學的超越

# 4.1　意識現象學的內在批判

我們已經看到，意向性作為意識現象學的基礎概念，儘管十分重要，但卻不是最終的現象，然而它是指明通向現象學原初意義之路的最重要現象。我們必須探問意向之物的存在和存在一般的意義。但為了能夠提出這一問題，首先要弄清楚，意向性作為意識的本質規定，還不足以構成現象學的真正現象的根由。

海德格現在所走的道路是通向意識現象學的基礎，這是為了指明，胡塞爾現象學的問題在於沒有提出意向之物的存在。對於作為現象學對象領域的意向性之徹底思索，海德格提出三個考察視域：「這個對象領域是從什麼基地中獲取的？獲取這個課題領域的途徑是什麼？對這個新發出的領域，即對所謂純粹意識的規定是什麼？」(GA20, 141)

這是對意識現象學內在的批判的三條主要線索，我們在這一章中將探討這些問題。

## 4.1.1　意識之規定性的問題

海德格對作為現象學發現的意向性之批判分析，並不是就意識而進行的。他特別強調，自我朝向是意向行為的存在，但他並不將它規定為意識的生命活動，而是規定為此在的生命活動。這個與意識之起點的差距表明，海德格從一開始，就沒有

像胡塞爾那樣將現象學構想為意識現象學。

因此，對胡塞爾現象學的內在批判，就不可避免地要將意識起點視為問題。這個起點應當在現象學上得到解構，然後才能從其意識被遮蔽性中把握出意向性的原初意義。首先要探問的是，胡塞爾是如何規定意識的：「純粹意識這個區域是否被規定為在其存在中的意向性的基本領域？如何規定？」(GA20, 141)

對意識規定性的探問，並不指向作為體驗的意識結構意義上的實事規定。毋寧說是對這個規定本身的方法上的如何之探問，對胡塞爾如何理解，以及規定意識存在的方式之探問。海德格在胡塞爾的現象學裡，看到了對意識的四個規定。

## 4.1.1.1　意識作為內在存在

意識是內在存在，胡塞爾將此視為現象學的基本起點。他在《邏輯研究》第五研究中，通過對意向體驗的描述，指出其在行為和對象的普遍相關性，澄清了意識的本質屬性。胡塞爾從中得到了純粹內在的概念。意向相關性構成了意識中的一個內在封閉的領域，因為這個領域按照意向性的意向狀態，排斥所有超越之物。這個純粹的內在包含了所有的實項的意識行為和感覺材料，並相關地包含了意向對象。

關於意識的存在 (das Sein des Bewußtseins) 是否可以通過這個對內在的描述而得到規定的問題，海德格的回答是否定的：「內在性不是對存在者自身在其存在方面的規定，而是在體驗

或意識區域之內兩個存在者之間的關係。」(GA20, 142) 應當如何理解內在的特徵？即：在意識內之包含性是什麼意義？內在是反思的產物，它是「通過對把握性的行為，通過對朝向體驗的反思行為的回顧」（同上）而成立的。這裡表明，內在是「一種實項地相互包含的關係」（同上），這種包含就是在反思行為和反思中被反思之物之間的相互包含。

胡塞爾沒有探討實項性 (Reellität) 和相互內含 (Ineinandersein) 的存在。內在「存在」因而不能被看作是對意識的存在規定，因為這個存在，實際上是指一種存在者的存在關係。但這種存在關係是什麼，這個問題沒有被提出。

### 4.1.1.2 意識作為絕對被給予性

對意識的第二規定，關係到絕對被給予性的意義上的絕對存在。意識是一個純粹意識，因為它自身不承載任何超越之物。它可以通過現象學的反思而直接被把握到。但這意味著，意識或意向體驗本身被直接把握到，並且這些體驗是絕對被給予的。

「被反思的體驗在反思中的對象，它自身是原本被給予的。體驗相對於超越之物是在絕對意義上存在於此，即，它不是間接的、象徵的顯示自身，而是在自身上被把握。根據這種絕對的被給予性，它被標示為是絕對的。」(GA20, 143)

這就是說，被給予性已經前設了對象性的概念。只有當體驗事先作為對象，而在反思中被給予時，它才被標示為一個絕對的被給予性。「在這個規定中——絕對被給予——所涉及的不

是對把握之物和把握者的區域相屬性的標示，而是一個作為對象的體驗對另一個體驗的關係。」（同上）

絕對存在僅僅在被給予方面被把握，只要這個被給予是反思的可能對象。在這個規定中，絕對被給予性的存在又未得到探討。

### 4.1.1.3 意識作為絕對建構性的存在

對意識的第三規定表明自身是絕對被給予，它在自身中建構所有的存在。意識是一個自身包含的內在存在，它被胡塞爾在《觀念 I》中稱之為「在本質上不需要任何『物』的存在」(nulla "re" indiget ad existendum)。(IdI, 92) 在這個意義上，內在存在是一個絕對的存在，因為它不需其他的存在來作為它的基礎。與此相對，實在的存在，超越事物的存在是相對的存在，因為它是依據意識的存在，即，它是被建構的（參看前面第3.1.2.2 節）。

海德格現在加以精確的表述：「意識在這個意義上是絕對的，即，它是存在的前設，實在性根據這個前設才能顯示自身。超越的存在始終是在呈現活動中被給予，並且，它恰恰呈現為是意向性的對象性。」(GA20, 144)

胡塞爾的規定，即實在性的存在是由意識的絕對存在所建構，在海德格看來，不是原初的規定，因為這個理解回歸到傳統的意識構想上。在傳統中絕對意識將主體性置於任何客體性之前。因為絕對意識的存在意味著更早先之物或在笛卡爾和康

德意義上的先驗。與此相反，所有在絕對意識之外的東西，都是第二性和後天的。它是被奠基的和被建構的。

## 4.1.1.4　意識作為純粹存在

意識是純粹存在，因為它自身不包含具體的心理過程。這是說在絕對意識的內在區域中可找到的東西，並不是實在具體的內涵，而是觀念的本質結構。「這個存在是純粹的，因為它被規定為觀念的，即非實在的存在。」(GA20, 146)

根據這個規定，體驗不再是在其實在具體中被理解，而是被理解為本質結構，被理解為反思中的本質性。這裡重複表明，意識的純粹性只能在意向性的被把握方面受到理解。海德格由此而得出結論：「在這個存在特徵中，即意識作為純粹意識，最清楚地表明，問題不在於意向之物的存在特徵，不在於對意向性的存在規定，不在於對具有意向性結構的存在者的存在規定，而在於對自身封閉的結構本身的存在規定。」（同上）

## 4.1.1.5　對意識的存在規定的非現象學特徵

對意識的四個存在規定的批判說明，其目的首先在於提出一個問題，為什麼海德格不承認意識是現象學的基本領域？因為如果根據胡塞爾的思想，現象學本質上是意識現象學，那麼海德格則試圖更原初地超出意識起點去思考，以便指明，意識不是現象學的最終現象。

對所有這四個對意識的存在規定之探討表明，它們不是根

據存在者本身，即根據在意向體驗中自身顯示的存在而被把握出的。這四個存在規定：內在存在，在絕對被給予意義上的絕對存在，絕對建構性存在和純粹存在，各自都是一種已確定的考察方式中被獲得的：「這些存在規定，不是根據在其存在本身的意向之物而被獲得的，而是一旦這個意向之物作為被把握的、被給予的、建構的和觀念化的進入視域，它便被理解為本質。」(GA20, 146)

　　這些存在規定是從四個方面獲得的：被把握性、被給予性、建構性和本質性，它們原初產生於胡塞爾的基本問題：「意識研究如何能夠成為一門絕對科學的可能對象？」(GA20, 147) 意識從一開始便被理解為現象學的基本領域。因此現象學的任務是：清晰而確定地從現象學上說明意識，使它能夠成為一門嚴格的科學的絕對基礎。

　　這種意識作為現象學唯一有自明性的現象，指明了胡塞爾現象學的歷史局限性。意識應當是一門絕對科學的基礎，這個意圖在胡塞爾那裡不止一次地表露出來。它屬於自笛卡爾以來，規定了西方哲學之提問的近代意識哲學。由笛卡爾所引發的提問，即：通過對意識的徹底思考來絕對地論證一門科學，這個提問被胡塞爾從一開始便作為現象學的基本動機接受下來❶。

　　相對於傳統而言的束縛性，規定了胡塞爾的思路。他的現象學的重要貢獻在於，第一次在哲學史中發現意識在其意向狀

❶ 參看 F.-W. von Herrmann, *Husserl und die Meditationen des Descartes*, Frankfurt: Klostermann, 1971.

態中的本質特徵，並且對它做了精確的陳述。根據這一點，如海德格所言，胡塞爾「將西方哲學的偉大傳統思考至終。」(GA21, 114)

但放開這一重要意義不論，這門現象學以傳統的意識觀念為出發點，它的隱蔽意義沒有被胡塞爾在現象學上揭示開來。對四個存在規定的把握此外還表明，現象學還受到傳統的絕對科學之觀念的規定。「對作為現象學之課題領域的純粹意識之把握，並非是從現象學向實事本身的回溯中獲得的，而是在向傳統的哲學觀念的回溯中得到的。因此，所有那些作為對體驗的存在規定而出現的確定特徵都不是原初性的。」(GA21, 147)

對意識之存在規定的這個非原初的，因而非現象學的特徵。這是海德格對胡塞爾的意識現象學內在地解構的第一步。

## 4.1.2 意向之物的存在問題

儘管胡塞爾從傳統提問中獲得意識概念，但是這並不是說，把握意識本質結構的方法本身是傳統的方式。我們已經強調過，現象學的方法區別於所有其他哲學方法。意識現象學通過現象學還原的現象學方法突出其自身。在《哲學作為嚴格的科學》中，胡塞爾這樣加以說明：「……我們以此想表明，心理學與『經驗意識』有關，與經驗觀點中的意識有關，即與自然關係中的在此之物有關；而現象學則與『純粹』意識有關，即與現象學觀點中的意識有關。」(PSW, 23)

「純粹意識」的意義通過對四個存在的闡釋而得到了確定。

現在重要的是再次將現象學的觀點作為課題來探討。因為意識的本質特徵，即意向性，只能在現象學的觀點中才能得到理解。這個觀點無非是指通過現象學還原所獲得的觀點。對於胡塞爾來說，意識的意向性就是通過現象學還原而純粹化的意向性，這是一個同義的反複。

我們首先討論現象學還原的問題，然後指出胡塞爾對意向之物存在問題的忽視。

## 4.1.2.1　現象學還原的困境

我們在第 3.1.3 節中已經指明 ，懸擱的還原是通道方式的必然成分，通過這一方法能夠達到作為現象學的基本領域的純粹意識。自然觀點的世界信念連同事物的實在性都透過懸擱而被排除，然後在體驗流中的純粹被給予性的超驗領域才得以呈現。因而，現象學還原的功能在於，排除世界的實在性的相對存在，並且同時揭示性地啟開純粹意識的絕對存在。

現象學還原的這一起點不容易被理解，胡塞爾一再加以強調：「整個哲學最困難的是現象學的還原，同時是透徹地理解它和運用它 ❷。」在胡塞爾看來，海德格與哥廷根學派都未能認識到這種困難性，因而未能克服這個困難。胡塞爾在寫給茵加爾登的信中說：「……主要是我再次思考了我的原則進程，並顧及到這樣一個狀況，我不得不相信海德格沒有理解這個進程，

---

❷ E. Husserl, *Briefe an Ingarden*, den Haag: Martinus Nijhoff, 1968, S. 74.

因而沒有理解現象學還原方法的整個意義❸。」

　　現象學還原的困難性，最終導致老師和學生的分離。它究竟是何種困難性？胡塞爾與海德格爭執究竟建立在什麼基礎之上？

　　現象學的還原的剩餘是純粹意識，它的存在被規定為被把握之物、被給予之物、建構者和觀念之物。這四個存在規定僅僅出現在現象學的觀點中。它們本身是被反思的把握，通過這些把握，意識的存在在四個方面受到考察。這裡表明，考察方式發生了一個從自然觀點向現象學的觀點的變化。在自然觀點中的事物作為超越的事物並沒有受到懷疑，而是在事物感知的內在反思把握的觀點中受到考察。這個考察方式並不是「在物質世界的設定中，而是在對把握它的行為，及其在行為中如此在此的對象的課題設定中」(GA20, 136) 進行。因而海德格對現象學懸擱的意義做如下確定:「這個不參與物質世界和任何超越世界的設定之做法，被標誌為懸擱、中止。」（同上）

　　可以看出，那些在懸擱中被排除的東西，僅僅是在自然觀點中的存在者的在此設定。通過懸擱而被還原的存在者，現在被強調為在其存在的如何之中被感知之物。「這種對超驗設定的現象學，排除僅僅具有這樣的功能：從其存在方面呈現存在者。」（同上）

　　從這個解釋出發我們可以看出，海德格並沒有像胡塞爾所認為的那樣，從對純粹意識的存在規定方面，誤解了懸擱和還

❸ 同❷，S. 43.

原的二重性,即作為獲得純粹意識的特殊通道方式。爭執的焦點在於,應當如何理解這個純粹意識本身的存在?海德格這樣來探問現象學的還原:「……是否在其中探問了存在,是否在還原的道路上,在獲得和突出這個區域的道路上,即獲得意識的道路上提出了存在的問題;是否存在問題也許就恰恰處在自然觀點中,由還原所提供的道路上。」(GA20, 150)

在現象學的還原中,對在自然觀點中被給予的事實性意識的在此設定,即實在存在設定被排除掉,然後才能獲得純粹的、絕對的意識。在現實存在意義上的實在便與此相應地被加括號。這時才能在現象學的觀點中進行對純粹意識的分析。意識是一個純粹的現象。這就是說:它不僅不去考察實在的存在設定,而且也不去考慮實事性體驗的各種個別化。現象學家僅只觀看在已獲得的觀點中,從純粹意識及其意向結構方面所開啟的東西。「問題僅只在於結構的什麼內涵,在於作為心理之物基本結構的意向之物的結構,在於行為的什麼內涵,在於它們朝向的差異性以及在於其建構關係的什麼內涵,但不在於它們存在的本質。」(GA20, 151)

在這裡,海德格與胡塞爾差異的根據得以展開。現象學還原對胡塞爾來說,是指獲取意識現象作為真正現象的必要通道方法,而這個還原在海德格看來不足以揭示現象學的現象,因為現象學對他來說不以傳統的對意識之存在規定為出發點,而是以實事本身,以自我顯示自身之物為出發點。這樣一門現象學不探問純粹意識的什麼內涵,而探問這個意識存在的本質,

它超越出意識現象之外。「所以在對意識的考察和分析中，也只突出了什麼是意識內涵的問題，而未探問在其生存意義上的行為的存在。這個問題在還原中，在超驗還原和本質還原中，不僅沒有被提出，而且恰恰通過還原而被喪失。」（同上）

　　胡塞爾現象學還原作為現象學的通道方法在這一點上是不適合的，即它從一開始就受到意識哲學觀念之規定。胡塞爾的旨趣在於，從嚴格的科學方法上，建立一對意識的絕對論證。在這個意義上，現象學還原所依附的是傳統而非實事本身。實事本身，現象學的本真現象，不是在現象學的懸擱和還原之進行中被指明。它已經在被遮蔽性中，在前理論的生活進行中，在日常自然的對待事物的意向行為中得到表明，儘管是一種不明確，非課題的表明。

## 4.1.2.2　存在問題的忽略

　　從對現象學還原的批判性思考中我們可以理解到，被還原的剩餘不是最原初的現象，因為在它之中，僅只表現出純粹意識結構的內涵，但並不涉及到現實存在的意義和方式。「如果意向之物應當在其存在方式上受到探問，那麼作為意向之物的存在者就必須是原初被給予的，即在其存在方式上被經驗到的，那麼作為意向之物存在者的原初之存在關係必須得到澄清。」(GA20, 152)

　　這裡應當注意（參看前面第 3.2.2 節），胡塞爾在對範疇直觀的探問中，研究了存在之被給予性的問題。在現實存在意義

上的存在，是在直觀中作為一個範疇而直接被給予我們。但他在這裡沒有注意到，這個被給予之物的存在，已經被視為課題來處理。對於胡塞爾來說，現實存在就是通過範疇直觀而得到突出的對象存在。現實存在作為對象存在，只是在其對象性方面受到考察。意識現象學僅只探問被給予方式的如何，但不探問被給予之物的存在方式。現象學還原所做的工作恰恰是給這個被給予之物的存在方式加括號，並且同時對其被給予方式之如何的揭示，這些存在方式作為剩餘，而始終留存在純粹意識之中。意向之物的現實存在設定，通過方法上的不參與而被揚棄。但這意味著，意向之物的現實存在已經在自然觀點以某種方式被體驗到；但正因為這個自然觀點的緣故，現實存在必須為了超驗的內涵而受到排除。

據此，在自然經驗中，意向之物的現實存在如何規定自身？我們已經看到，它屬於實在性 (Realität) 的存在。胡塞爾認為實在性是指實在世界事件的總體。在這個意義上，現實存在被規定為一個實在的存在。海德格對此解釋說：「什麼樣的存在被歸屬於它（意向之物）？實在世界事件，生物的存在，它們是客觀現存的，按照它們的存在，所有實在的『基礎層次』都被納入到物質的事物存在之中。據此，意向之物的存在，行為的存在，心理之物的存在，作為實在世界事件之一種自然過程而得到確定。」(GA20, 153)

這裡可以看到胡塞爾的基本起點：意向之物的存在被規定為實在存在，它在意識現象學的認識論方面是一個「朝向行為

的可能對象。」（同上）這樣現象學還原的意義在存在方面就更為清楚了。海德格總結說：「還原與以此方式存在的各種區域的構成所具有的意義僅僅在於：為規定一個實在之物的實在性，而創造一個科學的基礎。意向之物的現實存在同時也被建構為在意識中的實在性。」(GA20, 153)

在自然觀點中經驗地被給予的意向之物的現實存在必須被排除，然後才能獲得純粹的意識，只有在這處，現實存在才從純粹意識的建構方面得到規定。在這個意義上，關於意向之物的存在問題被解決了，即：關於實在的存在問題，通過它在純粹意識的存在中的建構而得到回答（參看 GA20, 155）。

但真正的問題恰恰在於此，即：意向之物的現實存在的意義，並沒有在對其作為在自然經驗中的實在事件這一規定中得到窮盡。因為這裡所說的自然觀點的自然性，根本上是可疑的。它在下列意義上不是「自然的」，即：它「在自身中包含著一種完全確定的理論態度，對於這種態度來說，所有先驗的存在者，都被理解為受時空規律約制的世界事件。」(GA20, 155 f.)

所以，在自然觀點中對事物的經驗表明，這些事物首先不是作為自我顯示自身，並擺脫在先規定的東西，它毋寧說是被規定為一個認識論的經驗。據此，存在被對象化，就是說，在意識現象學中，存在只被看作是經驗的一個對象。關於現實存在的存在方式的提問，在這個認識論的提問範圍內是永遠不被允許的。

海德格得出的結論：存在問題「通過獲得這個領域（純粹

意識）的途徑，通過還原而被明確地放棄了，而且，它在需要存在規定的地方，例如在還原的出發點位置上，同樣不是原初地被提出，相反，行為的存在從一開始便理論地、獨斷地被規定為在自然實在意義上的存在。存在問題本身始終未被闡釋。」(GA20, 157)

## 4.1.3　人格之存在問題

由於自然經驗在胡塞爾的現象學裡，受到獨斷認識論的態度之規定，因而它不代表現象學的真正的現象，然而意向之物的存在被理解為在自然意義上的實在性。由此而產生出一個問題：行為進行者的存在是否也在同一個方面受到解釋。或者換個問法：如何在現象學上規定作為自然經驗的行為進行者，即：人的存在？

胡塞爾標誌行為進行者為人格 (Person)，它被理解為體驗關係之統一。在這裡表現出人格與事物的存在種類的區別。事物現象的統一回溯到人格之上，所以人格應當受到與事物不同的規定，因為人格性是一種本質上不同於自然事物性的東西。由此而產生出自然與精神的劃分問題，胡塞爾認為，這裡一方面是現象學與物理自然科學，另一方面是與心理學與精神科學之關係的重要問題所在（參看 IdI, 5）。

自 1910 年起，胡塞爾便進行對此問題的探討。在《自然與精神》的標題下，他做過多次講座❹，並且，他在《觀念》第

---

❹ 參看 I. Kern, *Husserl und Kant*, den Haag: Martinus Nijhoff, 1964，

二卷的第三篇中詳細地研究了這個問題，在這一篇中，精神世界的建構在人格問題方面受到討論❺。

從胡塞爾的這一課題出發，海德格試圖指明，人格如何在一個人格主義心理學方面受到規定。這裡又可以看到，在這個規定中，關於人格之存在問題如何在根本上被忽視。

### 4.1.3.1　人格主義的觀點

胡塞爾沒有在現象學的觀點中考察人格。因為，在現象學還原中受到揚棄之後，人格不再具體地表明為具體的行為進行者，不再表明為人，而是表明為被還原的自我，純粹自我。我們在這處首先不去探問純粹自我，這裡更需要看到，人格如何被規定為在其自然前現象學經驗中的具體的人。

如果事物在自然觀點中是一個在世界中的實在對象，那麼他人也首先被當作是一個內在世界的客體。但這裡表明了一個區別：因為人與所有自然事物的區別在於，他具有一個靈魂或一個精神，它本質上不是物理性的。為了反思在精神模態中的人，我們需要有一個不同於對事物之「自然主義」觀點的另一種考察方式。胡塞爾將這種新的觀點稱之為人格主義的觀點 (die personalistische Einstellung)（參看 IdII, 180）。

儘管如此，這個新的觀點是一個「自然的 (natürlich)」，但

---

第 7 節。

❺ 參看 M. Biemel 在 《觀念 II》 的編者序言，E. Husserl, *Ideen II, Husserliana* IV, den Haag: Martinus Nijhoff, 1952.

「不是天然的 (natural)」觀點。這就是說,「在它之中被經驗之物,在自然科學的意義上不是天然的 (natural),而可以說是一種天然的相對物 (Widerspiel der Natur)。」(同上)人格主義觀點的提出才有可能表明,人格可以在其天然性方面受到不同於自然主義的,即自然科學對象的理解。胡塞爾在《觀念 II》中解釋說:「人格主義的觀點完全不同,我們隨時都處在這個觀點之中,只要我們共同生活,相互對話……;我們同樣處在這個觀點之中,只要我們將那些在我們周圍的事物,看作是我們的環境,並且不像在自然科學中那樣看作『客觀』的自然。」(IdII, 183)

人格主義的觀點是這樣一種考察方式,處在這種考察方式中的人,在前反思、前科學的生活中「具有」他的周圍的人和周圍的事物。在與反思觀點劃分的同時,胡塞爾進一步說:「這涉及到一個完全自然的觀點,而非那種必須通過特殊的手段才能獲得和覺知的人為的觀點。」(同上)這種前科學的對己、對他人和對事物的行為本質,是屬於人格的自然性。由此而產生出對人格主義觀點中的人的完整規定:「作為研究者,他只看到『天然』。但作為人格,他與其他任何一個人一樣生活,並且『知道』自己始終是他的周圍世界的主體。作為人格生活就是將自己設定為人格,處身於一個與『周圍世界』的意識關係之中,並且將自己置於這種關係之中。」(同上)

這裡表明,胡塞爾在自然觀點中區分兩個因素,即自然主義的觀點和人格主義的觀點。但這兩者不是同一列序的觀點。

在它們之間有一種奠基關係，即：「自然主義觀點從屬於人格主義觀點，並且通過抽象或更多地，是通過一種對人格自我的自身忘卻，而獲得某種獨立性，由此而同時將其世界，自然，不合理地絕對化。」(IdII, 183 f.)

人格主義觀點相對於自然主義觀點，所具有優先地位的，以及對人格的「周圍世界」的指明不應使人們得出這樣一個看法，即，胡塞爾是以海德格的世界性 (Weltlichkeit) 的方式，來思考如此被規定的人格。我們可以事先說明，這裡所討論的，毋寧是胡塞爾後期的生活世界 (Lebenswelt) 問題❻。

## 4.1.3.2 人格之規定中的成見

海德格對胡塞爾的人格概念的批判在於，對在人格主義觀點中的人格之規定，根本上是非現象學的規定。人格主義的觀點，基本上被理解為是自然的觀點。作為這種觀點，它已經前設了認識論的看法，即，人格從一開始便被看作是一個反思的對象。對人格之規定，以及對純粹意識之規定的通道方式，是通過對體驗的內在反思而獲得的。「人格主義的觀點和經驗標誌為 "inspectio sui"，被標識為它自己作為意向性自我的內部考察，對作為思維主體的自我的內部考察。」（GA20, 169；也可參看 IdII，第 54 節）。

除此之外，海德格還指出，將人格規定為意向性主體的做

---

❻ 參看 F.-W. von Herrmann, "Lebenswelt und In-der-Welt-sein," in *Subjekt und Dasein*, Frankfurt: Klostermann, 1985, S. 44 ff.

法，回溯到笛卡爾將自我理解為「能思之物」(res cogitans) 的概念上，因而也就回溯到一個主體概念上。海德格認為胡塞爾的人格規定所具有的最重要成見在於，它束縛於上述傳統之中。在這種傳統中，人被傳統地理解為「理性動物」(homo animal rationale) ❼。

在人格主義觀點中，人格也是在這種前設的看法中受到解釋。這種看法「儘管不把人看作是自然實在 (Naturrealität)，但仍然還看作是世界實在 (Weltrealität)，它在絕對意識中作為超越被建構出來。」(GA20, 173)

在人格主義觀點中的人格存在是否能夠得到指明，對這個問題的回答應當是否定的。在主體、心靈和精神意義上被理解為人格，根據這種理論的看法，僅只表明為一個「多層次的世界事物」（同上），它的多層性通過實在和客體性的建構而得以理解澄清。海德格說：「人們所保留的，始終還只是一個在先被給予的客體之物的存在，一個實在客體的存在，這意味著，這裡所涉及的最終還只是作為在一個考察對象的意義上的客體性的存在。」（同上）

## 4.1.4　意識現象學的非現象學基礎

海德格的內在批判指明，意識現象學的問題在於忽略了關於意識存在、意識之物存在和人格存在的問題。對意識的存在

---

❼ 參看 F.-W. von Herrmann, *Husserl und die Meditationen des Descartes*, Frankfurt: Klostermann, 1971.

規定以及意向之物和人格的存在概念所具有的基礎是在傳統之中。海德格這樣表述他對胡塞爾現象學的批判分析:「現象學對它最本己的課題實事的規定,與它最本己的原則是相反的,這個規定不是發自實事本身,而是發自一種傳統的,儘管對它來說,已經成為自明的成見,在這個成見的意義中。恰恰是否定了那從本源顯露出來的,因而成為課題的存在者。因此,現象學在對其最本己的領域之規定的基本問題上,是非現象學的!——這是說:被誤認為是現象學的!」(GA20, 178)

海德格當然不是指胡塞爾的現象學是一門與獨斷論形而上學或心理主義一樣的「非現象學」哲學。毋寧說,胡塞爾現象學的非現象學特徵在於,意識現象學建立在一本身非現象學的基礎上,即建立在一個不是從實事本身出發得到現象學揭示的基礎上。這裡又一次要求現象學的原初意義,這個意義被理解為 "ἀποφαίνεσθαι τά φαινόμενα" —— 讓人從其自身出發看到這個自我顯示自身之物 (參看前面第 3.3.2 節)。唯有實事本身,即自我顯示自身之物才是現象學的真正原則。海德格始終強調,現象學不對課題對象的實事含有性做陳述。它原初是一個方法概念,它最終涉及到這個研究本身方法上的如何。

「非現象學」一詞的意義通過海德格下面這段話的說明而更清晰:「所有那些不滿足這種研究方式,它的概念性和指明方法的東西,都是非現象學的。」(GA20, 118) 胡塞爾的現象學之所以是「被誤認的現象學的」,這是因為它沒有在最嚴格的意義上,實現現象學的方法要求。儘管他做了重要的發現,胡塞爾

的現象學仍然處在傳統所獨斷規定的意識哲學的基礎上。這種規定性在於認為，現象學的課題對象，即實在本身就是意識。根據這種規定性，胡塞爾始終依附於西方哲學的傳統之上，這種規定從根本上忽視了關於存在之意義問題的提出。「不僅意向之物的存在，即一個確定的存在者的存在始終未被規定，而且，在對存在者進行範疇區分（意識與實在）時，主導性的指示，即，這區分的根據：存在，卻未有在其意義方面受到澄清，或哪怕對它做出探問。」(GA20, 178)

對於胡塞爾來說，現象學的目的在於通過對超驗意識的揭示性的解釋，來完成科學的絕對論證。這個關於一門絕對的嚴格科學的觀念從一開始便阻礙了胡塞爾看到存在問題。相反，認識論的問題始終處在中心位置。但這種忽視，如海德格所強調的，不是「單純的疏忽，不是對一個應當提出的問題的疏忽。」(GA20, 178) 它毋寧說是意識現象學本質地承載著的傳統的包袱。海德格總結說：「在胡塞爾的思想裡，這是對笛卡爾以來的傳統，以及從他出發的理性問題傳統的接受。更確徹地看，這是那個反心理主義的因素，它在反自然主義的過程中把握出本質存在，把握出理性理論的優先地位——尤其是認為理論的優先地位——這是一種在非實在之物中純粹建構出實在之物的觀念——以及他的絕對的和嚴格的科學性的觀念。」(GA20, 180)

這就是胡塞爾的意識現象學的非現象學之始基。現象學只有解構了這個始基之後，才能現象學地進行起來，現象學的真

正實事才可以從其遮蔽性中顯露出來。現象學的進行要嚴格遵循「回到實事本身」的座右銘的要求。

## 4.2　現象學與存在問題

海德格對胡塞爾現象學批判分析的目的在於發現 (entdecken) 現象學的始基。對意識現象學的內在批判導致這樣一個確定，由於忽略對存在問題的提出，胡塞爾的哲學無法根據它自己的原則——實事本身——來進行下來。它在嚴格的意義上還不是現象學的。但這並不減弱它在現象學自身的理解方面的意義。「現象學的偉大並不在於實際被獲得、被評價和被批判的結論，它們在今天仍然標誌著問題和工作的本質改造；而是在於，它是哲學研究的可能性之發現。」(GA20, 184)

可以看出，現象學的真正發展，並不在於那些堅持意識現象學之準繩的問題的具體探討，而是在於在這門現象學中，尚被遮蔽的存在問題之揭示。「與此相符，我們可以察覺到，這兩個問題，關於存在一般的問題和關於意識之物的存在特徵的問題，必須由現象學本身在其最本己的原則的意義上來提出，對現象學課題本身的設定，是不可能在反現象學的意義上進行。」(GA20, 183)

儘管在我們這項研究的範圍內，無法詳細地闡述在存在問題的展開方面，對現象學的把握——這是他在 1925 年夏季講座的主要部分中，以及後來在《存在與時間》中做的工作——，

我們在這最後一章中仍想提綱挈領地指出，海德格是如何從已獲得的基地出發試圖展開現象學，以及他如何將此在現象學 (Phänomenologie des Daseins) 理解為意識現象學的克服。

## 4.2.1　現象學的實事性開端

如果海德格對現象學的關鍵批判，是針對它忽略了對雙重存在問題的提問出發，那麼對現象學真正探討就取決於，如何將這個忽略從其遮蔽性中揭示出來。「所以，如果將現象學在其最本己的可能性加以徹底化，那麼它無非就是重新提出柏拉圖和亞里士多德的問題：對我們的科學的哲學之開始重新恢復和重新把握。」(GA20, 184)

現象學最本己之可能性所指明的是哲學的開端！這難道不是與海德格本人對胡塞爾與傳統相銜接的指責相矛盾的嗎？並非如此，因為海德格對傳統中存在意義之回答，並不如胡塞爾對科學觀念和意識概念之徹底接受，並且將存在問題放回傳統中，而不加以反思。對於海德格來說，不能不加詢問接受哲學傳統的因素，相反，必須對它們做現象學的解構。因為正是在此傳統中存在問題是被遺忘了。

「遺忘」在這裡並不意味著，存在問題在傳統中根本未得到提出。它甚至常常出現在傳統哲學課題旨趣之中，出現在形而上學和本體論的提問中。在 1927 年夏季學期的講座中，海德格探討了在傳統本體論中關於存在的四個中心論題：

(1)康德的論題：存在不是實在的謂詞。

⑵回溯到亞里士多德所影響的中世紀本體論（經院哲學）論題：在一個存在者的存在狀態中包含著什麼存在，即本質 (Was-sein, essentia) 和現成在手存在，即存在 (Vorhanden-sein, existentia)。

⑶近代本體論的論題：存在的基本方式是自然的存在（廣延之物 res extensa）和精神的存在（能思之物 res cogitans）。

⑷最廣義上的邏輯學論題：所有存在者都可以通過「是」而在不影響其存在方式的情況被說出；系詞的存在。(GA24, 20)

海德格認為這四個論題不充分，因為關於存在的意義的問題在其中甚至未被看出過，更不用說被回答了（參看 GA, 20 ff.）。在 1927 年夏季學期的講座中，他對這些論題做了現象學的分析。這些分析表明，在胡塞爾現象學中對存在問題的忽略，是由這些論題的傳統見解所導致的。為了對意識進行存在規定，胡塞爾以近代的存在基本理解為現象學考察的出發點，即，將存在理解為自然的存在和精神的存在。他將自然與精神的二分法，作為現象學的基本課題加以持久地探討，這一方面表明他對這個傳統存在論題的接受。另一方面，在範疇直觀中對存在的直觀被給予性的把握，已經前設了康德的論題和傳統本體論，對存在者作為什麼存在 (Was-sein) 和這麼存在 (Daß-sein) 的基本理解。

由此可見，海德格所要求的對哲學開端之重新恢復，不是隨意提出的，而是與所有其他在傳統方面的哲學提問有根本的

區別，這個區別在於，這種重新恢復的意義在現象學上受到規定。「對一個傳統問題的真正重新恢復，恰恰使它的外在傳統特徵消失，並回溯到成見之前。」(GA20, 187) 這種重新恢復的方法，其功能在於揭示現象學在傳統成見中的被遮蔽性，並且在現象學上確定這個現象。海德格在《康德與形而上學問題》中對此有更清楚的解釋：「我們將對一個基本問題的重新恢復，理解為對其原初的，至此為止被遮蔽的可能性之開啟，通過對此可能性的探討，這個基本問題發生變化，並且如此才在其問題內涵中被覺知到❽。」

這樣，重新恢復的意義被理解為現象學的解構 (plänomenologische Destruktion)。現象學被理解為純粹方法概念，這意味著，根據實事來探問，並且來操作。在這個意義上，現象學上的重新恢復是針對傳統成見而做的，這同時是對現象學方法的確定。

於是，只要意向性要求成為現象學的最終對象，那麼意向性的可把握性便重新成為課題。「但就現象學同時在其課題（意向性）方面受到規定而言，這裡包含一個在先的決定，即對在雜多的存在者中恰恰成為課題的東西的在先規定。為什麼這個課題恰恰是意向性，對此沒有進行基礎性的指明。被描述的僅僅是，在現象學的突破中和在其建構中，意向性事實上是基本課題。」(GA20, 185)

---

❽ M. Heidegger, *Kant und das Problem der Metaphysik*, Frankfurt: Klostermann, 1973, S. 198.

　　但什麼是現象學的最終現象呢？現象學的實事性開端如何
規定自物？存在問題最終意味著什麼？

　　海德格將古典哲學標誌為哲學的最本己可能性，這種做法
表明，現象學的實事性開端不是胡塞爾所說的那樣在意識現象
之中，不是在意識的意向之中，而是在古典哲學的存在概念中。
但這不是說，古典的存在概念就已經是被尋找到的現象本身，
而是在它之中，包含著對現象學實事性開端的指示。只要我們
看海德格在他後期的自我解釋中的說明，這一點就清楚了，「意
識行為在現象學中作為現象的自身宣示者，應該更原初地在亞
里士多德那裡，和在整個希臘的思維和此在中作為 "$\dot{α}λ\dot{ε}θεια$"
而受到思考，作為現在之物的無蔽性，它的去蔽，它的自我顯
示。」(SD, 87)

　　海德格對現象學的洞察，顯然比胡塞爾的洞察具有更原初
的起源。海德格在思維之路的開端上，對存在問題的不斷增長
的理解，不僅受到胡塞爾現象學的推動，而且他還指出了兩個
關鍵性的因素：第一個因素是產生於對布倫塔諾關於亞里士多
德的博士論文的透徹探討之中，對存在意義的探問，第二個因
素是通過對希臘哲學的研究而獲得的無蔽性 ($\dot{α}λ\dot{ε}θεια$) 和在場
性 ($oὐσια$) 方面對存在的規定 ❾。亞里士多德的話，作為箴言
被附在布倫塔諾博士論文的封頁上，這句話在海德格的思想裡，

---

❾ 參看 M. Heidegger, "Brief an Richardson," in W. Richardson,
*Through Phenomenology to Thought*, The Hague: Martinus Nijhoff,
1963, pp. ix–xiii.

引發了一個規定著他的思維道路的問題:「貫穿在雜多含義之中的單一統一的存在規定是什麼？這個問題引出下面這個問題：什麼叫存在？存在者的存在是在何種程度上（為什麼和如何），展開到在亞里士多德思想裡，只是經常被確定了，然而有其共同來源，但從未規定的四因說之中❿。」

海德格對存在問題的思考，產生於他早期對布倫塔諾博士論文和對古典哲學的研究，並因此而從本質上規定了他思維道路的出發點，這個思考表明了他為何不能承認胡塞爾的出發點，即以意識和傳統的科學觀念為起點。因為比認識論的問題更原初的問題是存在論問題。

儘管胡塞爾的現象學忽略了對兩重存在問題的提問，這個忽略仍然指明了在意識現象學的起點中，存在問題的遮蔽性。因為存在表明自身是在範疇直觀中的對象存在，是在對感知的意向分析中被感知到的存在。從現象學上看，存在是一個直接被給予之物。但這個現象學的結果沒有在意識現象學中受到特別的探討。

儘管這個現象學的結論尚不確定，它作為非課題性的存在領悟 (Seinsverständnis)，是現象學的實事性開端。

## 4.2.2　現象學的進路方法

現象學的實事性開端是由非課題性的存在領悟 (Seinsverständnis) 所構成的，它之所以是非課題性的，這是因

❿ 同❾，p. ix.

為它在我們日常生活中，始終是不明確地進行的，並因此而始終是遮蔽的。

現象學的懸擱和還原，作為確定意識現象學的課題領域之進路方法，本質地不適合於海德格的現象學，因為它的課題不是一個意識實體。存在領悟是永遠無法通過超驗還原而成為現象學的現象。與此相應，對此現象學實事狀態的獲得，需要對進路方法 (Zugangsmethode) 加以徹底化。

我們已經暗示過，海德格在對其胡塞爾的分析中，已經隱含地使用了他自己的現象學進路方法，他後來在三重方法步驟中，將此方法理解為現象學的還原、建構的解構。在對心理主義的反駁，對現象學發現的把握和在對現象學的內在批判中，海德格已實施了現象學的還原和解構。這兩個方法原則的任務在於，揭示這些發現的原初意義，並且同時解構意識起點的成見。由此而產生出新的對真理與存在的提問。

海德格在 1925 年夏季講座和 1925/26 年冬季講座中，未明確地探討這三重進路方法，可以借助於 1927 年夏季學期的講座以及《存在與時間》的幾段文字來進一步描述這個三重方法。

須要再次強調，現象學本質上是指其探討方式的方法上的如何：它是自我於它自身顯示者的讓之看見。從這個形式現象學概念中，產生了進路方法：透過此通道，這個形式概念得以形成具體化，從而得到，並且進行工作的課題性的研究領域。

在《存在與時間》中有這樣一段話：「存在和存在結構在現象形態的交遇方式，必須首先從現象學的對象那裡獲得，因而，

分析的起點 (Ausgang)，也就是通過往現象的入口 (Zugang)，穿越過眾多權威性障礙的通道 (Durchgang)，據此，才可以有自己的方式的保證。」(SZ, 36) 這個方法是要求被三重的規定為起點，入口和通道：現象學進路方法的三個本質共屬的因素。在這個夏季學期的講座中海德格將它們相應地稱為現象學的還原、建構和解構（參看 GA24，第 5 節）。

在現象學還原方面所涉及的，不是胡塞爾的懸擱和還原的基本方法，它將生活在事物和人格世界之中所持的自然觀點設定判為無效，以便能夠看到超驗意識和它的意向活動——意向對象的體驗。海德格意義上的現象學還原是指：「現象學的眼光從總是特定的存在者理解，回到這個存在者的存在領悟（按照其去蔽方式的籌劃）之中。」(GA24, 29) 通過現象學方法的這個第一因素，而被還原之物不是超驗的意識流，而是在此之中，已經始終先存在地，不明確地進行著的存在領悟。這樣，在範疇直觀之中的存在的直接被給予性，和在其被感知存在的如何之中的被感知之物，就是根據現象學還原為「被還原的現象」，它們本質上屬於存在領悟。

因此，現象學的還原作為進路方法的第一因素，不僅區別於胡塞爾對存在者的把握方式，而且也區別於所有個別科學對存在者的把握方式。它本質上是將現象學的目光從存在者，轉向了對這個存在者存在的領悟，轉向對此在的存在領悟。

現象學的還原符合於在《存在與時間》中所說的起點，從這裡出發可以獲得真正的起點現象。但它既不是現象學方法的

唯一因素，也不是它的中心因素，因為「這種將目光從存在者回導到存在之上的做法，同時需要向存在本身的自身導向。」（同上）在海德格看來，第二步是由現象學的建構所構成的。「存在不像存在者那樣可被把握。我們不能簡單地發現它，相反，後面將表明它必須在一個自由的籌劃中被看到。我們將這種根據存在及其結構，而對在先被給予的存在者的籌劃，稱之為現象學的建構。」(GA24, 29 f.)

儘管「現象學建構」(phänomenologische Konstruktion) 這個術語在海德格發表的其他著作中沒有出現，並且其意義在這個講座（1927 年夏季學期）中只是簡短地得到闡述，海德格在《康德與形而上學問題》中深入地解釋了建構的概念，它與這裡所說的現象學建構是相同的。在《康德與形而上學問題》中，海德格說：「建構在這裡不意味著：某物憑空的自我表達。它是一種籌劃 (Entwerfen)，這裡無論籌劃過程，還是籌劃的結束，都是事先規定並且確認好的，此在的建構應該在其有限性中，並且出於對存在理解的內在可能的考慮。每一基本存在論的建構都在讓它的籌劃被看見時，使自己真實，這就是說，當它把此在帶到其敞開性，並且讓它的內在形而上學此——在 (dasein) 的時候❶。」

從這個在我們前科學、前存在論的生活中進行的存在領悟出發，這個現象的基本狀態，必須根據在它之中本質相關的世界理解 (Weltverständnis) 和存活理解 (Existenzverständnis) 而得

❶ 同❽，S. 226.

到說明，才能看到此在的存在論結構。對此在的基本理解包含三個因素：⑴世界；⑵此在的誰；⑶在此之中存在本身（參看 SZ, 53）。這三個因素構成此在的整個存在機制，即關懷 (Sorge)，它最終會從時間性來了解此在的存在，以致於通過時間的說明，可以達到關於存在意義的問題的超驗視域。現象學構造的任務就在於指明此在的基本特質。

但如果缺少第三個因素：現象學的解構、現象學的還原和現象學的建構，是不完整的。如我們已經強調過的那樣，關於存在之意義的問題本身已經是一個歷史限定的問題。這個問題本身屬於此在的存在可能性。從對存在者的前科學經驗出發，導向對其中進行的存在領悟的現象學考察，這裡的這個出發點就已各自受到「存在者的實際經驗以及經驗可能性範圍」的規定，「這些可能性範圍是每個實際此在所獨具的，亦即每一哲學研究的歷史狀況所獨具的。」(GA24, 30) 因而存在問題受到傳統哲學的規定，但這種規定在於，它在其提問中始終是被遮蔽的，並因而是被忽略了。由此而產生現象學解構的任務：「鬆開僵化的傳統，揭下由此導致的掩飾。」(SZ, 22) 在這個意義上，解構不只是消極的方法而且是現象學在積極的方法。它是「批評地將所繼承的，首先是必然要用的概念，化解到它們由之而產生的源泉去。只有通過解構，存在論才能夠現象學地鞏固其概念的真實性。」(GA24, 31)

由此可見，海德格的現象學解構絕不是指對傳統哲學的摧毀或冷落，而是指「對每一立場的批判性探問，即探問在那裡

有那些存在經驗，從中產生些什麼❿。」現象學的解構指明傳統哲學在其原初的，至此被遮蔽的可能性中的基本問題，它意味著，如我們已經提到的那樣，這是真正意義上的重新恢復。

這三個基本成分本質上是共屬的，並且構成獲得和保證現象學的真正現象的現象學進路方法。

## 4.2.3 此在現象學的前景

現象學的課題對象不是意識。毋寧說，被尋找的是一個存在者，在它的存在中，本質上已有著非課題的存在領悟。海德格將此存在者稱之為「此在」(Dasein)。我們對現象學進路方法所做的闡述已經表明，存在領悟是現象學的真正現象。如果現在存在領悟本質上屬於此在，那麼此在本身就是現象學的真正課題對象。「對此提問的真實探討便是此在現象學。但它恰恰找到了回答，並且將它看作是純粹研究回答，因為對提問的探討涉及到存在者，它在自身已經包含著突出的存在領悟。在這裡不僅存在地包含著關鍵性的東西，而且它同時對於我們現象學家來說是存在論的。」(GA20, 200)

這裡第一次出現海德格的用語「此在現象學」(Phänomenologie des Daseins)。這個用語不能混同於其他同名的個別現象學研究標題，就好像「此在現象學」所涉及的只是「此

---

❿ W. Biemel, "Heideggers Stellung zur Phänomenologie in der Marburger Zeit," *Phänomenologische Forschungen* 6/7 (1976), S. 219.

在」的實事區域❸。此在現象學與其他所有現象學研究的根本區別在於，在這裡，課題對象（此在）在自身中，已經包含著現象學自身理解的最本己可能性：對此在分析的具體進行，同時就是對現象學真正任務的實現，這就是說，它是對一個雙重存在問題的回答，即對意向之物存在的問題和對存在一般的意義問題的回答。因此，此在現象學要比胡塞爾的現象學更為本源，因為它在其實施中，以從方法上澄清意識現象學對存在問題的忽略為目的。在這個意義上此在現象學是奠基性的，而意識現象學則奠基於此在現象學之中。

對現象學在兩種方式之間的奠基關係的具體展開，是以對胡塞爾現象學中的被忽視的存在領悟之現象學結論的揭示為開端。對此存在領悟的說明將會指明，被感知的存在者作為經驗對象，不是第一性的被給予之物，相反，只有當存在者已經在我們前科學、前課題的生活進行中被理解之後，它才能與我們交遇。但感性感知在胡塞爾那裡，已經前設了這個對被感知的存在者之存在的不明確理解。馮・海爾曼 (von Herrmann) 這樣加以說明：「感性地感知存在者，這就是說，讓它作為具有這樣或那樣外觀的事物而被交遇，這是存在者的交遇第一性，並不是作為物質的經驗事物，而是作為環視關懷的器具；此在性的讓之交遇需要世界的先行開啟，以及此在連同它的存活 (Existenz)，已經存在於此世界之中，並且，此在可以和存在者

---

❸ 參看 F.-W. von Herrmann, *Der Begriff der Phänomenologie bei Heidegger und Husserl*, Frankfurt: Klostermann, 1981, S. 7.

作為參與性的器具交遇⓮。」

這就是對此在之世界性分析的課題，通過這種分析，感知感性的被奠基，派生特徵應當得以指明。由此可見，意向性僅僅只構成與存在者的存在的活動 (ontische Verhalten) 之存在 。意向性行為之能夠涉及對象，是因為只有前設了對世界和此在之存活的先行理解，本身才成為可能。

對此理論的具體指明和證明，是 1925 年夏季講座的主要部分的任務。海德格以對其日常性中的此在的說明為開端，將它作為揭示此在之基本機制的第一步。以後，世界的世界性基本結構作為此在，在世界中之存在的本質構造因素被揭示出來。這裡表明，此在與存在者的交往是第一性的現象，它比任何主體、客體、行為與對象的認識論相關性更為原本。

此在現象學由此而告別了任何一種從主體和意識出發的傳統哲學立場，包括胡塞爾的意識現象學。它表明自身是存在論的基礎，整個西方哲學的思維都建立在此基礎之上。因此，此在現象學是基本存在論 (Fundamentalontologie)。

基本存在論的分析表明，此在的存在論實際狀態，從本質上揭示了一個雙重的存在理解：存在之理解作為存活 (Existenz) 和隨手可用存在 (Zuhandensein)。「對在存在領悟之中的存在之理解是說：敞開性 (Erschlossenheit) 作為對存在的展開性 (Aufgeschlossenheit)。敞開性作為展開性是存在所特有的被

---

⓮ F.-W. von Herrmann, "Lebenswelt und In-der-Welt-sein," in *Subjekt und Dasein*, Frankfurt: Klostermann, 1985, S. 64.

給予方法。如果存在者的存在是現象學哲學的課題對象，那麼它只能作為存在的敞開性。作為存活的存在只能是作為存活的敞開性；同樣，隨手可用存在只能作為隨手可用存在的敞開性❶。」

在這段引文中，馮・海爾曼強調了對此在的雙重存在領悟的本質不可分割性。更確切地說：此在是這個敞開性本身，即：在隨手可用存在的視域敞開性中的自身綻出的敞開性 (die selbsthaft-ekstatische Erschlossenheit in die horizontale Erschlossenheit von Zuhandensein)❶。

通過這條道路，從對此在的整體開啟性的洞察出發，海德格獲得了現象學的真正實事。這樣，此在現象學便離開了意識現象學的基本立場。因為現象學的實事不是意識，而是此在。

與這部論著相關，進一步研究的目的在於，繼續探討在這裡僅僅簡單構畫出來的課題。在進一步的研究中才會表明，現象學如何從這個始基出發，完全展開它最本己的可能性。海德格一生都堅持他的這一對現象學之真正含義的基本理解：「現象學的前概念的解釋表明，它的本質並非在於現實地作為哲學的『方向』，高於現實性的是可能性，現象學的理解僅僅在於將現象學作為可能性來把握❶。」(SZ, 38)

---

❶ F.-W. von Herrmann，同❶，S. 31.

❶ 同❶，S. 32.

❶ 參看本書附錄：〈海德格的現象學概念〉。

# 海德格的現象學概念

# 1. 關於海德格對現象學之闡釋的問題

研究海德格的現象學，似乎必須探討他和胡塞爾的關係。自從 1927 年《存在與時間》出版以來，便常有人試圖辨析這兩位哲學家的現象學❶。大多數人認為海德格的現象學是一種徹底的偏離，或者按照蘭德格雷貝 (L. Landgrebe) 的觀點，它是對胡塞爾的超驗現象學中的基本問題的改造。今天已經很清楚，單純地對比胡塞爾和海德格，這條路是行不通的，因為兩種哲學奠基在於不同的哲學問題之上❷。 從胡塞爾的超驗現象學 (transzendentale Phänomenologie) 到海德格的存活——存在論

---

❶ 對這個問題最早的討論應該是胡塞爾在弗萊堡大學時期的研究助理蘭德格雷貝之著作："Husserls Phänomenologie und die Motive zu ihner Umbildung," (1930). 現刊於 Landgrebe, *Der Weg der Phänomenologie*, Gütersloh, 1963. 再參看 Julius Kraft, *Von Husserl zu Heidegger*, Leipzig, 1932，以及 Gilbert Ryle, "Heidegger's Sein und Zeit," *Mind* 38 (1929).

❷ 參看 F.-W. von Herrmann, *Subjekt und Dasein*, Frankfurt: Klostermann, 1985, S. 15–23; Richard Schacht, "Husserlian and Heideggerian Phenomenology," *Philosophical Studies* 23 (1972); Bernard Boelen, "Martin Heidegger as a Phenomenologist," in *Phenomenological Perspectives*, The Hague: Martinus Nijhoff, 1975.

的現象學 (existenzial-ontologische Phänomenologie) 根本沒有一條連續的路。從近年發表的馬堡講座 (Marburger Vorlesungen) 來看，海德格與胡塞爾的分歧早在二十年代《存在與時間》出版之前業已發生❸。海德格從一開始就試圖說明，他的哲學的出發點不是意識問題，而是由存在問題所規定。

　　胡塞爾的超驗現象學當然是對海德格的思維之路的巨大推動。但是在給美國人理查德遜 (Richardson) 的信中，海德格說，在胡塞爾的現象學之外，還有兩個對存在問題的開啟更有具決定性的推動，第一是從對布倫塔諾 (Brentano) 關於亞里士多德的博士論文研究中得出的存在意義的問題，第二是通過學習希臘哲學而產生的鑒於無蔽 (Unverborgenheit) 以及真理 ($\dot{\alpha}\lambda\dot{\varepsilon}\theta\varepsilon\iota\alpha$) 和現在 (Anwesenheit) 的存在規定性❹。在布倫塔諾論文的扉頁上，寫著亞里士多德的一句話，它規定了海德格思想之路的問題：「統領所有形形色色意義的那個單純的統一的存在之規定是什麼❺？」、「什麼叫做存在？」這個問題是海德格一生唯一的主導問題。海德格的現象學從一開始就被視為一個

---

❸ 參看 W. Biemel, "Heideggers Stellung zur Phänomenologie in der Marburger Zeit," in *Phänomenologische Forschungen* 6/7 (1976), S. 142–143.

❹ 參看 M. Heidegger, "Brief an Richardson," in W. Richardson, *Through Phenomenologie to Thought*, The Hague: Martinus Nijhoff, 1963, pp. ix–xiii.

❺ 同❹，p. xi.

鑒於存在問題的方法概念。「『現象學』這個說法首先意味著一個方法概念 (Methodenbegriff)」（SZ, 27；參看 GA24, 27）。海德格在 1927 年夏季學期的馬堡講座中，解釋了現象學概念的方法特性：「現象學不是哲學科學中的一種，也不是其他科學的一種前科學，『現象學』就是科學的哲學方法的標題。」(GA24, 3) 科學的哲學不是別的，就是存在的哲學，這是說：「哲學是存在及其結構和可能性的理論與概念的闡述。存在是存在論的 (Sein ist ontologisch)。」(GA24, 15) 因此很清楚，現象學作為方法的概念是和存在問題緊密相聯繫的。如果不考慮存在問題，就永遠不能理解海德格的現象學觀點。

二十五年之後，海德格在回顧他當時的思想道路時指出，對於他來說，重要的「既不是現象學當中的某個方向，更不是新的方向」，他的意圖在於，「更本源地思考現象學的本質，以便用這種方式將它納入到其西方哲學的歸屬性之中。」(US, 95) 海德格一開始就與胡塞爾奠定的現象學運動保持距離。他認為必須更本源地研究「現象學」，才能獲得其更深層的本質和獨特的哲學史位置。

現在的問題是：什麼是現象學的本質？作為方法概念的現象學意味著什麼？為了展開對現象學概念的提問，我們還要注意一個重要的問題：現象學概念和可能性概念的關係。在《存在與時間》的第 7 節結尾有這樣一段話：「現象學的前概念的解釋表明，它的本質並非在於現實地作為哲學的『方向』。高於現實性的是可能性 (Höher als die Wirklichkeit steht die

Möglichkeit)。現象學的理解僅僅在於將現象學作為可能性來把握。」(SZ, 38)

在《存在與時間》出版四十年以後，海德格在〈我的現象學之路〉 (Mein Weg in die Phänomenologie) 一文中再次強調了這一點（參看 SD, 90）。但是，現象學和可能性之間的聯繫似乎經常被誤解。可能性的意義通常被解釋為潛在性，這就是說，海德格的現象學是關於胡塞爾超驗現象學所奠定的方法的未來發展的潛在性❻。這樣人們就忽略了海德格與胡塞爾的基本區別，忽略了海德格對可能性的強調。海德格哲學中的可能性概念說的從來不是一種範疇，即與現實性和必然性相關的潛在性，而是一種鑒於存在的存在論規定 (ontologische Bestimmung)。

這篇簡短的論文旨在詮釋海德格的現象學概念。通過上述準備性的說明，我們得出三個主要問題：

1.什麼是現象學的本質？

2.現象學作為方法，對存在問題有什麼意義？

3.如何理解作為可能性的現象學？高於現實性的可能性說明了什麼？

這些問題實際上緊密相關，在下一段中我們開始分析現象學的本質。

---

❻ 參看 H. Spiegelberg, *The Phenomenological Movement*, The Hague: Martinus Nijhoff, 1982, p. 381, p. 412.

# 2. 現象學的本質

關於現象學的本質問題，首先需要解析本質的意義。本質在傳統哲學語言中表示 das Was, die Washeit, das Sosein，以及 essentia。據此，探問現象學的本質就是研究其普遍的結構和特性。在這種意義上，施皮格伯格 (Spiegelberg) 在《現象學運動》一書的最後一章指出，現象學的本質，可以通過從不同的「現象學」中抽象而普遍化出來❼。這種描述是以一種特定的觀點為前提，即：現象學和唯心主義或唯物主義一樣，是一種特定的哲學方向。海德格拒絕了這種理解。現象學不是與其他哲學並列的一種哲學，而是存在論的方法。「沒有特定的『現象學』，即使有的話，它也永遠不會成功為某種類似於哲學技巧的東西。」(GA24, 467) 對於海德格，現象學的哲學思索任務在於「更本源地 (ursprünglicher) 思考現象學的本質。」(US, 95) 這裡，「更本源地思考」就是從存在論上思考，現象學需要從存在的問題來反省本身。現象學的本質，從來不出現在任何一種對其本身物性 (Washeit) 的探索中，而是更加本源地在於對現象學的本質因素的存在論闡述，並且是在存在問題的視界內進行的闡述。

但是，存在論地理解現象學是什麼意思呢？現象學的本源意義不可回溯到胡塞爾的超驗現象學上去。如果存在問題自古

❼ 同❻，pp. 653–701.

以來是存在論的主要問題，而現象學被預定為存在論的方法，
那麼，就有必要在古希臘哲學的意義上規定現象學的本源意義。
希臘哲學本來沒有現象學的概念。關鍵是在「現象學」這個詞
中已經隱含兩個重要概念，即「現象」($\varphi\alpha\iota\nu\acute{o}\mu\varepsilon\nu o\nu$) 和「學」
($\lambda\acute{o}\gamma os$)。海德格通過對希臘現象 ($\varphi\alpha\iota\nu\acute{o}\mu\varepsilon\nu o\nu$) 概念和學 ($\lambda\acute{o}\gamma os$)
概念的深化闡釋而獲得現象學本質的第一個新意義。

## 2.1　現象的概念

「回到實事本身」(Zu den Sachen selbst)——海德格也把胡
塞爾現象學的這個準則作為其現象學思索的原則。但是恰好在
這一致的程式中，隱藏著胡塞爾與海德格的決定性區別，因為
他們對實事本身的闡釋是徹底不同的。胡塞爾的現象學是，由
超驗還原所純化的超驗意識體驗，構成研究的基礎。意向性，
這就是說，超驗自我的意識活動和意識對象的關聯整體，在超
驗意識體驗中敞開自身。實事本身因而是意向性；具體說，是
構成意識體驗的超驗主體性。由此可見，胡塞爾的現象學還植
根於笛卡爾和康德以來的意識哲學的傳統之中。現象學當然區
別於近代意識哲學，但只是以這樣一種方式，即它完成於「對
體驗活動的結構進行系統地規劃並鞏固的研究之中，這種結構
是指體驗活動的對象性， 亦即研究在活動中體驗的對象 。」
(SD, 84) 對於胡塞爾，現象學的現象是意識及其活動，於是他
不能避免一切意識哲學的問題，這就是，意識哲學忽視對象性
的存在問題。相反，海德格一開始就沒有從意識來理解現象概

念，而是回溯到古希臘的思想。在〈我的現象學之路〉一文中海德格說：「從意識活動的現象學作為現象的自身顯示來看，現象是更本源地回溯到亞里士多德和整個希臘思想中，現象在此被當作思想的，當作現在者的無蔽 (Unverborgenheit des Anwesenden)，現在的解蔽 (Entbergung)，存在的自我顯示。」(SD, 87)

根據這種對現象的了解，海德格在《存在與時間》第 7 段中沒有從胡塞爾出發來給現象概念定位，而是從現象 (φαινόμενον) 的詞源學解釋開始。在此，海德格忽視胡塞爾現象學的意義，當然並不是偶然的。這一詞源學的闡析也決不是任意的，而是屬於海德格所特有的現象學方法，因為這個詞在希臘思想的本源經驗中，已經是現象學地展開的「現象」。這裡海德格解釋道：「我對這個詞的運用不是任意的，因為同時它足以表明我的現象學嘗試的意圖。」(US, 121)

希臘詞 φαινόμενον 意為：「顯示自身的，自我顯示的，敞開的」(SZ, 28)，據此，海德格得到現象的形式概念：它是自我於它自身顯示者 (das Sich-an-ihm-selbst-Zeigende)。這樣獲得的現象概念首先區別於假象 (Schein) 概念，後者「作為現象派生的變形」(SZ, 29)，儘管兩個概念在存在論上休戚相關。值得注意的，卻是海德格嚴格區分現象和現相 (Erscheinung)。現象和現相在傳統哲學中常常為同義詞，例如，康德在《純粹理性批判》中對這兩個概念就作為同義詞來運用。現相總是某物的顯現，但是現相自身不是某物。它意味著，現相和使顯現可能的

基礎乃至物自體之間有一個區別。海德格對此進行深入探討。
他首先解釋顯現的概念：

「現相作為『某物』的顯現，因而恰恰並不表明顯示自身，
而是通過自我顯示的某物，來表示不顯示自我的某物。現相是
一種不顯示自我 (ein Sich-nicht-Zeigen)。」(SZ, 29)

但是，現相只有在自我顯示某物的基礎上才可能。顯然這
種賦予可能性的顯示某物不是指物自體，而是海德格意義上的
現象。因此現相和物自體的區分忽略了現相的這一特定性質。
只有當現相事先顯示自我並且敞開自我時，它才是可能的❽。
接下來，海德格解釋並且總結了現象和現相，現象和假象的
區別：

「現象——自我於它自身顯示者是指某物的一種突出的交
遇方式 (Begegnisart)。而現相指一種於存在者自身中的存在的
指示關係，並且是這樣，這種指示者 (das Verweisende)（表示
者）只有當它顯示自身，即是『現象』時，才能夠滿足其可能
的功能。現相和假象本身，是奠基於現象中的不同方式。」
(SZ, 31)

形式的現象概念是指自我於它自身顯示者。在這種形式中
須說明：海德格不是把現象概念簡單地表述為顯示自我者，也
不是作為自我於自我 (an-sich-selbst) 顯示者，而是作為自我於
它自身 (an-ihm-selbst) 顯示者。現象顯示自我於它自身中。於
是我們碰到一個解釋學的問題，如何理解這個於它自身 (an-

❽ 參看 C. F. Gethmann, *Verstehen und Auslegung*, Bonn, 1974, S. 97.

ihm-selbst)。

為了回答這個問題，我們首先注意在形式的現象概念中，通俗的現象概念與現象學的現象概念的區別。如果顯示自我者是存在者，亦即傳統的關於對象的現相概念，海德格便將其稱之為通俗的現象概念。他所尋求的是現象學的現象概念，對它的定義是這樣的：

「在現相中，在被通俗理解的現象中，每個先行的同行的、儘管沒有標明，但已經顯示自我的東西，都能夠明確地成為自我顯示，而這種自我如此於它自身顯示者 (das Sich-so-an-ihm-selbst-zeigende)，（直觀的形式）是現象學的現象。」(SZ, 31)

現象學的現象概念因此不是別的，就是「存在者的存在特性。」(SZ, 31) 存在者的這種存在特性，準確的說：存在現象，就成為關於海德格的現象學研究的領域。

現象作為自我於它自身顯示者是某物的一種突出的交遇方式。顯然這個「某物」不是說存在者或者物自體，而是存在者之存在。在此，海德格首先強調存在論的區分 (ontologische Differenz) 即是存在與存在者之區別。他說：「存在每次都是存在者之存在」(SZ, 9)，但是「存在者之存在本身不是存在者。」(SZ, 6) 現象作為顯示自我，是關涉存在和存在者的一種突出的交遇方式，這就是說存在的存在論的關係 (ontish-ontologische Verhältnis)，並且，「存在者總是於它的存在中」，而存在是作為「存在者之存在」而被思考的❾。

---

❾ M. Heidegger, "Vom Wesen des Grundes," in *Wegmarken,*

顯示自我是存在之現象，自我雖然是直接的，但是於它自身顯示。「於它自身」暗示，在顯示自我的直接性中業已隱蔽著一種中介方式。海德格在〈同一與差異〉(Identität und Differenz) 一文中指出第三格「它」(ihm) 的用法：

「每個某物本身歸還於它自身，每個自我是同一個——即為它自我同它自身……在同一性中有這個『同』的標誌，就是一種中介，一種聯繫，一種綜合；這種向一個統一體的合一 (die Einung in einer Einheit)❿。」

因此，鑒於存在與存在者的存在論區別，本源的存在之特性表露在現象上。存在與存在者直接地，但卻相互中介地自我顯示於現象中。換一種說法：「存在者於它自身顯示自我，這意味著它的顯示的直接性，是由存在而得以中介；存在於它自身顯示自我，這意味著其顯示的直接性由存在者而得以中介⓫。」

總而言之：現象學的現象是指存在者和存在，通過中介關係在直接性中顯示自我。到此為止我們才只是形式地展開了現象概念，尚沒有具體地描述它。而這是下一段落的主題。

## 2.2 現象學的前概念和現象性的對象

詞源學的現象學規定是現象 (φαινόμενον) 之學 (λόγος)。海

---

Frankfurt: Klostermann, 1978, S. 132.

❿ M. Heidegger, *Identität und Differenz*, Pfullirgen: Neske, 1957, S. 14.

⓫ 同❽，S. 101.

德格把希臘人多義的 *lógos* 解釋為言語，它具有使之敞開和讓之看見之特性。現象學據此是使現象敞開。更準確地說：現象學表明：「*顯示自我的，正如它由它自身而顯示自我，由它自身而讓自我被看見。*」(SZ, 34)

我們確定，現象作為自我於它自身顯示者既不是指超驗自我的意向性意識體驗（如胡塞爾），也不是指作為經驗對象的現相（如康德），而是指存在現象，存在者的存在特性。現象包括存在和存在者的自我顯示。但是，這並非意味著有兩種不同的存在和存在者的現象。存在和存在者的自我顯示僅在於直接性的中介關係中，存在顯示自我卻從來不像存在者那樣，總是作為已經顯示了自我的。而存在者的自我顯示隱藏於存在者之中。現象學應該「讓之看見」(sehen lassen)，「*那些首先並且通常不顯示自我的，相對於通常顯示自我的東西，它是隱蔽的，但它同時是一種本質地屬於那些首先並且通常顯示自我的東西，並且構成其意義和基礎。*」(SZ, 35)

存在者是什麼？它首先並且通常顯示自我，同時存在構成它的意義和基礎；然而，存在就自我方面卻不首先顯示自我。換一種問法：何種存在具備這個特性？只有此在 (Dasein)，其特徵是它於存在之中關係到存在。這種突出的存在關係屬於此在的存在特質 (Seinverfassung)。並且此在不僅理解其本有的存在，而且同時理解其他的此在和非此在的存在者之存在（參看 SZ, 12）。但是，此在的這種存在關係不是存在論的關係，即明確表述的概念的關係，而是活動於非明確表述的前存在論、前

哲學的、日常的此在活動過程。「因此現象學是存在和存在結構的明確表述的讓之看見，對於前哲學的此在，存在結構隱藏於存在者的自我顯示中，乃至重陷於隱藏之中，只假裝顯示自身❷。」根據這個解釋，現象學的現象性的意義得以澄清：此在的自我顯示的存在以及存在結構。存在從兩個方面通過此在的存在現象而顯示自身：「――存在」(das "-sein") 在這概念中表示人的存在：存活 (die Existenz)。「此」(das "Da") 表示開放性的存在論意義，並且是人的生存之存在的敞開性 (Erschlossenheit)，它處於與存在一般 (Sein überhaupt) 的敞開性的本質關聯中❸。這就指出，此在的現象不僅是存在者的顯示自我，而且存在正是於此在的這種顯示自我中，並且於自我的開放性中已經同時顯示。

　　雖然此在是海德格現象學的基本現象，它卻不是唯一的現象。海德格所要探問的是存在問題，即：存在的意義問題，這是根據此在的存在問題根本是向一存在者的存在發問，但是這問題並未涉及存在一般。然而，基於此在在它的存在中的存在關係，基於自身本有的存在領悟 (Seinsverständnis)，基於對於共同此在 (Mitdasein) 和非此在的存在者的存在理解，此在具備發展存在問題的存在的――存在論上的優勢　（參看 SZ，第

---

❷ F.-W. von Herrmann, *Bewußtsein, Zeit und Weltverständnis*, Frankfurt: Klostermann, 1971, S. 18.

❸ 參看 F.-W. von Herrmann, *Subjekt und Dasein*, Frankfurt: Klostermann, 1985, S. 21.

4 節)。

因此，分析此在的顯示自我是「存在問題中的第一重要任務。」(SZ, 16) 為了更為具體地規定此在現象，我們需要在這方面進行現象學方法的考察：

「這考察的進路方式和展開方式必須這樣來選擇：存在者本身能夠於它自身並且由它自我來顯示。並且這種方式應該像這樣來顯示存在者，一如存在者首先且通常所是的那樣，在它的平均日常性 (Alltäglichkeit) 當中。」(SZ, 16)

存在者首先並且通常存活於平均的日常性中，更準確地說，在它的事實性 (Faktizität) 中。事實性概念在海德格是有雙重意義的：一方面事實性在《存在與時間》中與被拋性 (Geworfenheit) 相合，而後者屬於此在的三種綻出存在方式的關懷結構 (drei ekstatische Seinsweisen der Sorgestrukturen des Daseins)。另一方面它具體指人的日常生活，它首先標誌出非本真形態的前存在論及前科學的此在活動過程。此在的日常現象以及第二種意義上的事實性在早期海德格思想中，已經與胡塞爾作為現象概念的意識，和狄爾泰的生活概念釐別出來。海德格的現象概念的第一個解釋也許出現在 1919 至 1921 年關於雅斯培 (Jaspers)《世界觀的心理學》(*Psychologie der Weltanschauungen*) 的批判性評論之中：

「現象的完整意義包括意向性的關聯特性、內容特性和活動特性……上述意義特性……被理解為本真的，是從現象學陳述中表達出來的意義特性。這種本真自身又只能理解為自身本

有的存在的前結構，它完成於生活在具有自身過程中的每一個
事實性之中，這種本有的存活意味著敞開，並保持具體的關懷
等候視界 (Erwartungshorizont) 的敞開，每一個活動過程的關
係，作為如此之關係都形成等候視界❹。」

這裡提及的本有的存活活動之前結構與《存在與時間》中
描述的前存在論之此在活動過程是相同的。這又證明海德格在
早期的現象學思索中，已經於分析此在問題的途中將現象概念
徹底化了。但是，此在的事實性的解釋只適合作為展開存在問
題的第一步。在前存在論的此在活動過程中已經有一種此在凸
顯的存在規定，即存在領悟。存在讓我們在存在領悟中了解它
自身，我們對本有自身，對共同此在和對非此在的存在者的態
度都是以存在領悟為基礎。這說明：此在的日常性只有在此在
中的存在領悟的基礎上才是可能的。

存在領悟因而是須強調的起點現象，由此才可以問及存在
領悟賴以為基礎的時間性，以至時間作為存在的本源現象而成
為研究的主題。只有充分討論時間現象，才能夠充分理解存在
與存在者的存在論區分，以及存在的意義。

現象學的本質通過規定現象學概念而得到比較充分的解
釋。海德格的現象學從一開始就考察此在和存在的自我顯示的
被看見。本質並非表示存在者的物性，而是存在的呈現
(wesende) 之模態。我們就可以說，本質表示此在和存在的自我

---

❹ M. Heidegger, "Anmerkungen zu Karl Jaspers 'Psychologie der
　Weltanschauungen'," in *Wegmarken*，同❹，S. 22.

顯示，現象學的本質（呈現）實際上是呈現的現象學 (Das Wesen der Phänomenologie ist eigentlich die Phänomenologie des Wesens)。

由此產生這個問題：現象學如何完成自身？或者：什麼是現象學的方法特性？

# 3. 現象學的方法概念

海德格多次指出，必須首先把現象學視為方法概念。他探問的是存在問題，運用的方法是現象學。在《存在與時間》中海德格寫道：「對存在意義的追問主導著哲學基本問題的研究。對這個問題的處理方式是現象學的方法。」(SZ, 27) 雖然海德格的現象概念不同於胡塞爾的現象概念，他卻不反對現象學的方法特徵，在他馬堡時期的存在問題研究中，甚至在更早的弗萊堡時期，人們可以找到其現象學方法的烙印❻。

但是，自 1930 年以來「現象學」術語既不再出現於已發表的文章裡，也不出現在他在弗萊堡大學所主持的講座目錄中。這無疑表明海德格思想內部的變化。然而這是否意味著海德格反對現象學並且放棄現象學的方法嗎？在這樣的思路中人們可能認為，隨著所謂的轉向 (Kehre)，海德格改變了其展開存在問

---

❻ 關於海德格在馬堡大學和弗萊堡大學從 1919–1958 年間所開的講座目錄，參看 "Verzeichnis der Vorlesungen und Übungen von Martin Heidegger," 同❹，pp. 663–671.

題的方法，以至於可以區分海德格思想的兩個階段。所謂的海德格㈠涉及此在的存在分析，所用的是現象學的方法。海德格㈡相反地以存在為主題，就現象學探索此在的事實性而言，現象學不再適合於新的任務。於是理查德遜的論文標題原定為：「由現象學到存在思想的路❻。」海德格在給理查德遜的信中明確地批判了這樣的觀點，因為理查德遜的文章標題所說的現象學只切中胡塞爾的哲學立場。海德格現象學的概念與胡塞爾的現象學概念之間的突出區別卻完全被抹殺了。

海德格做了相應的糾正：「如果我們把『現象學』理解為讓思想的最本有之實事顯示自我，那麼這個標題必須叫做：『從現象學進入存在思想之路』。這個存在是指，存在作為如此之存在 (Seyn) 同時自我顯示為那個須思想的、與之相應的思想需要的東西❼。」

儘管「現象學」這個術語不再出現，但海德格卻沒有放棄原初意義上的現象學方法，即「自我於它自身顯示的使之看見。」海德格做了有關的解釋：「這種作法〔即不使用現象學這個名稱〕並非像許多人以為的那樣是為了否定現象學的意義，而是為了讓我的思想進入無名 (Namenlose)。」(US, 121) 顯然，海德格在其思想之路的途中有「許多停留、彎路和曲折。」

---

❻ 參看 W. Richardson, "Heideggers Weg durch die Phänomenologie zum Seinsdenken," *Philosophisches Jahrbuch* 72 (1964–65)，並參看其書，同❹。

❼ 同❹，p. xviii.

(SD, 87) 他的哲學工作在後期經常被叫做思想之路，而思想總是在途中❶。因而，只要現象學的最原初的意義保留著，現象學就是通往存在思想之道路。

## 3.1　現象學的方法特性

　　哲學中沒有與哲學思想相分離的獨立方法。方法問題也是哲學的第一問題。從笛卡爾以來，方法問題是於近代哲學的中心。笛卡爾的沉思提供了重要的可能性，去建立嚴格的哲學認知。對於笛卡爾，問題是，從何規定哲學認知的確定性。這就是說，什麼是哲學認知不容置疑的絕對基礎？這個問題將笛卡爾的方法——思索推向沉思之路，這裡運作的首先是懷疑的方法，它把有史以來所有的信念和觀點擱置一邊。然後沉思的哲人一步步地達到意識活動 (cogitatio) 的純粹自我 (pure ego) 之絕對無疑的自明性。 就懷疑的自我 (ego) 自身不可能再被懷疑而論，自我認識即我思 (ego cogito) 是不容置疑的基礎。在此之上，哲學建立一門具有絕對基礎的嚴格科學。由此獲得的我思的無疑自明性表現在近代哲學是主導思想之起點，即是：從笛卡爾、康德到胡塞爾所肯定的超驗主體性 (transzendentale Subjektivität)。儘管超驗哲學千差萬別，其共同點為：超驗主體性的建構功能是一切不容置疑的哲學認知的基礎。然而超驗哲學在哪裡運作？只在沉思中，更準確地說：在超驗的思索自我中。思索自我有二層意義：一方面是思索者，反思者自身；另

❶ 參看海德格，同❾，S. ix.

一方面是自身表現為反思者的對象；換言之：思索自我意味著於自身中完成的對本有的自我意識的反思。超驗自我反思因此是超驗哲學的唯一方法。

對超驗哲學的簡單討論為我們提供一個背景：如何了解海德格的現象學的方法特性。海德格的現象學作為方法是否運作於自身反思呢？回答顯然是否定的。設果如此，那麼海德格的現象學只不過是另一種意識哲學，與胡塞爾的超驗現象學殊途同歸。我們已經斷定，海德格的現象學的現象絕不意味著意識，而現象學的定義是自我顯示的讓之看見。海德格認為，「讓之看見」不是指自我反思，而是每一本有此在的自身展開解釋。讓之看見不像一種高層活動那樣反思自身顯示，而是自我顯示本身的一個模態。

關於現象學獨特的方法特性，海德格在《存在與時間》中說明：

「真正的方法是建基在『對象』乃至『對象領域』的基本機制之相應的先行了解。真正得法的思索——它有別於空洞之技巧——因而也帶出關於探討的存在者的存在方式之解答。」(SZ, 303)

須要揭示的對象乃至自我顯示者的基本機制不是別的，而正是此在的存在領悟。

## 3.2　現象學和存在領悟

幾乎在《存在與時間》的每一頁上，甚至在其思想的全部

過程中，海德格都以現象性的事實，即存在領悟 (Seinsverständnis) 為前提。他的哲學因此而與傳統西方哲學劃分了界線。他的哲學活動不是從意識的自我反思出發，而是從前存在論的、前概念的、此在運作的存在領悟的日常事件出發。胡塞爾現象學的理想是嚴格科學的無條件性和無前提性。有鑒於此，存在領悟的前提條件不可避免地與胡塞爾的意圖相矛盾。但這只在這一個情況下才如此，即海德格的前提作為論證的出發點，並在建立系統演繹哲學中發揮作用。然而相反，海德格的前提完全是另外的一種意義。存在領悟作為前提運行於一個獨特的「圓圈」，而前提本身便是須要研究的領域。在此在中事先已有存在領悟，以此為基礎才能提出存在問題，因而此在的存在狀態以及存在領悟成為主題。但這並不是邏輯意義的循環論證。對此海德格說：「存在者可以於它的存在中被規定，這裡無須動用明確的存在意義的概念。」(SZ, 7)

海德格在《存在與時間》中多次強調了現象學方法的這種循環特性（參看 SZ, 7-8, 152-153, 314-316）。關於對無前提性的追求，海德格含蓄地批評胡塞爾的超驗現象學：

「如果人們從一個無世界的我『出發』，然後賦予他以一個客體和一種存在論上無根基的與客體的關係，則對於此在的存在論『前設』得不是太多，而是太少。」(SZ, 316)

儘管如此，海德格仍借重胡塞爾的方法理念，繼而對存在問題的方法更新。胡塞爾在《哲學作為嚴格的科學》一文中強調：「研究的動力不是來自哲學，而必須是來自實事和問

題⑲。」在此，海德格明顯的同意胡塞爾；然而，他認為實事是在日常生活運作的自明的事情，即是在模糊狀態的存在領悟。海德格說：「我們總是已經活動在存在領悟中。」(SZ, 5) 這種存在領悟的自明性，即這種前存在論的、前概念的日常生活中不在認知意識層面運作的，對存在者之存在的領悟，是屬於人類存活最明顯，但是最深奧的活動。海德格認為存在領悟直指向存在問題。他說：「那麼存在問題不是別的，就是一種本質上屬於此在本身對存在趨向的徹底化，對前存在論的存在領悟的徹底化。」(SZ, 15) 在前存在論的存在領悟中不只是對於此在的本源存在的領悟，還有對共同此在 (Mitdasein) 的存在領悟，和在環境世界中碰到的非此在的存在者的存在領悟。這樣，此在具有較所有其他存在者的存在的 —— 存在論 (ontisch-ontologische) 而言的優勢，因為它首先具備的存在領悟是一切存在論的可能性條件。而這種條件也是現象學的可能性條件。在此，我們達到現象學的「圓圈似的」規定。現象學只有以此在的前存在論的存在領悟的基礎上才可能。然而，存在論地，這就是說，明確地解釋此在的這種前存在論的存在領悟，正是現象學的任務。因而問題是：存在領悟究是如何可能的？(參看 GA24, 19, 21)。

　　現象學作為方法的意思是解釋屬於此在的存在領悟，亦即弄清楚其本有存在的基本結構。與此相應，「此在的現象學」是

⑲ E. Husserl, *Philosophie als strenge Wissenschaft*, Frankfurt: Klostermann, 1971, S. 71.

「在本源意義上的詮釋學。」(SZ, 37) 此在的現象學作為詮釋學，是指從此在的存在關係中解釋此在。這不僅對於此在本身的存在論有必要，而且它也是存在論之先決條件。就此海德格寫道：

「通過發現存在的意義和此在的基本結構，為所有對非此在的存在者的進一步研究提供視界，就此而言，此詮釋學就是這種意義上的『詮釋學』：它探究每一存在論研究的可能性條件。」(SZ, 37)

## 3.3 現象學的還原、建構和解構

現象學的解釋至此只關係到現象學方法的本質模態之一：詮釋學地展開對一種特殊的存在者，即此在的闡釋。我們在上節已分析過現象的概念：現象就是存在和存在者的自我顯示。海德格始終強調，其思想的終極目標就是存在意義，於是存在意義的問題依賴於此在的分析。

要展開並說明現象，需要一方法過程的廣義概念。不僅此在的現象，存在的現象也必須在現象學的思索中才可接近。海德格說：

「存在和存在結構在現象形態的交遇方式，必須首先從現象學的對象那裡獲得。因而，分析的起點 (Ausgang)，也就是通往現象的入口 (Zugang)，穿越過眾多權威性障礙的通道 (Durchgang)，據此，才可以有自己的方式的保證。」(SZ, 36)

方法的要求表示出現象學的思索的三重特徵。顯然起點和

入口以及通道不是三個不同的道路，而是內容上相聯繫的現象學因素。這在《存在與時間》中尚未詳盡明確地展開。為了更加清楚地把握現象學的三個本質模態，我們轉向 1927 年關於「現象學基本問題」 (Grundprobleme der Phänomenologie) 的講座。

講座的旨趣直指「（現象學）基本問題的內涵和內在體系。目的是從根本上澄清現象學。」(GA24, 1) 這樣，海德格感興趣的不是作為一種現代哲學的現象學，相反：「我們不是討論現象學，而是討論現象學本身所討論的。」（同上）講座相應地指出，現象學自身是如何於它自身完成的。現象學作為存在論的方法，作為存在科學的方法，有兩大任務：

1.指出存在論的存在基礎的證明和這種基礎的特徵（參看 GA24, 27）。這是說，詮釋學地闡述此在，而此在是使存在論可能的存在基礎。

2.找出存在論──超驗的區分的方法結構。如何就存在作為先驗地先於存在者而言，從時間上理解存在。同時必須指明，這種「先於」的特性，這種先驗性為什麼並且如何與存在相切合。（同上）

完成這兩個任務要求，需要現象學方法的敏銳觀察。海德格區別現象學的方法有三，但三者在內容上是同屬的：現象學的還原、建構和解構 (phänomenologische Reduktion, Konstruktion und Destruktion)。

海德格所說的現象學方法並不涉及到胡塞爾現象學的還原

方法，胡氏的現象學還原是指：作為人日常生活中對世界肯定的信念，即所謂自然觀點的普遍命題 (Generalthesis der näturlichen Einstellung) 之判為無效之方法，以便考察超驗意識和意識的對象體驗（參看 GA24, 29）。海德格的現象學還原是指「現象學的眼光從總是特定的存在者理解，回到這個存在者的存在領悟（按照其無蔽方式的籌劃）(Entwerfen auf die Weise seiner Unverborgenheit) 之中。」(GA24, 29) 這現象學的第一模態所「還原」的結果就是上述起點現象，即於此在中，由始至終已經存在論地悄悄運行的存在領悟。只有從存在著的此在的存在領悟範圍出發，才能「揭示並且有可能討論」(GA24, 28) 存在者之存在。因此作為方法的現象學還原不僅區別於胡塞爾，而且區別於所有存在者的科學理解。它本質上是目光的轉換，從此在之存在者到解開作為此在中的存在領悟的存在。

現象學還原就相當於在《存在與時間》中所說的起點，亦即「積極地投入到存在自身」，並且以這樣的方式，我們「必定每次於一種自由的籌劃中看到」存在。(GA24, 29) 這就導向存在所需方法的第二個因素，也就是現象學的建構。「我們將這種根據存在及其結構，而對在先被給予的存在者的籌劃，稱之為現象學的建構。」(GA24, 29-30)

雖然現象學建構這個術語，沒有在海德格去世之前所發表的文章出現，但是在《康德與形而上學問題》中十分清楚地解釋了建構概念，它與這裡的現象學建構是等同的：

「建構在這裡不意味著：某物憑空的自我表達。它是一種

籌劃，這裡無論籌劃過程，還是籌劃的結束，都是事先規定並且確認好的，此在的建構應該在其有限性中，並且出於對存在理解的內在可能的考慮。每一基本存在論的建構都在讓它的籌劃被看見時，使自己真實，這就是說，當它把此在帶到其敞開性，並且讓它的內在形而上學此在——(dasein) 的時候❷。」

從存在領悟出發，必須首先把在存在理解中劃分的世界與存活理解的基本狀況切開，進一步規定存在的結構。屬於此在的基本狀況的有三個基本模態：1.世界；2.此在的誰；3.在此之中存在 (das In-Sein) 本身 。這三個模態構成此在乃至關懷 (sorge) 的完整存在機制，關懷最終會從時間性來了解此在的存在，繼而存在問題的超驗視界則透過時間的闡釋而達到。不過，如上所述只是對現象學建構的任務之一個粗略介紹。

沒有經過第三個因素——現象學的解構，現象學還原和現象學建構就還沒有完全處於其同屬性之中。存在問題顯然不是空洞的或者是捏造的，而是歷史的問題。這個提問本身屬於此在的存在可能性。考察存在者的存在，其出發點每次都由此規定：「存在者的實際經驗和經驗可能性的範圍，而可能性範圍是每個實際此在所獨具的，亦即每一哲學研究的歷史狀況所獨具的。」(GA24, 30) 存在問題因而是由傳統哲學所規定的，但是存在問題首先且總是被掩蓋了。按照海德格的觀點，西方哲學傳統的特徵是存在的遺忘。於是有現象學的解構任務：「鬆開僵

---

❷ M. Heidegger, *Kant und das Problem der Metaphysik*, Frankfurt: Klostermann, 1973, S. 226.

化的傳統，揭下由此導致的掩飾。」(SZ, 22) 解構沒有任何消極的意思，而是帶著積極的意圖，「批評地將所繼承的，首先是必然要用的概念，化解到它們由之而產生的源泉中去。只有通過解構，存在論才能夠現象學地鞏固其概念的真實性。」(GA24, 31)

顯然，海德格的現象學解構根本不是指傳統哲學的瓦解或毀滅，而是「對每一立場的批判性探問，即探問在那裡有那些存在經驗，從中產生些什麼㉑。」現象學的解構在哲學的「本源的，至今隱藏著的可能性」中解決了傳統哲學的基本問題，它意味著真正意義上的「溫故而知新」㉒。

《存在與時間》中，海德格沒有把現象學的方法的三大基本部分叫做現象學的還原、建構和解構，而是叫做起點、入口和通道。這三個基本部分「內容上共屬並且必須於同屬性中奠定基礎。」(GA24, 31) 這就是說，每個模態都是其他模態的可能性條件。只要存在領悟是建構和解構的基礎，後兩者就必然從存在領悟這一現象學還原的建構現象出發。建構必然是解構，亦即：「在歷史地向傳統的回溯中所完成的化解，它不意味著否定傳統並將它宣判為虛無，而是相反地意味著對傳統的積極繼承。」（同上）

至此，我們達到對海德格的現象方法概念的清晰理解。這樣一種說明也許有道理：海德格除了在《存在與時間》的第 7

㉑ W. Biemel，同 ❸，S. 219.

㉒ M. Heidegger，同 ❷⓪，S. 198.

段和《現象學的基本問題》的第 5 段之外，根本沒有在其他著作中明確地討論現象學及其方法。但是這並非是說，在海德格哲學中沒有「方法」。方法概念沒有曲解為科學研究的過程，而是回到其希臘語的基本意義上來理解 $\mu\acute{\epsilon}\theta o\delta o s$ ： 達到某物的道路。就此而言可以看到，海德格強調的方法本質是在它的「如何」而不是它的「什麼」。我們也許可以這樣說：雖然只在《存在與時間》和《現象學的基本問題》中討論了現象學的方法，但是現象學方法隱含於海德格整個思想之中。按照海德格的觀點，重要的是：「不是認識哲學，而是能夠哲思 (Philosophieren)！」(GA24, 1) 能夠哲思暗示著道路、方法。通往哲學的道路，通往思想的道路，在最本源的意義上就是哲學本身。

## 4.　現象學和可能性概念

《存在與時間》第 7 段中的現象學方法解釋直指現象學的前概念。（參看 SZ, 27）。對於海德格，由其本質和方法特徵所規定的現象學僅是暫時有效的，因為中心問題尚沒有清楚地解決。這個問題是：從存活的時間性上澄清存在的意義以及存在與真理的關係。只有在這個任務完成之後，「才能在與前概念的引言式說明的區別中發展現象學觀念。」(SZ, 357) 所要發展的現象學觀念屬於存在問題的展開。這又區別於在所謂現象學運動中的所有現象學概念，因為現象學的真正理解僅在於「其作

為可能性的把握」，而不是作為哲學趨向的現實性。(SZ, 38)

將現象學和可能性相提並論意味著什麼？如何理解「高於現實性的是可能性」？可能性究竟是什麼意思？上述現象學只是一個前概念。現象學前概念的「暫時性」說明了什麼？

針對這些問題，也許「前概念」一詞本身給我們提供第一個提示。「前概念」和「暫時性」中的「前」說出某個較早的、與時間有關的東西。現象學的「暫時性」在於其「時間上」的特點嗎？那麼最終可能性如何關涉到時間呢？

## 4.1 可能性概念的預先說明

在傳統哲學中，可能性概念被理解為邏輯的本體論的概念。邏輯的可能性說明某物於自身中沒有矛盾，因而可以思想。本體論的可能性關係到可能的存在者，如果它是現實的，就能達到現實。康德提出的可能性概念就作為在現實性和必然性之外的模態範疇。可能性是客體和認識主體的關係。關於承襲下來的對可能性的理解，海德格作如下解釋：「作為現成在手 (Vorhandenheit) 的模態範疇，可能性意味著尚不是現實的，不是一定必然的，存在論上它低於現實性和必然性。」(SZ, 143)

與此相反，海德格在完全另一個層面上了解可能性概念。可能性不是較低，而在存在論的意義上是最本源的。從海德格突出的可能性概念，我們可以暫時得出三重意義，它們的歸屬是統一的：

1.可能性是此在的存活格式 (Existenzial)。「可能性作為存

活格式是此在的最本源的,最後的和積極的存在論之規定性。」(SZ, 143) 可能性的現象性根基是敞開的存在可能,而這是理解,也就是說,可能性是理解著的此在之向何處籌劃 (das Woraufhin des Entwerfens des verstehenden Daseins)。

2. 可能性說明在「可能性條件」(die Bedingung der Möglichkeit) 意義上的使之可能。早期海德格經常使用「可能性條件」和「使之可能」的術語,至少至〈關於根據之本質〉(Vom Wesen des Grundes)(1929 年)一文為止(參看 SZ, 85, 87, 199, 260, 267 等)❷❸。在《現象學的基本問題》中,主導問題為:「存在領悟究竟如何可能?」(GA24, 19) 答案出現於講座第二部分的開始:「存在領悟的可能性的存在論條件是時間性本身。」而「時間性令存在領悟成為可能。」存在領悟的可能性在於時間性,亦即時間性使存在領悟可能。兩個術語的使用顯然來源於康德。但是海德格從康德那裡繼承了使之可能的超驗意義,卻沒有追溯到超驗主體性❷❹。可能性和使之可能意味著此在的敞開性的本質呈現模態。

3. 可能性作為生存和可能性作為使之可能 (Ermöglichung),從存在和時間上被當作源泉而建立起來。存在是存在者的可能性。可能性最終是有鑒於時間的最本源之基礎。

---

❷❸ 參看 Aberto Rosales, *Transzendenz und Differenz*, den Haag: Martinus Nijhoff, 1970, S. 95.

❷❹ 參看 M. Heidegger,同❷⓪,S. 112–113,以及 *Phänomenologische Interpretation von Kants Kritik der reinen Vernunft*. (GA25, 328)

這裡我們無法完整地說明可能性意義的複雜性。我們將注意力集中在所提及的可能性意義中的第三種，以便認清現象學、可能性和時間之間的關係。

## 4.2　現象學、可能性和時間

海德格在《存在與時間》中沒有進一步討論這個公式：「高於現實性的是可能性」，它僅僅是個開端。《存在與時間》已出版部分的首要任務是此在的基本存在論分析，它為存在意義的闡述作好準備。因此可能性首先是作為此在的存活格式，乃至作為理解；但是沒有從存在論，也就是從存在科學的角度來探討。此公式的解答是在《現象學的基本問題》之中提出來的。

「如果我們把時間性規定為此在的本源狀態，因而規定為存在領悟的可能性的源泉，那麼，作為源泉的時態 (Temporalität) 必然是比所有由之而產生的東西更為豐富。這裡表現出一種特別的關係，它在整個哲學領域上至關重要，即：在存在論中可能性高於一切現實性。在存在論範圍中所有起源 (Entspringen)，所有發生 (Genesis) 不是成長和展開，而是分離 (Generation)，就一切脫離事物脫離出來 (alles Entspringende entspringt) 而言，它意味著一種逃離，某一意義下離開這源泉的無窮力量。」(GA24, 438)

在我們得以充分闡述這段語錄之前，先看《現象學的基本問題》的主要問題。它是存在領悟的可能性問題。這裡的存在領悟有別於《存在與時間》的存在領悟，它不僅關係到對存在

者之存在的存在狀態理解 (das ontische Verstehen)，而且關係到存在作為存在的理解。《存在與時間》中，理解是此在存活的基本規定，只要此在存活著，它就理解本有的自身的存在，並且理解其他此在的存在，以及在世界內非此在的存在者之存在。只要理解關係到存活，乃至存活著的此在，海德格就將它稱之為存活的理解 (das existenzielle Verstehen)（參看 GA24, 395）。在存活的理解中又有同樣的對本源存在的存在領悟。海德格解釋說：「就此在是於世界中存在 (In-der-Welt-sein) 而言，這就是說，此在與它的事實性一樣本源地敞開世界，並且同時敞開其他此在、交遇世界內的存在者。就此而言，此在同樣本源地理解了其他此在的存活和世界內存在者之存在。」(GA24, 395)

「在它（存活理解）之中有一種理解，這種理解作為籌劃不僅從存在出發理解存在者，而且就存在自身被理解而言，也籌劃了作為存在的存在。」(GA24, 396)

這裡我們碰到在《存在與時間》中沒有被研究的關鍵問題，作為存在的存在於此在的存活理解中也被同樣本源地敞開了。有兩個存在理解：存活理解和存在理解。但是這不意味著兩者分為上下層，而是指一種理解限制著另一種（參看 GA24, 396）。它們之間有著真實的本源的關聯。如果理解的本質特徵是籌劃，那麼在存在理解中有雙重的籌劃。我們確認存在於存在領悟中被理解，這就是說，存在被理解為對存在的籌劃。但是關於存在的理解又應該是一種籌劃，只要它是一種理解。因而得出這種關係：

「只有在存在者中籌劃存在，我們才理解存在者。在這裡，存在本身必須在一定的方式中被理解，亦即存在必須從它那一方面向某物籌劃。」(GA24, 396)

對存在理解之朝向的規定首先在於對存在領悟的可能性之理解。基於時間性，此在理解其本有的自身的存在為關懷 (Sorge)，同時理解隨手可用 (Zuhanden) 的存在為參與 (Bewandtnis)。如果時間性使存在領悟在此在中成為可能，「那麼時間性也必須是存在領悟（狹義）的可能性條件，因而是存在向時間的籌劃。」(GA24, 397) 換句話說：時間是存在領悟的籌劃的最本源的朝向。海德格總結說：

「存在者之理解，向存在的籌劃，存在之理解，向時間的籌劃，它們的終點處在時間性的綻出性 (ekstatisch) 統一視界中。」(GA24, 437)

我們從存在者理解開始。我們要問：存在者理解，乃至非此在的存在者的理解究竟如何可能？換一種問法，此在與作為隨手可用者 (Zuhandenen) 的非此在的存在者的交往是關懷性的。然而這種屬於此在基本規定的交往如何可能？首先，與存在者的關懷性交往是由參與規定的，而參與造成器具 (Zeug) 的器具特性，即「以使……作」(Um-zu) 之特性。器具作為器具是這樣被對待，因而也這樣被理解的，以至它事先已經朝向參與整體而籌劃著了。這意味著，作為器具理解之視界的參與整體，是屬於存活著的此在的基本可能性。先行的參與理解，海德格稱之為使之參與 (Bewendenlassen)（參看 GA24, 415）。「作

為參與理解的使之參與是這樣一種籌劃，只有它才賦予此在光亮，在它的光線中遭遇諸如器具之類。」(GA24, 416) 這裡顯露出存在領悟的第一個本質模態：「存在者之理解，向存在的籌劃。」

但是隨手可用者只有這樣的範圍中被理解，即器具的存在方式通過器具在其參與整體中的關係而展露自身，而同時隨手可用者的存在，即在現有存在意義上的存在領悟，還沒有敞開。可以看到，在作為參與理解的使之參與中回溯到一種更為本源的時間性（參看同上）。然而在使之參與中有一個特定的時間狀態，時間化 (Zeitigung) 的三而一的綻出 (Ekstase) 建立在這種時間狀態中。「在保持準備狀態的當下者 (Gegenwärtigen) 中，器具交遇，變為現在的，進入一種當下 (Gegenwart)。」(GA24, 416) 雖然如此，時間性的綻出仍需要一個時間的「更為本源的領域」，因為它只造成存活理解的時間性、隨手可用的存在方式理解的時間性，它還沒有構成在隨手可用存在意義上的存在領悟。海德格把這種「更為本源的領域」叫做綻出的去何處 (Wohin)，這裡的何處意味著綻出的視界模式（參看 GA24, 435）。

我們已經指出，器具交遇的突出的時間規定是當下。因此當下作為時間性的綻出，其籌劃最終朝向去向何處，即綻出的視界模式。海德格把這種關聯稱作在場 (Praesenz)。

「在場」術語的運用屬於海德格對整個西方存在論中有關時間和存在的最深層探討。海德格很早在他的思想之路中就發

現，希臘人了解存在已經是以現在性 (Anwesenheit) 作為存在之特徵，即是 $oὐσία$❷⑤。因此，存在由現在性，當下的時間性標誌出來。但是從亞里士多德以來，現在性被解釋為此時此刻，它是每一個時間規定的最初的點。按照這樣的觀點，時間本身從根本上只作為一個存在者。

所有隨手可用者「於時間中」由即時 (das Jetzt) 來規定。相反，海德格提出，只有當即時在時間之內時，才被理解為時間的一種規定。其中又有一個更為本源的理解。「如果我們規定隨手可用者為在時間之內的，我們已經預設了以下的理解：即我們在隨手可用存在方式中理解隨手可用者這個存在者。」(GA24, 434) 更為本源的是在場，無論與即時還是與當下相比，由此得出現有存在意義上理解的存在領悟。於是存在理解的第二個本質模態是：「存在之理解，向時間的籌劃，其終點在時間性的綻出性之統一視界上。」海德格稱時間性的綻出統一視界為時態 (Temporalität)：

「時態是時間性，它涉及到屬於時間的視界模式的統一性，在我們這種情況下，當下涉及到在場。」(GA24, 436)

時間性有其視界上的終點。而這意味著作為這一終點的時態不是別的，就是「一切籌劃的可能性的起點和出發點。」(GA24, 437) 我們的論述至此可作如下總結：

「隨手可用者的隨手可用性，存在者之存在，被理解為在場，這一非概念地理解的在場已經在時間性的自我籌劃中顯露

❷⑤ 參看 M. Heidegger，同❹，S. xiii.

出來，時間性的時間化 (Zeitigung) 使與隨手可用 (Zuhanden) 及現成在手 (Vorhanden) 者的生存性之交往成為可能。」(GA24, 438-439)

以上提供的時間問題的闡述只是粗略的勾勒。它僅在方向的意義上幫助我們研究現象學、可能性和時間的關係。在這一段的開始我們摘錄「作為源泉的時態必然比所有由之而產生的東西更為豐富」。作為源泉，時態是「一切籌劃的可能性的起點和出發點」。因此「可能性高於現實性的」公式已經獲得意義。高於現實性的可能性首先不同於「一切籌劃的可能性」，而是源泉，「源頭的優勢力量」，「所有的產生由此超脫而出」之意義。現實的 (das Wirkliche) 不是最本源的，因為它只被理解為現實的，就其朝著時態而被籌劃而言，時態不是別的，而是必然高於現實性的可能性。「高於」並非意味把可能性移至現實性之上的模態範疇。現實性在傳統本體論中總是居優先位置。但是這裡「高於」所說的存在論的優先是有鑑於存在與時間的原初的顯露性。「高於」是一個時態的規定。作為時態的可能性必然時間上早於現實的。這就是說，時態是最早的，考慮到視界模式的統一性，它是時間原初的成熟。海德格解釋說：

「因為原初地使之可能的，可能性自身的源泉是時間，時間自身時間化得最早。比每一個以任何方式可能的較早更早的是時間，因為它就是較早的基本條件。」(GA24, 463)

時間先於時態而時間化，更準確的說，先於在場，存在作為隨手可用及現成在手的存在從在場得到理解　（參看 GA24,

438）。這種最原初的時間化造成可能性。如果現象學和可能性相提並論的話，它正說明最本源的時間化自身，它是存在與時間的發生。按照這個規定，我們可以說現象學為可能性是存在與時間之間的「與」（"und"）。

由此，海德格的現象學概念的深刻意義顯露出來。現象學的本質和方法特性就其自身只是可能的，現象學作為可能性最後基於時間的最本源的時間化，這是就存在的顯露（Enthülltheit）。

## 5. 結束語：現象學及存在問題

現象學的規定是存在與時間的「與」，這裡我們恰好回到海德格基本問題，即存在問題之中。關於「與」，海德格著重強調這個「與」，它隱含著《存在與時間》的中心問題[26]，《存在與時間》的標題的正確解釋在於：如何從時間來把握存在。現象學的基本意義是現象的呈現自身，以及存在和存在者的自我顯現及其使之看見。現象學的方法特徵所獨特的循環結構表明，使之看見實際上屬於存在和存在者的自我顯現。存在和存在者的自我顯現，只有被籌劃到本源的時間中才可能。因此，自我顯現和使之看見根本上是時間性的。它們是存在在時間中自我時間化之領域。

作為存在問題之方法的現象學，其使命在於從存在和時間

---

[26] 參看 M. Heidegger，同[20]，S. 235.

這個獨特的關係出發，用語言把存在從本源的時間中表達出來。

後記：本文原為德文論文："Zum Begriff der Phänomenologie bei Martin Heidegger"，翻譯過程得到浙江大學德語中心戴暉先生協助，謹此致謝。

# 參考文獻

## 1. 原典

### 1.1 本書所引海德格著作書目

GA1 = *Frühe Schriften.* Gesamtausgabe Bd. 1. Frankfurt: Vittorio Klostermann, 1978.

GA20 = *Prolegomena zur Geschichte des Zeitbegriffs.* Gesamtausgabe Bd. 20. Frankfurt: Vittorio Klostermann, 1979.

*History of the Concept of Time.* trans. Theodore Kisiel. Bloomington: Indiana University Press, 1985.

GA21 = *Logik. Die Frage nach der Wahrheit.* Gesamtausgabe Bd. 21. Frankfurt: Vittorio Klostermann, 1975.

GA24 = *Die Grundprobleme der Phänomenologie.* Gesamtausgabe Bd. 24. Frankfurt: Vittorio Klostermann, 1975.

*The Basic Problems of Phenomenology.* trans. Albert Hofstadter. Bloomington: Indiana University Press, 1982.

GA26 = *Metaphysische Anfangsgründe der Logik.* Gesamtausgabe Bd. 26. Frankfurt: Vittorio Klostermann, 1978.

*The Metaphysical Foundations of Logic*. trans. Michael Heim. Bloomington: Indiana University Press, 1984.

KPM   = *Kant und das Problem der Metaphysik*. 4. erweit. Auflage. Frankfurt: Vittorio Klostermann, 1973.

*Kant and the Problem of Metaphysics*. trans. James S. Churchill. Bloomington: Indiana University Press, 1962.

SZ   = *Sein und Zeit*. 13. unvera. Auflage. Tübingen: Max Niemeyer, 1976.

*Being and Time*. trans. John Macquarrie and Edward Robinson. N.Y.: SCM Press Ltd., 1962.

《存在與時間》，陳嘉映、王慶節合譯，北京：三聯書店，1987。

UZ   = *Unterweg zur Sprache*. 6. Auflage. Tübingen: Neske, 1979.

*On the Way to Language*. trans. Peter D. Hertz. New York: Harper and Row, 1971.

WM   = *Wegmarken*. 2. erweit. Auflage. Frankfurt: Vittorio Klostermann, 1978.

ZD   = *Zur Sache des Denkens*. Tübingen: Vittorio Klostermann, 1969.

《向於思的事情》，陳小文、孫周興合譯，臺北：仰哲出版社，1993。

\* "Brief an Richardson," in William Richardson. *Through Phenomenology to Thought*. The Hague: Martinus Nijhoff, 1963.

\* "Über das Zeitverständnis in der Phänomenologie und im Denken der Seinsfrage," in *Phänomenologie—Lebendig oder tot?*. Karlsruhe: Badenia, 1969.

## 1.2 本書所引胡塞爾著作書目

LU/I = *Logische Untersuchungen*. Erster Band. Prolegomena zur reinen Logik. Halle, 1900; rev. ed., 1913. Tübingen: Max Niemeyer, 1968.

《邏輯研究，第一卷——純粹邏輯學導引》，倪梁康譯，臺北：時報出版社，1994。

LU/II = *Logische Untersuchungen*. Zweiter Band. Untersuchungen zur Phänomenologie und Theorie der Erkenntnis. Halle, 1901; rev. ed., 1922. Tübingen: Max Niemeyer, 1968.

*Logical Investigation*. trans. J. N. Findley. New York: Humanities Press, 1970. 2 vols. Based on revised Halle ed.

IdP = *Die Idee der Phänomenologie*. Husserliana II. den Haag: Nijhoff, 1973.

*The Idea of Phenomenology*. trans. P. Alston and George Nakhnikian. The Hague: Martinus Nijhoff, 1973.

《現象學的觀念》，倪梁康譯，上海：上海譯文出版社，1986。

IdI = *Ideen zu einer reinen Phänomenologie und phänomenologische Philosophie. Erster Buch: Allgemeine Einführung in die reinen Phänomenologie.* 4. Auflage. Tübingen: Max Niemeyer, 1980 (1913).

*Ideas Pertaining to a Pure Phenomenology and to a Phenomenological philosophy. First Book: General Introduction to a Pure Phenomenology.* trans. F. Kersten. The Hague: Martinus Nijhoff, 1982.

《純粹現象學通論》，李幼蒸譯，北京：商務印書館，1992。

IdII = *Ideen zu einer reinen Phänomenologie und phänomenologische Philosophie.* zweites Buch. Husserliana IV. den Haag, 1962.

PSW = *Philosophie als strenge Wissenschaft.* Frankfurt: Vittorio Klostermann, 1965.

"Philosophy as Rigorous Science," in *Phenomenology and the Crisis of Philosophy.* trans. Q. Lauer. New York: Harper Torchbooks, 1965.

DING   = *Ding und Raum Vorlesungen.* Husserliana XVI. den Haag: Martinus Nijhoff, 1973.

PP     = *Phänomenologische Psychologie.* Husserliana IX. den Haag: Martinus Nijhoff, 1962.

FTL    = *Formale und transzendentale Logik.* Husserliana XVII. den Haag: Martinus Nijhoff, 1974.

         *Formal and Transcendental Logic.* trans. Dorion Cairns. The Hague: Martinus Nijhoff, 1969.

Entwurf = *Entwurf einer "Vorrede" zu den "Logischen Untersuchungen."*

# 2. 參考書目

## 2.1 海德格，胡塞爾與現象學

### 2.1.1 德文

Biemel, Walter. "Husserls Encyclopaedia-Britanica-Artikel und Heideggers Anmerkungen dazu." in *Husserl.* hrsg. von Hermann Noack. Darmstadt: 1973.

—— "Heideggers Stellung zur Phänomenologie in der Marburger Zeit." in *Husserl, Scheler, Heidegger in der Sicht neuer Quellen.* München: Karl Alber. 1978.

Bruzina, Ronald Charles. "Gegensätzlicher Einfluß — Integrieter

Einfluß: Die Stellung Heideggers in der Entwicklung der Phänomenologie." in *Zur philosophischen Aktualität Heideggers.* hrsg. von Dietrich Papenfuss und Otto Pöggeler. Frankfurt am Main: Vittorio Klostermann. 1990.

Herrmann, Friedrich-Wilhelm von. *Der Begriff der Phänomenologie bei Heidegger und Husserl.* Frankfurt: Vittorio Klostermann. 1981.

Hogemann, Friedrich. "Heideggers Konzeption der Phänomenologie in den Vorlesungen aus dem Wintersemester 1919/20 und dem Sommersemester 1920." in *Dilthey Jahrbuch.* 4 (1986−87).

Kraft, Julius. *Von Husserl zu Heidegger.* Leipzig: Hans Buske. 1932.

Kerckhoven, Guy van. "Die Konstruktion der Phänomene des absoluten Bewußtseins. Martin Heideggers Auseinandersetzung mit dem denken Edmund Husserls." in *Zur philosophischen Aktualität Heideggers.* hrsg. von Dietrich Papenfuss und Otto Pöggeler. Frankfurt am Main: Vittorio Klostermann. 1990.

Lehmann, Karl. "Metaphysik, Transzendentalphilosophie und Phänomenologie in den ersten Schriften Martin Heideggers." in *Philosophisches Jahrbuch.* 71 (1963−1964).

Levinas, Emmanuel. "Husserl-Heidegger." in *Edmund Husserl*

*und die Phänomenologische Bewegung: Zeugnisse in Text und Bild/Im Auftrag des Husserl-Archives Freiburg im Breisgau.* hrsg. von Hans Rainer Sepp. Freiburg: Verlag Karl Alber. 1988.

Merker, Barbara. *Selbsttäuschung und Selbsterkenntnis: Zu Heideggers Transformation der Phänomenologie Husserls.* Frankfurt am Main: Suhrkamp. 1988.

Nitta, Yoshihiro. "Der Weg zu einer Phänomenologie des Unscheinbaren." in *Zur philosophischen Aktualität Heideggers.* hrsg. von Dietrich Papenfuss und Otto Pöggeler. Frankfurt am Main: Vittorio Klostermann. 1990.

Presas, Mario A. "Von der Phänomenologie zum Denken des Sein." in *Zeitschrift für Phil. Forschung.* 28 (1978).

Pugliese, Orlando. "Zur Aufhebung der Methode bei Heidegger." in *Akten des 14. Internationalen Kongresses für Philosophie.* 3. (1969).

Rombach, Heinrich. "Das Tao der Phänomenologie." in *Philosophisches Jahrbuch.* 100 (1993).

Saß, Hans-Martin. "Heideggers Konzept der Phänomenologie." in *Allgemeine Zeitschrift für Philosophie.* 1 (1977).

Theunissen, Michael. "Intentionaler Gegenstand und ontologische Differenz." in *Philosophisches Jahrbuch.* 70 (1962–63).

Tugendhat, Ernst. *Der Wahrheitsbegriff bei Husserl und*

*Heidegger.* Berlin: de Gruyter. 1967.

## 2.1.2 英文

Aronson, Ronald. "Interpreting Husserl and Heidegger: The Root of Sartre's Thought." *Telos.* 5 (1972).

Boelen, Bernard. "Martin Heidegger as a Phenomenologist." in *Phenomenological Perspectives.* The Hague: Martinus Nijhoff. 1975.

Bernet, Rudolf. "Husserl and Heidegger on Intentionality and Being." in *Journal of the British Society for Phenomenology.* 21 (1990).

—— "Phenomenological Reduction and the Double Life of the Subject." Trans. by François Renaud. in *Reading Heidegger From the Start: Essays in His Earliest Thought.* Ed. by Theodore Kisiel and John van Buren. Albany: State University of New York Press. 1994.

Brogan, Walter. "The Place of Aristotle in the Development of Heidegger's Phenomenology." in *Reading Heidegger From the Start: Essays in His Earliest Thought.* Ed. by Theodore Kisiel and John van Buren. Albany: State University of New York Press. 1994.

Buren, John van. "The Young Heidegger and Phenomenology." in *Man and World.* 23 (1990).

Caputo, John D. "Husserl, Heidegger and the Question of a 'Hermeneutic' Phenomenology." in *A Companion to Martin Heidegger's "Being and Time."* Ed. by Joseph J. Kockelmans. Washington, D.C.: Center for Advanced Research in Phenomenology and University Press of America. 1986.

——"The Question of Being and Transcendental Phenomenology: Reflections on Heidegger's Relationship to Husserl." in *Radical Phenomenology: Essays in Honor of Martin Heidegger.* Ed. by John Sallis. New Jersey: Humanities Press. 1978.

Courtine, Jean-François. "The Preliminary Conception of Phenomenology and of the Problematic of Truth in *Being and Time.*" in *Martin Heidegger: Critical Assessments, Vol. I: Philosophy.* Ed. by Christopher Macann. New York: Routledge. 1992.

Crowell, Steven Galt. "Husserl, Heidegger, and Transcendental Philosophy: Another Look at the Encyclopaedia Britannica Article." in *Philosophy and Phenomenological Research.* 41 (1990).

Dahlstrom, Daniel O. "Heidegger's Critique of Husserl." in *Reading Heidegger From the Start: Essays in His Earliest Thought.* Ed. by Theodore Kisiel and John van Buren.

Albany: State University of New York Press. 1994.

Dostal, Robert J. "Time and Phenomenology in Husserl and Heidegger." in *Cambridge Companion to Heidegger*. Ed. by Charles B. Guignon. New York: Cambridge University Press. 1993.

Dreyfus, Hubert and Haugeland, John. "Husserl and Heidegger: Philosophy's Last Stand." in *Heidegger and Modern Philosophy*. Ed. by Michael Murray. New Haven and London: Yale University Press. 1978.

Elliston, F. A. "Heidegger's Phenomenology of Social Existence." in *Heidegger's Existential Analytic*. Ed. by Frederick Elliston. New York: Mouton Publishers. 1979.

Emad, Parvis. "Heidegger's Value-Critism and Its Bearing on the Phenomenology of Values." in *Radical Phenomenology: Essays in Honor of Martin Heidegger*. Ed. by John Sallis. New Jersey: Humanities Press. 1978.

Gier, Nicholas F. "Wittgenstein and Heidegger: A Phenomenology of Forms of Life." in *Tijschrift voor Filosofie*. 43 (1981).

Gorner, Paul. "Discussion: Heidegger on Husserl." in *Journal of the British Society for Phenomenology*. 21 (1990).

——"Husserl and Heidegger as Phenomenologist." in *Journal of the British Society for Phenomenology*. 23 (1992).

Hartmann, Klaus. "The Logic of Deficient and Eminent Modes in

Heidegger." in *Journal of the British Society for Phenomenology.* 5 (1974).

Held, Klaus. "Heidegger and the Principle of Phenomenology." in *Martin Heidegger: Critical Assessments, Vol. II: History of Philosophy.* Ed. by Christopher Macann. New York: Routledge. 1992.

—— "The Finitude of the World: Phenomenology in Transition from Husserl to Heidegger." Trans. by Anthony J. Steinbock in *Ethics and Danger.* Ed. by Arleen B. Dallery and Charles E. Scott with P. Holley Roberts. Albany: State University of New York Press. 1992.

Hopkins, Burt C. *Intentionality in Husserl and Heidegger: The Problem of the Original Method and Phenomenon of Phenomenology.* Dordrecht: Kluwer. 1993.

Kelkel, A. L. "History as Teleology and Eschatology: Husserl and Heidegger." in *Analecta Husserliana*, Vol. IX. Ed. by Tymieniecka. Dordrecht: Kluwer. 1979.

Kersten, Fred. "Heidegger and Transcendental Phenomenology." in *Southern Journal of Philosophy.* 11 (1973).

Kisiel, Theodore. "On the Dimensions of a Phenomenology of Science in Husserl and The Young Dr. Heidegger." in *Journal of the British Society for Phenomenology.* 4 (1973).

—— "Phenomenology as the Science of Sciences." in

*Phenomenology and the Natural Sciences.* Ed. by J. Kockelman and T. Kisiel. Evanston: Northwestern University. 1970.

Kockelmans, Joseph J. "Destructive Retrieve and Hermeneutic Phenomenology in *Being and Time.*" in *Radical Phenomenology: Essays in Honor of Martin Heidegger.* Ed. by John Sallis. N.J.: Humanities Press. 1978.

Langan, Thomas. "The Future of Phenomenology." in *Phenomenology in Perspectives.* Ed. by F. Smith. The Hague: Martinus Nijhoff. 1970.

Lauer, Quentin. "Four Phenomenologist. Scheler, Heidegger, Sartre, Merleau-Ponty." in *Thought.* 33 (1957).

Macann, Christopher. "Genetic Phenomenology: Towards a Reconciliation of Transcendental and Ontological Phenomenology." in *Martin Heidegger: Critical Assessments, Vol. I: Philosophy.* Ed. by Christopher Macann. New York: Routledge. 1992.

Makkreel, Rudolf A. "The Genesis of Heidegger's Phenomenological Hermeneutics and the Rediscovered 'Aristotle Introduction'." in *Man and World.* 23 (1990).

McGaughey, D. "Husserl and Heidegger on Plato's Cave Allegory: A Study of Philosophical Influence." in *International Philosophical Quarterly.* 16 (1976).

Merlan, P. "Time-Consciousness in Husserl and Heidegger." in *Philosophy and Phenomenological Research.* 8 (1957).

Morrison, J. C. "Husserl and Heidegger: The Parting of the Ways." in *Heidegger's Existential Analytic.* Ed. by Frederick Elliston. New York: Mouton Publishers. 1979.

Murray, Michael. "Heidegger and Ryle: Two Versions of Phenomenology." in *Heidegger and Modern Philosophy.* Ed. by Michael Murray. New Haven and London: Yale University Press. 1978.

Richardson, William J. "Heidegger's Way through Phenomenology to the Thinking of Being." in *Heidegger: The Man and The Thinker.* Ed. by Thomas Sheehan. Chicago: Precedent Publishing, Inc. 1981.

Schacht, Richard. "Husserlian and Heideggerian Phenomenology." in *Philosophical Studies.* (Dordrecht) 23 (1972).

Schneider, Robert. "Husserl and Heidegger: An Essay on the Question of Intentionality." in *Philosophy Today.* 21 (1977).

Schrag, Calvin O. "Whitehead and Heidegger: Process Philosophy and Existential Philosophy." in *Philosophy Today.* 4 (1960).

Seeburger, Francis. "Heidegger and the Phenomenological Reduction." in *Philosophie und Phenomenological Research.* 36 (1975).

Spiegelberg, Herbert. "From Husserl to Heidegger." *Journal of the*

*British Society for Phenomenology.* 1 (1970).

Stapleton, Timothy J. *Husserl and Heidegger: The Question of a Phenomenological Beginning.* Albany: State University of New York Press. 1983.

Stewart, Roderick M. "The Problem of Logical Psychologism for Husserl and the Early Heidegger." in *Journal of the British Society of Phenomenology.* 1 (1979).

Taminiaux, Jacques. "Heidegger and Husserl's *Logical Investigations:* in *Remembrance of Heidegger's Last Seminar.*" Zähringen. 1973.

——"The Husserlian Heritage in Heidegger's Notion of the Self." Trans. by François Renaud. in *Reading Heidegger From the Start: Essays in His Earliest Thought.* Ed. by Theodore Kisiel and John van Buren. Albany: State University of New York Press. 1994.

Watanabe, Jiro. "Categorial Intuition and the Understanding of Being in Husserl and Heidegger." in *Reading Heidegger: Commemorations.* Ed. by John Sallis. Bloomington and Indianapolis: Indiana University Press. 1992.

Watson, James R. "Heidegger's Hermeneutic Phenomenology." in *Philosophy Today.* 15 (1971).

## 2.1.3 中文

靳希平：〈胡塞爾和海德格爾現象學差異簡析〉,《德國哲學》,
　　第三輯,北京：北京大學出版社,1987。

劉國英：〈現象學還原與海德格的現象學概念〉,《鵝湖月刊》,
　　第一四卷第 10 期總號第一六六,1989。

## 2.2 海德格,前期思想與《存在與時間》

### 2.2.1 德文

Bast, Rainer A. "Der Wissenschaftsbegriff als indikator von
　　Denkstadien Heideggers." in *Man and World*. 19 (1986).

Beck, Maximilian. "Referat und Kritik von Martin Heidegger: *Sein
　　und Zeit*." in *Philosophische Hefte*. 1 (1928).

Gethmann, C. F. "Heideggers These vom Sein des Daseins als
　　Sorge und die Frage nach der Subjektivität des Subjekts." in
　　*Zeitschrift für Katholische Theologie*. 92 (1970).

Ertel, Chr. "Von der Phänomenologie und jüngeren
　　Lebensphilosophie zur Existentialphilosophie M. Heidegger."
　　in *Philosophisches Jahrbuch*. 51 (1938).

Gadamer, Hans-Georg. "Erinnerungen an Heideggers Anfange." in
　　*Dilthey Jahrbuch*. 4 (1986–1987).

—— "Heideggers *theologische* Jugendschrift." in *Dilthey*

*Jahrbuch.* 6 (1989).

Gethmann, Carl Friedrich. "Philosophie als Vollzug und Begriff. Heideggers Identitätsphilosophie des Lebens in der Vorlesung vom Wintersemester 1921/22 und ihr Verhältnis zu *Sein und Zeit.*" in *Dilthey Jahrbuch.* 4 (1986–1987).

Grondin, Jean. "Die Hermeneutik der Faktizität als ontologische Destruktion und Ideologiekritik. Zur Aktualität der Hermeneutik Heideggers." in *Zur philosophischen Aktualität Heideggers.* hrsg. von Dietrich Papenfuss und Otto Pöggeler. Frankfurt am Main: Vittorio Klostermann. 1990.

Herrmann, Friedrich-Wilhelm von. *Hermeneutische Phänomenologie des Dasein: Eine Erläuterung von "Sein und Zeit" Band 1. "Einleitung: Die Exposition der Frage nach dem Sinn von Sein."* Frankfurt am Main: Vittorio Klostermann. 1987.

——*Subjekt und Dasein: Interpretationen zu "Sein und Zeit."* 2. erw. Auflage. Frankfurt am Main: Vittorio Klostermann. 1985.

Jamme, Christoph. "Heideggers frühe Begründung der Hermeneutik." in *Dilthey Jahrbuch.* 4 (1986–87).

Kisiel, Theodore. "Der Zeitbegriff beim früheren Heidegger." in *Zeit und Zeitlichkeit bei Husserl und Heidegger (Phänomenologische Forschungen Band 14).* Beitr. von

Rudolf Bernet. München: Alber. 1983.

——"Das Entstehen des Begriffsfeldes 'Faktizität' im Frühwerk Heideggers." in *Dilthey Jahrbuch*. 4 (1986–87).

Makkreel, Rudolf Adam. "Heideggers ursprüngliche Auslegung der Faktizität des Lebens: Diahermeneutik als Aufbau und Abbau der geschichtlichen Welt." in *Zur philosophischen Aktulität Heideggers*. *hrsg*. von Dietrich Papenfuss und Otto Pöggeler. Frankfurt am Main: Vittorio Klostermann. 1990.

Marcuse, Herbert. "Beiträge zu einer Phänomenologie des Historischen Materialismus." in *Philosophische Hefte*. 1 (1928).

Morscher, Edgar. "Von der Frage nach dem Sein von Sinn zur Frage nach dem Sinn von Sein—der Denkweg des frühen Heidegger." in *Philosophisches Jahrbuch*. 80 (1973).

Paczkowska-Lagowska, Elzbieta. "Ontologie oder Hermeneutik? Georg Mischs Vermittlungsversuch in der Auseinandersetzung zwischen Heidegger und Dilthey." in *Zur philosophischen Aktualität Heideggers*. hrsg. von Dietrich Papenfuss und Otto Pöggeler. Frankfurt am Main: Vittorio Klostermann. 1990.

Pöggeler, Otto. "Heideggers Begegnung mit Dilthey." in *Dilthey Jahrbuch*. 4 (1986–87).

## 2.2.2　英文

Baugh, Bruce. "Heidegger on Befindlichket." in *Journal of the British Society for Phenomenology*. 20 (1989).

Biemel, W. "Heidegger's Concept of Dasein." in *Heidegger's Existential Analytic*. Ed. by Frederick Elliston. New York: Mouton Publishers. 1979.

Buren, John van. "Heidegger's Autobiographies." in *Journal of the British Society for Phenomenology*. 23 (1992).

—— "The Young Heidegger, Aristotle, Ethics." in *Ethics and Danger*. Ed. by Arleen B. Dallery and Charles E. Scott with P. Holley Roberts. Albany: State University of New York Press. 1992.

——*The Young Heidegger*. Bloomington and Indianapolis: Indiana University Press. 1994.

Crowell, Steven Galt. "Lask, Heidegger, and the Homelessness of Logic." in *Journal of the British Society for Phenomenology*. 23 (1992).

Dahlstrom, Daniel O. "Heidegger's Kant-Courses at Marburg." in *Reading Heidegger From the Start: Essays in His Earliest Thought*. Ed. by Theodore Kisiel and John van Buren. Albany: State University of New York Press. 1994.

Dreyfus, Hubert L. *Being-in-the-World: A Commentary on*

*Heidegger's Being and Time, Division I.* London: The MIT Press. 1991.

Farrell, David. "Being and Truth, Being and Time." in *Research of Phenomenology*. 6 (1976).

Fehér, István M. "Phenomenology, Hermeneutics, *Lebensphilosophie:* Heidegger's Confrontation with Husserl, Dilthey, and Jaspers." in *Reading Heidegger From the Start: Essays in His Earliest Thought*. Ed. by Theodore Kisiel and John van Buren. Albany: State University of New York Press. 1994.

Frede, Dorothea. "The Question of Being: Heidegger's Project." in *Cambridge Companion to Heidegger*. Ed. by Charles B. Guignon. New York: Cambridge University Press. 1993.

Gasché, Rodolphe. "Floundering in Determination." in *Reading Heidegger: Commemorations.* Ed. by John Sallis. Bloomington and Indianapolis: Indiana University Press. 1992.

Grondin, Jean. "The Ethical and Young Hegelian Motives in Heidegger's Hermeneutics of Facticity." in *Reading Heidegger From the Start: Essays in His Earliest Thought.* Ed. by Theodore Kisiel and John van Buren. Albany: State University of New York Press. 1994.

Haar, Michael. "The Enigma of Everydayness." in *Reading*

*Heidegger: Commemorations.* Ed. by John Sallis. Bloomington and Indianapolis: Indiana University Press. 1992.

Hall, Harrison. "Intentionality and World: Division I of *Being and Time.*" in *Cambridge Companion to Heidegger.* Ed. by Charles B. Guignon. N.Y.: Cambridge University Press. 1993.

Harries, Karsten. "Fundamental Ontology and the Search for Man's Place." in *Heidegger and Modern Philosophy.* Ed. by Michael Murray. New Haven and London: Yale University Press. 1978.

Herrmann, Friedrich-Wilhelm von. "Being and Time and The Basic Problem of Phenomenology." in *Reading Heidegger: Commemorations.* Ed. by John Sallis. Bloomington and Indianapolis: Indiana University Press. 1992.

Hoffman, Piotr. "Death, Time, History: Division II of *Being and Time.*" in *Cambridge Companion to Heidegger.* Ed. by Charles B. Guignon. N.Y.: Cambridge University Press. 1993.

Hoy, David Couzens. "Heidegger and the Hermeneutic Turn." in *Cambridge Companion to Heidegger.* Ed. by Charles B. Guignon. N.Y.: Cambridge University Press. 1993.

Ijsseling, Samuel. "Heidegger and the Destruction of Ontology." in *A Companion to Martin Heidegger's "Being and Time."* Ed. by Joseph J. Kockelmans. Washington, D.C.: Center for

Advanced Research in Phenomenology and University Press of America. 1986.

Kisiel, Theodore J. "Heidegger's Early Lecture Courses." in *A Companion to Martin Heidegger's "Being and Time."* Ed. by Joseph J. Kockelmans. Washington, D.C.: Center for Advanced Research in Phenomenology and University Press of America. 1986.

—— "A Prefatory Guide to Readers of 'Being and Time'." in *Heidegger's Existential Analytic.* Ed. by Frederick Elliston. New York: Mouton Publishers. 1979.

—— "The Genesis of *Being and Time.*" in *Man and World.* 25 (1992).

—— "Toward the Topology of Dasein." in *Heidegger: The Man and The Thinker.* Ed. by Thomas Sheehan. Chicago: Precedent Publishing, Inc. 1981.

—— *The Genesis of Heidegger's Being and Time.* Berkeley: University of California Press. 1993.

Kockelmans, Joseph J. "Being-True as the Basic Determination of Being." in *A Companion to Martin Heidegger's "Being and Time."* Ed. by Joseph J. Kockelmans. Washington, D.C.: Center for Advanced Research in Phenomenology and University Press of America. 1986.

Kovacs, George. "Philosophy as Primordial Science in

Heidegger's Course of 1919." in *Reading Heidegger From the Start: Essays in His Earliest Thought.* Ed. by Theodore Kisiel and John van Buren. Albany: State University of New York Press. 1994.

Krell, David Farrell. "Being and Truth, Being and Time." in *Research in Phenomenology.* 6 (1976).

——"Toward *Sein und Zeit*: Heidegger's Early Review (1919–21) of Jasper's *Psychologie der Weltanschauungen.*" in *Journal of the British Society for Phenomenology.* 6 (1975).

——"The 'Factical Life' of Dasein: From the Early Freiburg Courses to *Being and Time.*" in *Reading Heidegger From the Start: Essays in His Earliest Thought.* Ed. by Theodore Kisiel and John van Buren. Albany: State University of New York Press. 1994.

Lachenman, Daniel M. "Philosophic Truth and the Existentiell: The Lack of Logic in *Sein und Zeit.*" in *Journal of the British Society for Phenomenology.* 12 (1981).

Maly, Kenneth. "To Reawaken the Matter of Being: The New Edition of *Sein und Zeit.*" in *Radical Phenomenology: Essays in Honor of Martin Heidegger.* Ed. by John Sallis. N.J.: Humanities Press. 1978.

Ryle, Gilbert. "Heidegger's *Sein und Zeit.*" in *Heidegger and Modern Philosophy.* Ed. by Michael Murray. New Haven and

London: Yale University Press. 1978.

Sallis, John. "Deformatives: Essentially Other Than Truth." in *Reading Heidegger: Commemorations*. Ed. by John Sallis. Bloomington and Indianapolis: Indiana University Press. 1992.

—— "Where Does 'Being and Time' Begin." in *Heidegger's Existential Analytic*. Ed. by Frederick Elliston. New York: Mouton Publishers. 1979.

—— "The Origins of Heidegger's Thought." in *Research in Phenomenology*. 7 (1977).

Sheehan, Thomas J. "Heidegger's 'Introduction to Phenomenology of Religion', 1920–1921." in *A Companion to Martin Heidegger's "Being and Time."* Ed. by Joseph J. Kockelmans. Washington, D.C.: Center for Advanced Research in Phenomenology and University Press of America. 1986.

—— "Heidegger's *Lehrjahre.*" in *The Collegium Phaenomenologicum: The First Ten Years*. Ed. by John C. Sallis, Giuseppina Moneta and Jacques Taminiaux. London: Kluwer Academic Publisher. 1988.

—— "Reading a Life: Heidegger and Hard Time." in *Cambridge Companion to Heidegger*. Ed. by Charles B. Guignon. N.Y.: Cambridge University Press. 1993.

—— "The 'Original Form' of Sein und Zeit: Heidegger's *Der Bergriff der Zeit* (1924)." in *Journal of the British Society for Phenomenology*. 10 (1979).

—— "'Time and Being', 1925–27." in *Martin Heidegger: Critical Assessments, Vol. I: Philosophy*. Ed. by Christopher Macann. New York: Routledge. 1992.

—— "Heidegger's Early Years: Fragment for a Philosophical Biography." in *Listening* 12 (1977).

Silverman, H. J. "Dasein and Existential Ambiguity." in *Heidegger's Existential Analytic*. Ed. by Frederick Elliston. New York: Mouton Publishers. 1979.

Stack, G. J. "Meaning and Existence." in *Heidegger's Existential Analytic*. Ed. by Frederick Elliston. New York: Mouton Publishers. 1979.

Stewart, Roderick M. "Signification and Radical Subjectivity in Heidegger's Habilitationsschrift." in *A Companion to Martin Heidegger's "Being and Time."* Ed. by Joseph J. Kockelmans. Washington, D.C.: Center for Advanced Research in Phenomenology and University Press of America. 1986.

Wiehl, Reiner. "Heidegger, Hermeneutics and Ontology." in *Martin Heidegger: Critical Assessments, Vol. I: Philosophy*. Ed. by Christopher Macann. New York: Routledge. 1992.

Zimmerman, Michael. "Heidegger's 'Completion' of Sein und Zeit." in *Philosophy and Phenomenological Research.* 39 (1979).

### 2.2.3　中文

關子尹:〈海德格論「別人的獨裁」與「存活的獨我」——從現象學觀點看世界〉,《鵝湖學誌》,第 6 期,臺北,1991。

王慶節:〈親臨存在與存在的親臨——試論海德格思想道路的出發點〉,熊偉編:《現象學與海德格》,臺北:遠流出版公司,1994。

王　靖:〈存在與生存〉,熊偉編:《現象學與海德格》,臺北:遠流出版公司,1994。

張天昱:〈從基礎本體論到本體論的基礎——試析海德格本體思想的發展及其現代意義〉,熊偉編:《現象學與海德格》,臺北:遠流出版公司,1994。

## 2.3　海德格哲學:一般論著

### 2.3.1　德文

Bianco, Franco. "Heidegger und die Fragestellung der heutigen Hermeneutik." in *Zur philosophischen Aktualität Heideggers.* hrsg. von Dietrich Papenfuss und Otto Pöggeler. Frankfurt am Main: Vittorio Klostermann. 1990.

Biemel, Walter. *Martin Heidegger in Selbstzeugnissen und Bilddokumenten.* Hamburg: Rowohlt. 1973.

Herrmann, Friedrich-Wilhelm von. *Subjekt und Dasein.* Frankfurt am Main: Vittorio Klostermann. 1985.

Kwan, Tze-wan. *Die Hermeneutische Phänomenologie und Das Tautologische Denken Heideggers (Abhandlungen zur Philosophie, Psychologie und Pädagogik, Band 174).* Bonn: Bouvier Verlalg Herbert Grundmann. 1982.

Pöggeler, Otto. *Der Denkweg Martin Heideggers.* Pfullingen: Neske. 1963.

——*Neue Wege mit Heidegger.* München: Alber. 1992.

—— "Sein als Ereignis." in *Zeitschrift für philosophische Forschung.* 13 (1959).

——"Zeit und Sein bei Heidegger." in *Zeit und Zeitlichkeit bei Husserl und Heidegger.* Beitr. von Rudolf Bernet. München: Alber. 1983.

Rentsch, Thomas. "Martin Heideggers 100. Geburtstag: Profile der internationalen Diskussion." in *Philosophische Rundschau.* 36 (1989).

Spaude, Edelgard. (hrsg.) *Große* Themen Martin Heideggers: Eine Einführung in sein Denken. Freiburg im Breisgau: Verlag Rombach Freiburg. 1959.

## 2.3.2　英文

Bernasconi, Robert. *Heidegger in Question: The Art of Existing.* New Jersey: Humanities Press. 1993.

Gadamer, Hans-Georg. *Heidegger's Way.* Trans. by John W. Stanley. Albany: State University of New York Press. 1994.

—— "Martin Heidegger's One Path." Trans. by P. Christopher Smith. in *Reading Heidegger From the Start: Essays in His Earliest Thought.* Ed. by Theodore Kisiel and John van Buren. Albany: State University of New York Press. 1994.

—— "The Beginning and the End of Philosophy." in *Martin Heidegger: Critical Assessments, Vol. I: Philosophy.* Ed. by Christopher Macann. New York: Routledge. 1992.

Grieder, Alfons. "What did Heidegger Mean by 'Essence'." in *Journal of the British Society for Phenomenology.* 19 (1988).

Kovacs, George. "The Leap (*der Sprung*) for Being in Heidegger's *Beiträge zur Philosophie (Vom Ereignis).*" in *Man and World.* 25 (1992).

Olafson, Frederick A. "The Unity of Heidegger's Thought." in *Cambridge Companion to Heidegger.* Ed. by Charles B. Guignon. N.Y.: Cambridge University Press. 1993.

Pöggeler, Otto. "Being as Appropriation." in *Heidegger and Modern Philosophy.* Ed. by Michael Murray. New Haven and

London: Yale University Press. 1978.

Richardson, William J. *Heidegger: Through Phenomenology to Thought*. The Hague: Martinus Nijhoff. 1967.

Rosen, Stanley. *The Question of Being: A Reversal of Heidegger*. London: Yale University Press.

—— "Thinking about Nothing." in *Heidegger and Modern Philosophy*. Ed. by Michael Murray. New Haven and London: Yale University Press. 1978.

Sheehan, Thomas. "Heidegger's early Years: Fragments for a Philosophical Biography." in *Heidegger: The Man and the Thinking*. Ed. by Thomas Sheehan. Chicago: Precedent Publishing, Inc. 1981.

Taminiaux, Jacques. *Heidegger and the Project of Foundamental Ontology*. Trans. and Edited by Michael Gendre. Albany: State University of New York Press. 1991.

Zimmerman, Michael E. "Some Important Themes in Current Heidegger Research." in *Radical Phenomenology: Essays in Honor of Martin Heidegger*. Ed. by John Sallis. N.J.: Humanities Press. 1978.

## 2.3.3 中文

唐君毅：〈述海德格之存在哲學〉，《哲學概論》，卷下，香港：孟氏教育基金會，大學教科書編輯委員會，1965。

項退結：《海德格》，臺北：東大圖書公司，1989。

俞宣孟：《現代西方的超越思考——海德格爾的哲學》，上海：
　　上海人民出版社，1989。

陳榮華：《海德格哲學：思考與存有》，臺北：輔仁大學出版社，
　　1992。

宋祖良：《拯救地球和人類未來——海德格爾的後期思想》，北
　　京：中國社會科學出版社，1993。

孫周興：《說不可說之神秘——海德格爾後期思想研究》，上海：
　　三聯書店，1994。

陳嘉映：〈海德格論物〉，熊偉編：《現象學與海德格》，臺北：
　　遠流出版公司，1994。

熊　偉：〈海德格與中國哲學——1987 年全德哲學大會報告〉，
　　熊偉編：《現象學與海德格》，臺北：遠流出版公司，1994。

劉　英：〈語言就是語言〉，熊偉編：《現象學與海德格》，臺北：
　　遠流出版公司，1994。

陳俊輝：《海德格論存有與死亡》，臺北：學生書局，1994。

陳嘉映：《海德格爾哲學概論》，北京：三聯書店，1995。

張汝倫：《海德格爾與現代哲學》，上海：復旦大學出版社，
　　1995。

## 2.4 海德格哲學論文集

### 2.4.1 德文

Biemel, Walter and Herrmann, Friedrich-Wilhelm von. (hrsg.) *Kunst und Technik: Gedächtnisschrift zum 100. Geburtstag von Martin Heidegger.* Frankfurt am Main: Vittorio Klostermann. 1989.

Gander, Hans-Helmuth. (hrsg.) *Europa und die Philosophie. Martin-Heidegger-Gesellschaft: Band 2.* Frankfurt am Main: Vittorio Klostermann. 1993.

——(hrsg.) *Von Heidegger her: Wirkungen in Philosophie-Kunst-Medizin; Messkircher Vorträge. Martin-Heidegger-Gesellschaft: Band 1.* Frankfurt am Main: Vittorio Klostermann. 1991.

Papenfuss, Dietrich und Pöggeler, Otto. (hrsg.) *Zur philosophischen Aktualität Heideggers: Symposium der Alexander von Humboldt-Stiftung vom 24.−28. April 1989 in Bonn-Bad Godesberg. 3 Bände.* Frankfurt am Main: Vittorio Klostermann. 1990.

### 2.4.2 英文

Dreyfus, Hubert and Hall, Harrison. (Eds.) *Heidegger: A Critical*

*Reader.* Oxford: Blackwell. 1992.

Elliston, Frederick. (Ed.) *Heidegger's Existential Analytic.* New York: Mouton Publishers. 1979.

Guignon, Charles B. (Ed.) *The Cambridge Companion to Heidegger.* England: Cambridge University Press. 1993.

Macann, Christopher. (Ed.) *Martin Heidegger: Critical Assessments.* 4 vols. New York: Routledge. 1992.

Murray, Michael. (Ed.) *Heidegger and Modern Philosophy: Critical Essays.* London: Yale University Press. 1978.

Parkes, Graham. (Ed.) *Heidegger and Asian Thought.* Honolulu: University of Hawaii Press. 1987.

Sallis, John. (Ed.) *Reading Heidegger: Commemorations.* Indianapolis: Indiana University Press. 1993.

Sheehan, Thomas. (Ed.) *Heidegger: The Man and The Thinker.* Chicago: Precedent Publishing, Inc. 1981.

## 2.5 現象學：一般論著

### 2.5.1 德文

Avé-Lallemant, E. "Die Antithese Freiburg-München in der Geschichte der Phänomenologie." in *Die Münchener Phänomenologie.* hrsg. von Helmut Kuhn. Den Haag. 1975.

Bernet, Rudolf, Kern, Iso, and Marbach, Eduard. *Edmund Husserl:*

海德格與胡塞爾現象學

*Darstellung seines Denkens.* Hamburg: Felix Meiner Verlag. 1989.

Boehm, Rudolf. *Vom Gesichtspunkt der Phänomenologie.* Den Haag: Martinus Nijhoff. 1968.

Conrad-Martius, Hedwig. "Die transzendentale und die ontologische Phänomenologie." in *Edmund Husserl 1859–1959.* Den Haag: Martinus Nijhoff. 1959.

Eigler, G. *Metaphysische Voraussetzungen in Husserls Zeitanalysen.* Meisenheim am Glan: Anton Hain. 1961.

Fink, Eugen. *Nähe und Distanz.* Freiburg/München: Alber. 1976.

—— *Studien zur Phänomenologie 1930–1939.* Den Haag: Martinus Nijhoff. 1966.

Held, Klaus. "Husserls Rückgang auf das Phainomenon und die geschichtliche Stellung der Phänomenologie." in *Phänomenologische Forschungen.* 10 (1981).

Ingarden, Roman. "Die vier Begriffe der Transzendenz und das Problem des Idealismus bei Husserl." in *Analecta Husserliana.* 1 (1970).

—— *On the Motives which led Husserl to Transcendental Idealism.* Den Haag: Martinus Nijhoff. 1975.

Kern, Iso. *Husserl und Kant.* Den Haag: Martinus Nijhoff. 1964.

Landgrebe, Ludwig. *Der Weg der Phänomenologie—Das Problem einer ursprünglichen Erfahrung.* Gütersloh: Gütersloher

Verlagshaus Gerd Mohn. 1963.

Marx, Werner. *Die Phänomenologie Edmund Husserls: Eine Einführung.* München: Wilhelm Fink. 1987.

Maxsein, Agnes. "Die Entwicklung des Begriffs 'Apriori' von Bolzano über Lotze zu Husserl." Gießener Dissertation. 1968.

Schuhmann, Karl. *Die Fundamentalbetrachtung der Phänomenologie: zum Weltproblem in der philosophie Edmund Husserls.* Den Haag: Martinus Nijhoff. 1971.

——"'Phänomenologie': Eine begriffsgeschichtliche Reflexion." in *Husserl Studies.* 1 (1984).

——*Die Dialektik der Phänomenologie II: Reine Phänomenologie und phänomenologische Philosophie.* Den Haag: Martinus Nijhoff. 1973.

Sepp, Hans Rainer. (hrsg.) *Edmund Husserl und die Phänomenologische Bewegung: Zeugnisse in Text und Bild/Im Auftrag des Husserl-Archives Freiburg im Breisgau.* Freiburg: Verlag Karl Alber. 1988.

Ströker, Elisabeth and Janssen, Paul. *Phänomenologische Philosophie.* München: Verlag Karl Alber. 1989.

Volkmann-Schluck, K. H. "Husserls Lehre von der Idealität der Bedeutung als metaphysisches Problem." in *Husserl und das Denken der Neuzeit.* Den Haag: Martinus Nijhoff. 1959.

Waldenfels, Bernhard. *Einführung in die Phänomenologie.*

München: Wilhelm Fink. 1992.

## 2.5.2 英文

Bell, David. *Husserl.* New York: Routledge. 1990.

Elliston, Frederick A. and Cormick Peter MC. (Eds.) *Husserl: Expositions and Appraisals.* London: University of Notre Dame Press. 1977.

Elveton, R. O. (Ed.) *The Phenomenology of Husserl: Selected Critical Readings.* Chicago: Guadrangle Books. 1970.

Hammond, M., Howarth, J., and Keat, Russell. *Understanding Phenomenology.* Oxford: Basil Blackwell. 1991.

Kersten, Fred. *Phenomenological Method: Theory and Practice.* London: Kluwer Academic Publishers. 1989.

Landgrebe, Ludwig. *The Phenomenology of Edmund Husserl.* Ed. by Donn Welton. London: Cornell University Press. 1981.

Spiegelberg, Herbert. *The Context of the Phenomenological Movement.* The Hague: Martinus Nijhoff. 1971.

## 2.5.3 中文

葉秀山：《思・史・詩》，北京：人民出版社，1988。

蔡美麗：《胡賽爾》，臺北：東大圖書公司，1990。

李幼蒸：《結構與意義：現代西方哲學論集》，臺北：聯經，1994。

倪梁康：《現象學及其效應——胡塞爾與當代德國哲學》，北京：
　　三聯書店，1994。

涂成林：《現象學的使命——從胡塞爾、海德格爾到薩特》，沙
　　河：廣東人民出版社，1994。

## 哲學很有事
### 十九世紀

Cibala　著

最愛說故事的 Cibala 老師，這次要帶領大家，認識浪漫主義蓬勃發展的十九世紀，在這個站在「理性」與「進步」對立面上的時代，會有那些哲學故事呢？馬爾薩斯認為人口的增長對未來有哪些影響呢？馬克思共產主義的核心價值是什麼？實用主義是種什麼樣的理論呢？

## 近代哲學趣談

鄔昆如　著

本書為從文藝復興開始，一直到黑格爾的辯證法為止的思想歷程。文藝復興一向被認為是西洋的再生，事實上，中世宗教情操中的「仁愛」思想被拋棄後，古代「殖民」和「奴隸」制度再度復活，導致十九世紀後半成為西洋近代思想最黑暗的時代。作者以深入淺出的方式，引導人們認識西方近代哲學，從而領悟到「精神生活的確立與提昇為人類文化發展之方向」的意義。

# 西洋哲學史話
## （上／下）

鄔昆如　著

本書以編年史的形式，將西洋哲學歷史分為希臘哲學、中世哲學、近代哲學和現代哲學四個部分，清楚地解說每一時期的沿革發展，並選擇數名或數個具代表性的哲學家或思想流派來介紹。以深入淺出的文筆，從繁榮到哲學之死，從黑暗到迎接曙光，帶你一起找到進入西洋哲學的門徑，一窺哲學世界的萬千風貌及深厚底蘊。

國家圖書館出版品預行編目資料

海德格與胡塞爾現象學／張燦輝著.－－二版三刷.－
－臺北市: 東大，2024
面;　公分.－－(哲學)

ISBN 978-957-19-3163-0 (平裝)
1. 海德格(Heidegger, Martin,1889-1976) 2. 胡塞爾
(Husserl, Edmund,1859-1938) 3. 學術思想 4. 現象學

147.71　　　　　　　　　　　　　　107018348

👓 哲學

# 海德格與胡塞爾現象學

| | |
|---|---|
| 作　　者 | 張燦輝 |
| 創 辦 人 | 劉振強 |
| 發 行 人 | 劉仲傑 |
| 出 版 者 | 東大圖書股份有限公司 (成立於 1974 年) |

三民網路書店
https://www.sanmin.com.tw

| | |
|---|---|
| 地　　址 | 臺北市復興北路 386 號　（復北門市）　(02)2500-6600 |
| | 臺北市重慶南路一段 61 號 (重南門市)　(02)2361-7511 |
| 出版日期 | 初版一刷 1996 年 4 月 |
| | 二版一刷 2019 年 2 月 |
| | 二版三刷 2024 年 5 月 |
| 書籍編號 | E140710 |
| I S B N | 978-957-19-3163-0 |

東大圖書公司